ARTE
PÚBLICO
URBANO
Y CALIDAD DE VIDA

TÍTULO: ARTE PÚBLICO URBANO Y CALIDAD DE VIDA

PROYECTO FINANCIADO POR:
III Convocatoria de Ayudas para Grupos de Investigación Reconocidos (GIR) 23-24
Universidad San Pablo CEU

PROYECTO PRESENTADO A:
Orden de convocatoria 2023 de ayudas a «Proyectos de Generación de Conocimiento» y a actuaciones para la formación de personal investigador predoctoral asociadas a dichos proyectos se aprueba al amparo de la Orden CIN/1025/2022, de 27 de octubre, publicada en el «Boletín Oficial del Estado» de 29 de octubre, por la que se aprueban las bases reguladoras para la concesión de ayudas públicas correspondientes a varios programas y subprogramas del Plan Estatal de Investigación Científica y Técnica y de Innovación 2021-2023, cuya gestión corresponda a la Agencia Estatal de Investigación. 31 enero 2024

TÍTULO: "La presencia del arte urbano en el espacio público de la ciudad como factor de influencia en la mejora de la calidad de vida de la población tras la pandemia de COVID-19"

Autores/as (Grupo de Investigación Agenda Urbana y Retos Sociales – AURS – Departamento de Arquitectura y Diseño, Universidad San Pablo-CEU. CEU Universities. Madrid)

- **Juan Manuel Ros García** (Investigador Principal IP - Coordinador). Dr. Arquitecto
- **Luis Perea Moreno**. Dr. Arquitecto
- **Juan Arana Giralt**. Dr. Arquitecto

Autores/as externos al Grupo de Investigación Agenda Urbana y Retos Sociales – AURS
- **Samuel Gutiérrez Corregidor** (Departamento de Tecnologías de la Información, Universidad San Pablo-CEU. CEU Universities. Madrid), Dr. Investigación en Matemáticas
- **Fernando Miralles Muñoz** (Grupo de Investigación Psycho-Technology. Departamento de Psicología y Pedagogía. Facultad de Medicina, Universidad San Pablo-CEU. CEU Universities. Madrid). Dr. Psicología
- **Blanca Muro García-Villalba** (Departamento de Arquitectura y Diseño, Universidad San Pablo-CEU. CEU Universities. Madrid). Lda. Historia del Arte
- **Fátima Sarasola Rubio** (Departamento de Arquitectura y Diseño, Universidad San Pablo-CEU. CEU Universities. Madrid). Dra. Arquitecta

Autores/as (Escuela Internacional Doctorado CEINDO Universidad San Pablo-CEU. CEU Universities. Madrid)

- **José Juan Vila San José**. Arquitecto
- **Sara Zaldívar Incinillas**. Arquitecta

Colaboradora externa
- **Teresa Munilla Martín De Vidales** (Alumni Universidad San Pablo-CEU. CEU Universities. Madrid). Arquitecta

Asistentes de Pregrado (Grado de Arquitectura. Universidad San Pablo CEU. CEU Universities. Madrid)

- **Pedro León Badaro**

Autores/as investigadores/as externos a la Universidad San Pablo CEU-CEU Universities Madrid

- **John Dunn Insúa** (Colegio de Arquitectura y Diseño Interior. Universidad San Francisco de Quito. USFQ Ecuador). Arquitecto
- **Esmeralda López García** (Grupo de Investigación La Arquitectura y el Urbanismo ante las Transformaciones Sociales, Económicas y Territoriales. Universidad Nebrija. Madrid). Dra. Arquitecta
- **Sergio Yáñez Cañas** (Facultad de Educación y Psicología. Universidad Francisco de Vitoria. UFV Madrid). Dr. Ciencias Políticas y Sociología

Colaboradores/as investigadore/as externos a la Universidad San Pablo CEU-CEU Universities Madrid

- **María Purificación Moreno Moreno** (Área de Composición. Grado en Fundamentos de la Arquitectura. Universidad Rey Juan Carlos. URJC Madrid). Dra. Arquitecta
- **Lucila Urda Peña** (Área de Urbanismo. Grado en Fundamentos de la Arquitectura. Universidad Rey Juan Carlos. URJC Madrid). Dra. Arquitecta

Artistas urbanos colaboradores

- **Boa Mistura**
- **Eneko Azpiroz**
- **Michelangelo**
- **MisterPiro**
- **Sojo**

Coordinación editorial

- **Esmeralda López García** (Grupo de Investigación La Arquitectura y el Urbanismo ante las Transformaciones Sociales, Económicas y Territoriales. Universidad Nebrija. Madrid). Dra. Arquitecta

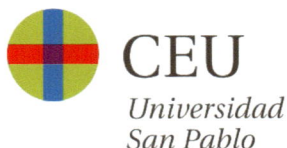
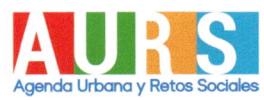

Edita

conarquitectura ediciones

Edición a cargo de
Juan Manuel Ros García
Esmeralda López García
Enrique Sanz Neira

Diseño y maquetación
Pedro Ibáñez Albert
Alicia Martínez Chicano

Ilustración cubierta
Misterpiro

Impresión
EXCE

Madrid, junio 2024

I.S.B.N.: 978-84-128057-3-4

Depósito legal: M-13452-2024

ÍNDICE

CAPÍTULO I
ENUNCIADO DEL PROYECTO: ARTE PÚBLICO URBANO Y CALIDAD DE VIDA

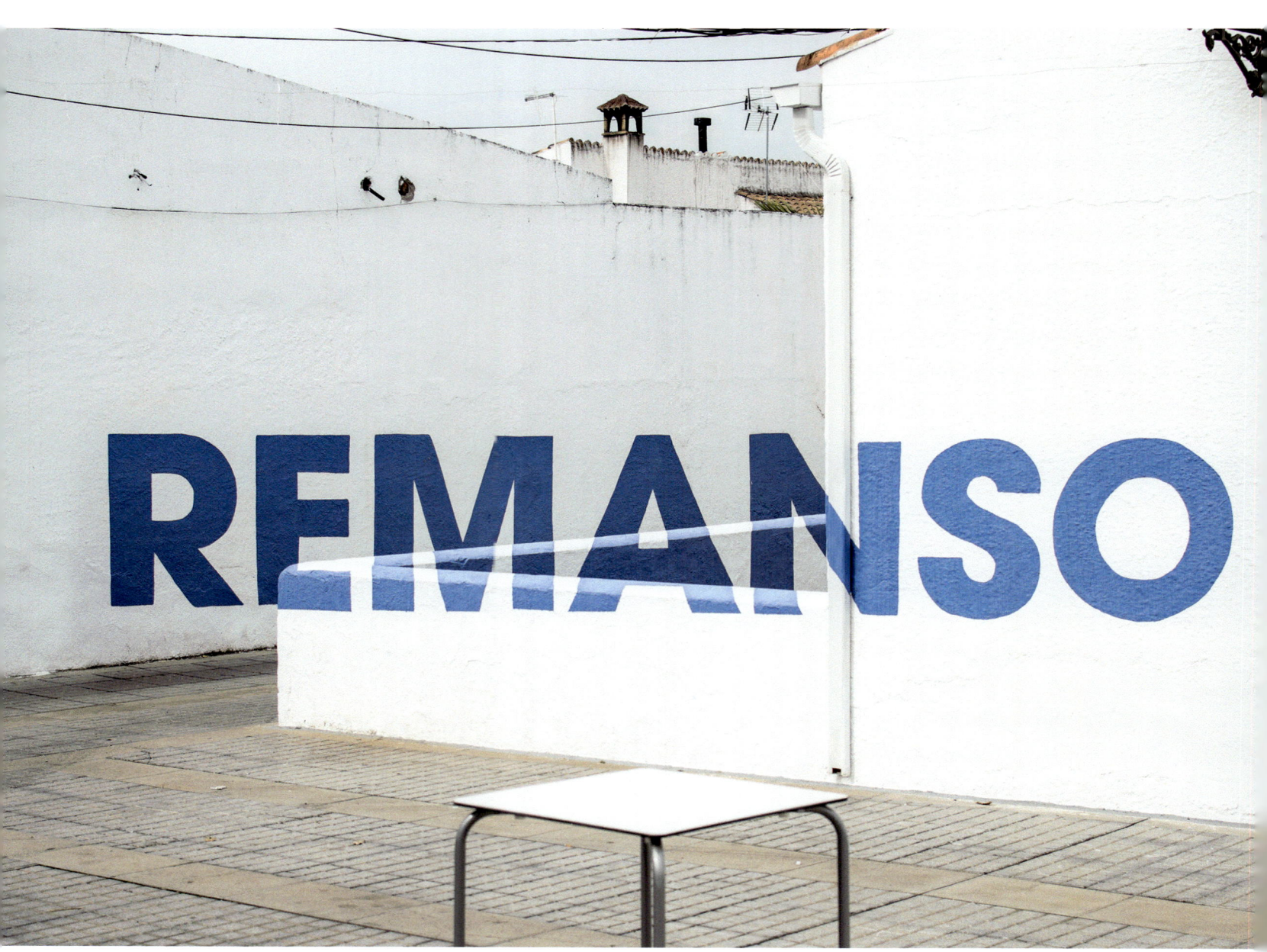

1.1
INTRODUCCIÓN

Aquello que tradicionalmente ha sido entendido como arte público, o arte en el espacio público, se refiere esencialmente al monumento o al ornamento urbano de carácter institucional. Frente a ello se han generado prácticas de marcación territorial o de ocupación gráfica de los espacios comunes que en algunas variantes del grafiti callejero operan de manera insolidaria o incluso hostil. Sobre este tipo de manifestaciones, la ciudadanía, en tanto que colectividad articulada o políticamente organizada, no ha tenido ninguna capacidad de decisión, sin que, en la mayoría de los casos, se realice consulta previa.

Sin embargo, actualmente nadie duda que el arte urbano y la práctica creativa abierta surgen de la implicación activa de la propia comunidad en la transformación de la realidad de su entorno urbano inmediato, de la apropiación y redefinición de lugares y espacios públicos[1]. El arte urbano que reflexiona, se expresa y encaja perfectamente en el espacio donde se ubica, se adhiere al mundo, ofreciendo al espectador una experiencia sensible original, siendo el propósito primero del arte urbano contextual no inventar, sino activar desde el momento y el lugar[2].

El arte urbano es un fenómeno social complejo en el que muchos actores contribuyen a determinar y clasificar su valor. Puede resultar de máximo interés encontrar una metodología de investigación capaz de abarcar las diversas perspectivas brevemente ilustradas anteriormente y lo pongan en relación con parámetros reconocidos de la calidad de vida para valorar su impacto.

Antes de nada, se hace preciso definir para el presente proyecto entonces lo que entiende por **Arte Público Urbano (APU)**: aquellas intervenciones planificadas, obras originales únicas, de expresión creativa diversa, de índole visual o plástica, sea tanto de iniciativa o promoción privada como de carácter institucional o mixta, que ocupa y opera, cualifica e interviene como soporte en el espacio de concurrencia a gran escala, en el dominio físico construido de la ciudad para todos y que tiene la capacidad de interactuar con ella facilitando políticas vinculadas con la regeneración urbana. Se tendrán en cuenta actuaciones coordinadas y de consenso, con vocación de expresión estética, orientadas a la mejora de los espacios compartidos abiertos de la ciudad, excluyendo intervenciones individuales de demarcación territorial no programada.

Fig. 1. Mural de Boa Mistura en Maruanas, El Carpio. Córdoba, España.
Fotografía: Edmundo Sáez

A continuación, se propone la siguiente clasificación de tipologías (7 criterios) de Arte Público Urbano:

TIPOLOGÍAS de Arte Público Urbano (APU)						
A	B	C	D	E	F	G
Carácter de la iniciativa	Interés de la actuación	Espacio temporal	Modalidad del trabajo	Encuentro con el espectador	Según el discurso reivindicativo	Según el proceso de implicación
A1 Privado	B1 Comercial	C1 Efímero	D1 Espontáneo	E1 Intencional	F1 Activo	G1 Participativo
A2 Institucional	B2 Social	C2 Permanente	D2 Programado	E2 Casual	F2 Pasivo	G2 Observación

Fig. 2. Clasificación de las diferentes tipologías de Arte Público Urbano.

El arte urbano ha sido considerado una herramienta significativa en procesos de regeneración urbana, tanto en el ámbito de lo físico y económico, como en el social. La integración entre la sociología y la expresión artística urbana toma una forma concreta, en la formulación del compromiso ético del artista con el deber de ayudar a mejorar la vida de las personas en una comunidad.

Más específicamente el APU se puede subdividir en las siguientes categorías:

1. Báscones, P. (2009). *El arte público como agente de revitalización urbana mediante la participación ciudadana.* En B. Fernández Quezada y J. P. Lorente Lorente (coord.). Arte en el espacio público: barrios artísticos y revitalización urbana (pp145-161). Prensas Universitarias de Zaragoza.
2. Ardenne, P. (2006). *Un arte contextual. Creación artística en medio urbano, en situación de intervención, de participación.* Murcia: Cendeac.

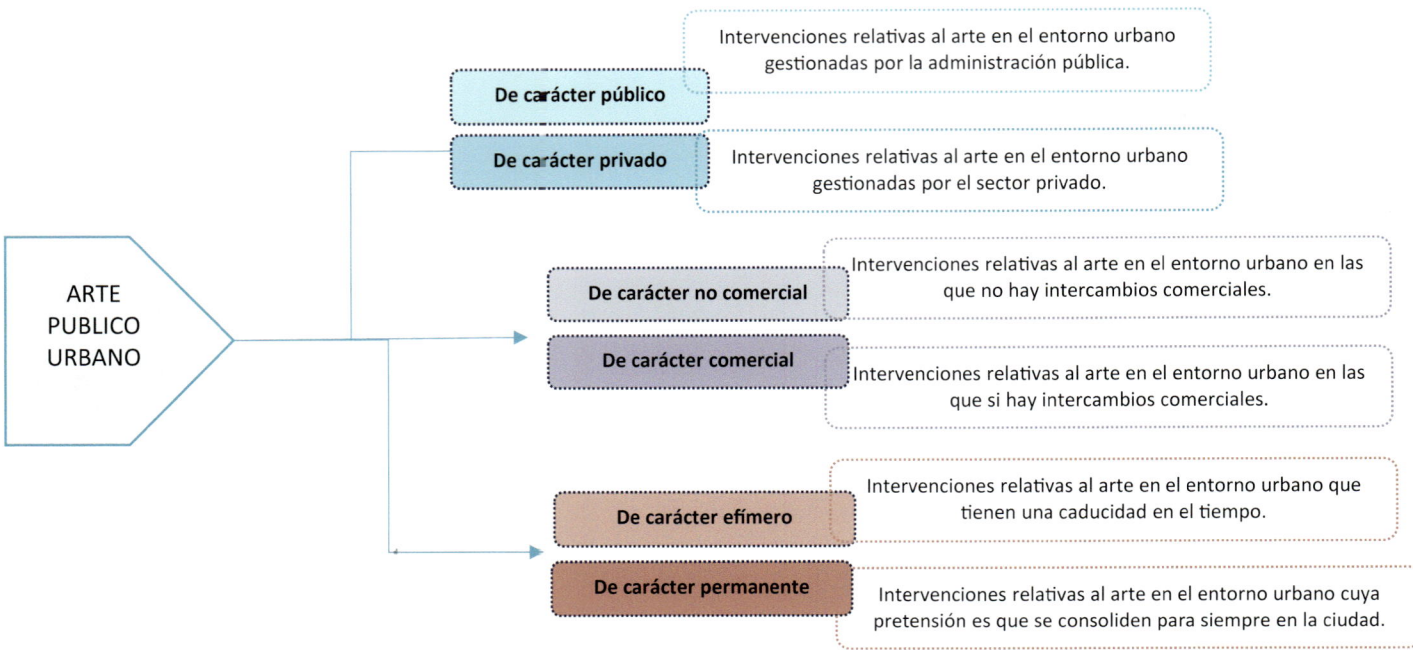

Fig. 3. Diagrama categorías Arte Público urbano.

La presencia del arte urbano en el espacio público de la ciudad resulta beneficiosa para el progreso integral de la comunidad de acuerdo con las variables de lo que se conoce como calidad de vida. Además de parámetros como la evidente revalorización del suelo, del aumento del turismo, del incremento de ofertas de trabajo entre otros, son muy significativos los efectos intangibles que operan en su mejora, como pueden ser la cohesión social, el sentimiento de arraigo, el motor de educación y la promoción de la salud. Su relación con la regeneración urbana tiene repercusión, entre otros, en los campos de la salud, la arquitectura, la economía, las humanidades, el diseño urbano, la educación y la cultura. Se sabe que el arte urbano tiene un impacto significativo en el espacio público y desempeña un papel crucial en la transformación y regeneración de las ciudades, como expresión de la diversidad cultural, cambio social y como catalizador de las interacciones sociales en un lugar determinado

El arte urbano presente en el espacio público de la ciudad, ejerce un efecto positivo sobre la mejora de la calidad de vida de la población. A partir de un análisis del grado de influencia del arte urbano, se aborda una metodología para la verificación del cumplimiento de las funciones beneficiosas que se esperan de su presencia en el espacio público. Desde un punto de vista científico, el éxito o efecto positivo del arte urbano en la ciudad lo tendrá en la medida que ejerza una mejora demostrable en el valor multidimensión de calidad de vida conocido y viceversa. Pueden establecerse científicamente grados de influencia recíproca entre tres factores principales, estos son, el arte urbano, el espacio público de la ciudad y la calidad de vida, en un contexto social especialmente sensible tras la pandemia del COVID-19 (Fig. 1).

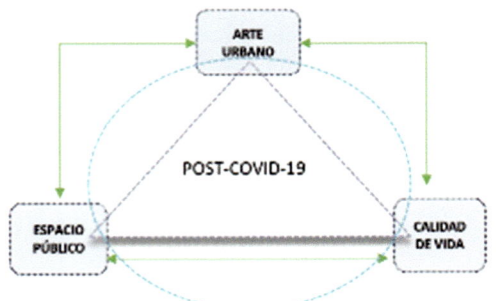

Fig. 4. Esquema de principio del marco de acción del presente proyecto.

1.2
ARTE PÚBLICO URBANO Y NUEVAS POLÍTICAS INTERNACIONALES

Dentro de un marco contextual más amplio, la importancia del arte público en nuestras ciudades y su evaluación se vincula con el cumplimiento del Marco estratégico de La Nueva Agenda Urbana de Naciones Unidas, en particular dentro del Objetivo Estratégico 2 que promueve revitalizar la ciudad existente y el Objetivo Estratégico 6 que pretende fomentar la cohesión social y buscar la equidad.

Dentro del Objetivo Estratégico 2 y en particular el Objetivo específico 2.3. que busca garantizar la calidad y la accesibilidad universal de los espacios públicos, el proyecto se enfoca dentro de la línea de actuación que fomenta la cultura, el intercambio, la convivencia y el ocio urbano, convirtiendo las calles en plazas, para lograr que el espacio público sea una seña de identidad. Asimismo, dicho objetivo específico se relaciona con la Nueva Agenda Urbana Internacional (36; 37; 39; 53; 100) y la Agenda Urbana Europea (Ciudades Seguras).

De igual forma, dentro del Objetivo Estratégico 6 y en particular el Objetivo específico 6.1. que promueve reducir el riesgo de pobreza y exclusión social en entornos urbanos desfavorecidos, el proyecto se enmarca dentro de la línea de actuación que fomenta el uso del espacio público y la convivencia ciudadana como elemento de cohesión social, favoreciendo la generación de espacios públicos inclusivos y reforzando el sentido de pertenencia a un lugar como señal de identidad.

En lo que se refiere a la Agenda Urbana Española, se enmarca más específicamente dentro de dos de los diez grandes objetivos estratégicos que persigue, en particular en el Objetivo 1, que fomenta hacer un uso racional del suelo, conservarlo y protegerlo y en el Objetivo 2, se promueve revitalizar la ciudad existente. De manera más particularizada, dentro de los objetivos de segundo nivel del Objetivo 1 y 2 el proyecto se centra respectivamente en conservar y mejorar el patrimonio cultural y en impulsar la regeneración urbana.

Por último, la caracterización de la incidencia del Arte Público Urbano en la calidad de vida de nuestras ciudades se relaciona con la denominada "Nueva Bauhaus Europea", impulsada por el Gobierno más recientemente a partir de la Ley 9/2022 (14 junio 2022) de Calidad de la Arquitectura[3] al promover la reflexión de los espacios donde vivimos, incidiendo en el concepto de calidad y en la cultura del entorno construido, muy especialmente tras la pandemia de COVID-19, en la que se puede leer:

"La pandemia y los periodos de confinamiento asociados han evidenciado la importancia del entorno físico que nos rodea para procurar salud, bienestar y calidad de vida"[4].

Se trata de una figura dentro del llamamiento dirigido a todos los ciudadanos para reflexionar cómo deben ser los espacios en los que se desarrolla nuestra vida. Se centra dentro de una de las tres transformaciones clave interconectadas: "Transformation of places on the ground", convocatorias de apoyo a la transformación concreta del entorno construido y los estilos de vida asociados a nivel local de acuerdo con los valores fundamentales de estética, sostenibilidad e inclusión social.

Estudiamos de manera transversal los Objetivos Estratégicos de la Agencia Urbana Española en busca de sinergias entre éstos con los de otras agencias y proyectos; líneas de acción en las que pudieran integrarse los beneficios que provoca arte urbano como mecanismo de mejora en la calidad de vida de las ciudades. El primer objetivo de la AUE es: **TERRITORIO, PAISAJE Y BIODIVERSIDAD,** y en su punto 1.2 busca "Conservar y mejorar el patrimonio natural y cultural y proteger el paisaje", que como vemos está en correspondencia con el ODS 11.4 "Patrimonio cultural y natural" que contempla como objetivo específico promover la protección, fomento y desarrollo del patrimonio cultural y natural de las áreas urbanas, así como emprender acciones integradas de revitalización de ciudades, de mejora del entorno urbano y su medio ambiente.

La integración del arte urbano en la ciudad también afectaría de lleno al segundo Objetivo Estratégico de la Agencia Urbana Española que se refiere al **MODELO DE CIUDAD: EVITAR LA DISPERSIÓN URBANA Y REVITALIZAR LA CIUDAD EXISTENTE.** En su epígrafe 2.5 habla de "Impulsar la regeneración urbana" y en el 2.3 "Garantizar la calidad y la accesibilidad de los espacios públicos", en clara correspondencia con el ODS 11.7 "Acceso a zonas verdes y espacios urbanos seguros, con el objetivo específico de conseguir la regeneración física, económica y social del entorno urbano en áreas urbanas desfavorecidas".

También hemos visto cómo el arte urbano podría ayudar a conseguir el sexto Objetivo Estratégico de la Agencia Urbana Española **COHESION SOCIAL E IGUALDAD DE OPORTUNIDADES: FOMENTAR LA COHESIÓN SOCIAL Y BUSCAR LA EQUIDAD** que en su epígrafe 6.1. habla de "Reducir el riesgo de pobreza y exclusión social en entornos urbanos desfavorecidos" y en el 6.2. de "Buscar la igualdad de oportunidades desde una perspectiva de género, edad y capacidad". Ambos epígrafes persiguen un objetivo específico de regeneración física, económica y social del entorno urbano en áreas

---

3. https://www.boe.es/eli/es/l/2022/06/14/9
4. Ley 9/2022, de 14 de junio, de Calidad de la Arquitectura. Preámbulo I.

urbanas desfavorecidas a través de estrategias urbanas integradas, en las que el arte urbano podría tener un papel determinante.

Por último, la regeneración del espacio urbano a través del arte también sería fundamental para conseguir el séptimo objetivo **ECONOMÍA URBANA: IMPULSAR Y FAVORECER LA ECONOMÍA URBANA**, tal como enumera en sus epígrafes: 7.1. "Buscar la productividad local, la generación de empleo y la dinamización y diversificación de la actividad económica"; 7.2. "Fomentar el turismo sostenible y de calidad y los sectores clave de la economía local"; 8.1 "Crecimiento económico"; 8.4 "Producción y consumo eficiente" y 8.9 "Turismo sostenible y respetuoso. Empleo y capacitación en la economía local Regeneración física, económica y social del entorno urbano en áreas urbanas desfavorecidas a través de estrategias urbanas integradas" todo ello con el objetivo específico de promover la protección, el fomento y el desarrollo del patrimonio cultural y natural de las áreas urbanas, en particular las de interés turístico.

A la vista de las sinergias existentes entre los ODS, los planes de acción y las estrategias que propone la AUE horizonte 2030, para mejorar la calidad de vida en nuestros pueblos y ciudades, parece lógico pensar en la conveniencia de un proyecto global que integre la presencia del arte urbano en el espacio público para enriquecerlo.

5. Yúdice, G. (2002). *El recurso de la cultura. Usos de la cultura en la era global*. Barcelona: Editorial Gedisa.
6. Carrillo, J. (2014). *Las nuevas fábricas de la cultura: os lugares de la creación y la producción cultural en la España contemporánea en Avendaño. L.E. (ed.) Silencio y política. Aproximaciones desde el arte, la filosofía, el psicoanálisis y el procomún*. Madrid: Universidad Autónoma de Madrid y Universidad de Barcelona.
7. Evans, G. (2005). Measure for Measure: Evaluating the Evidence of Culture's Contribution to Regeneration. *Urban Studies*, Vol. 42, Nos 5/6, 959-983.
8. Hall, T. & Robertson, I. (2001). *Public Art and Urban Regeneration: advocacy, claims and critical debates*. Landscape research, Vol 26, No.1.5-26.
9. Policy Studies Institute, 1994: 38.
10. Blaney, J. (1989). *The arts and the development of community in suburbia*. En British and American Arts Association (eds.) *Arts and Changing City: an agenda for urban regeneration*, pp. 81-84. Londres: British American Association.
11. Henderson, P. (1998). *Involving children in neighbourhoods*. Mailout, Agosto/septiembre, 18-19.
12. Peto, J. (1992). *Roles and functions*; Jones, S. (ed.) *Art in public: what, why and how*, AN Publications. Sunderland. 28-43.

1.3
ESPACIO PÚBLICO Y ARTE URBANO COMO MOTOR DE REGENERACIÓN DE LA CIUDAD

La cultura no solo ha sido uno de los campos de incidencia e impacto de los procesos de regeneración urbana sino también una de sus principales herramientas de intervención. La cultura sin embargo absorbió las nociones relativas a la cultura como arte y patrimonio, sustituyéndolas por las de "capitalismo cultural" o "management"[5] pasando así a ser un valioso productor de espacios urbanos de carácter comercial. De ahí que en los proyectos culturales asociados a procesos de regeneración urbana hayan predominado tres tipos de intervenciones: la construcción de grandes infraestructuras como recintos de exhibición artística[6], la organización de grandes eventos culturales[7] y las piezas de arte público.

Hall y Robertson hacen un pormenorizado análisis de las perspectivas más entusiastas en relación a la contribución del arte público en favor de la regeneración urbana[8].

Entre ellas, destacarían en primer lugar, las que ponen el acento en las calidades distintivas, o de fuerte impacto mediático del arte público. A todo ello, habría que sumar su capacidad para contribuir a la resolución de un amplio rango de problemas físicos, medioambientales y económicos, a través de las siguientes virtudes: el aporte de distinción, la atracción de empresas e inversión, su rol en el turismo cultural, la creación de empleo, el incremento del uso de espacios abiertos o la reducción de los niveles de vandalismo[9].

En segundo lugar, estarían los autores que entienden que el arte público puede contribuir a regenerar los tejidos urbanos poniendo el acento en la cuestión social, ya sea abordando la exclusión social[10][11]o contribuyendo como agente activo al cambio social[12]. Pero la idea central en el desarrollo social del arte público es la relativa a la participación ciudadana. El rango de acciones en ese ámbito iría desde la consulta por parte de los artistas al público a la implicación de este en el diseño y producción de las obras en sí[38]. Según Bruquetas et al. (2005: 54) las razones para considerar la participación ciudadana como elemento funcional para desarrollar políticas de barrio serían tres: 1) la legitimidad, con la que se reducirían obstáculos al generar dinámicas de consenso; 2) la eficacia, al conseguirse información de primera mano para el diagnóstico, diseño y ejecución de las políticas urbanas; y 3) la identidad, mejorando la autoestima de los vecinos y la identificación con el barrio. Más específicamente en el ámbito del arte público, las principales ventajas de la participación ciudadana serían, según sus defensores: la toma de conciencia con respecto a otros[13], la contribución a la cohesión social en el desarrollo de redes entre individuos, el fortalecimiento del sentido de pertenencia y orgullo comunitario, y la reducción del vandalismo[14].

Por otra parte, autores como Parramón[15] creen que la interrelación entre artista y comunidad puede paliar en gran medida el fenómeno del artista "paracaidista" o "turista", es decir, aquel artista que interviene en un determinado contexto durante un breve periodo de tiempo y teniendo un escaso o nulo contacto con dicho contexto. El propio Parramón explica como en 2005 con el proyecto IDENSITAT, ejecutado la localidad barcelonesa de Manresa, se intentó paliar tal fenómeno con una metodología con la que se incentivaban los aspectos procesuales del trabajo, la acción educativa, así como la mediación e interacción con la población. Por el contrario, algunos autores como Rofes[16] han considerado el fenómeno del "paracaidismo artístico" como un elemento positivo dado que una perspectiva que no conozca ni contemple las especificidades del contexto contribuye a enriquecer al mismo: "solo las fuentes externas garantizan la fertilidad del conocimiento".

En las primeras décadas del siglo XXI se observa una tendencia a recobrar la continuidad de la experiencia estética con los procesos normales de la vida. Esta aspiración de John Dewey en 1949 se ve actualizada en parte de la producción artística situada fuera de centros de arte y galerías y en el auge del arte urbano como motor de transformación social. La intervención artística en el espacio público, permite activar cambios en las dinámicas sociales de un barrio entero, favoreciendo hábitos colectivos y de interacción social que enriquecen la forma de vida de las personas.

La ciudad, como espacio físico y simbólico de la sociedad urbana, se convierte en un referente para los artistas comprometidos con una reflexión crítica de su presente. La práctica artística trabaja en comunicación recíproca con la sociedad en la que surge y, en el caso de muchas de las intervenciones artísticas que actualmente están trasformando nuestros paisajes urbanos, esta reflexividad se ha vuelto constitutiva e identificadora.

Repensar la ciudad, el barrio y el espacio urbano creativamente va mucho más allá de la mera representación de la imagen de la ciudad e implica una intervención directa sobre el propio espacio, una acción que aporta y modifica el lugar y las dinámicas, rutinas individuales y hábitos colectivos en el espacio público[17]. Siguiendo las reflexiones de la teórica Carol Becker sobre cuál sería la responsabilidad social y el lugar del artista en nuestras sociedades urbanas, es necesario reconocer la capacidad que el arte está teniendo para llenar posibles vacíos o entornos urbanos degradados y dar sentido a la inercia de la vida cotidiana.

1.4
ARTE URBANO Y CALIDAD DE VIDA. BENEFICIOS DEL ARTE URBANO PARA EL PROGRESO INTEGRAL DE LA COMUNIDAD

Desde un punto de vista holístico de desarrollo, enfocado a la consecución de políticas públicas de bienestar, el investigador y sociólogo holandés Ruut Veenhoven (1942), introduce de forma principal la habitabilidad del entorno como condición de calidad externa y la capacidad del desarrollo del individuo como variable de calidad interna, que relacionan directamente las oportunidades con los resultados obtenidos expresados en utilidad práctica y apreciación subjetiva. Veenhoven propone un completo marco de relaciones multidimensionales para la medición confiable y el estudio de la calidad de vida de las diferentes sociedades en el mismo sentido de cómo el presidente de las Naciones Unidas Ban Ki-moon, la asoció al derecho a la felicidad dentro del espíritu de los Objetivos de Desarrollo del Milenio (ODM) en la resolución aprobada por la Asamblea General del 2011. Los factores que considerar para un desarrollo sostenible tienen un fuerte peso cualitativo de ponderación respecto al bienestar psicológico, impulso por la salud, educación, buen gobierno, carga vital de la comunidad, conservación medioambiental y promoción cultural.

Tanto el significado particular atribuido al entorno urbano por las personas en su condición de habitabilidad, como las bases sensoriales de los procesos cognitivos relacionados, representan desde la psicología ambiental, un factor esencial para la información que el individuo necesita procesar como miembro de la comunidad. Las investigaciones realizadas por T. Garling (1998) acerca de los diferentes tipos y funciones de la incertidumbre ambiental concluyen que básicamente las personas son optimizadores de esta, y que al minimizarse puede llegar a reducirse el estrés ambiental que se busca para obtener niveles adecuados de apreciación para la calidad de vida.

13. Garrard, J. (1998). *Same difference*. Mailout. Agosto/septiembre. 6.
14. Duffin, D. (1993). *A model city*. Artistss Newsletter. marzo. 38-39.
15. Parramón, R. (2008). *Arte, experiencias y territorios* en Parramón, R. & Fontdevila, O. (coord.). *Arte, experiencias y territorios en proceso*. Barcelona: Ediciones Idensitat.
16. Rofes, O. (2008). ¿Qué tiene de público el arte público? En Parramón, R y Fontdevila. O. (coord.). *Arte, experiencias y territorios en proceso*. Barcelona: Ediciones Idensitat.
17. Augé, M. (1993). *Los "no lugares", espacios del anonimatouna antropologia de la sobremodernidad*. Barcelona: Gedisa.

Una vez explicada la importancia de activar adecuadamente el espacio público tras la pandemia de COVID-19, se propone un análisis, una medición contrastada del éxito en el cumplimiento de las funciones que se esperan del arte urbano sobre la incidencia en mejorar la calidad de vida de la población en las ciudades en sus índices de referencia. Es importante analizar el grado de influencia a partir de diversas variables de la aceptación o de la asimilación por parte de la ciudad de una obra de arte urbano en el espacio público de todos, para que asegure con éxito el cumplimiento de sus funciones hacia la mejora de las variables que intervienen en su conjunto en la calidad de vida como indicadores estadísticos cuantificables. Sucede que determinados ejemplos, como el *Tilted Arc de Richard Serra en la* Federal Plaza, (Manhattan, Nueva York, 1981) pueden llegar a desencadenar una profunda discusión crítica y consecuencias negativas sobre el uso, acceso significado y control del espacio público, malográndose su iniciativa y cualquier opción de conexión con avances comunitarios.

Se conoce el beneficio que el arte urbano puede ocasionar a la ciudad, pero se desconoce el modo en que se alcanza dicho éxito con garantías, y con ello su eficacia en el proceso de mejora de calidad de vida. El presente proyecto propone por tanto una metodología de análisis en el cumplimiento de las funciones beneficiosas del arte urbano para la ciudad. En este sentido actualmente no existe ninguna herramienta de apoyo de referencia, de evaluación de variables, que intervienen en asegurar el éxito para la ciudad de la presencia del arte urbano y sus consecuencias reales sobre la calidad de vida final. Para ello se trata de reforzar un adecuado entrenamiento y formación sobre las habilidades cognitivas implicadas en la apreciación artística, para mejorar el impacto de la presencia del arte urbano y así asegurar el efecto positivo hacia la comunidad. Una estrategia de aceptación social urbana reforzando los argumentos de juicio valorativo.

Recientemente está creciendo la sensibilización por un factor sustancial, que, aunque no es nuevo, parece centralizar gran parte del debate. Efectivamente, La Declaración de Davos (Enero 2018) hacia una *Baukultur* de alta calidad para Europa relaciona el concepto de "calidad de vida", como objetivo último a conseguir, con los factores que tienen un impacto directo sobre el diseño del entorno construido y natural, con el desarrollo sostenible de las ciudades.

Previamente a describir la metodología, conviene tener en cuenta que:

- Para establecer el grado de calidad de vida de una comunidad en un marco físico concreto, entendida como estado de bienestar integral dinámico en todas sus expresiones, es preciso disponer de variables relativas de forma objetiva, que permitan evaluar los niveles de satisfacción alcanzados y comparar los márgenes de mejora normalizados más allá de una percepción cualitativa. Se parte por lo tanto de los valores multidimensión conocidos y establecidos por el Instituto Nacional de Estadística. La calidad de vida identificada con un determinado lugar es el resultado de aplicar grados de cumplimiento y niveles de satisfacción individual a diferentes indicadores universales comunes objetivables, que tienen la propiedad de fijar su interacción en una experiencia cotidiana percibida y contrastable en los dominios generales conocidos, sobre todo de la economía, la salud, la cultura y el medioambiente.

- Así, a modo de breve revisión histórica, desde que el planteamiento del estado de calidad de vida como atributo social cobrara fuerza a partir de los años sesenta del siglo veinte, cuando autores como A. Campbell (1981) y G.A. Meeberg (1993) plantearan el peso de variables cualitativas individuales como complemento necesario a las métricas originales sobre el estatus económico, se puede afirmar que el interés por caracterizar de forma adecuada y científica el concepto, ha ido evolucionando hacia criterios más integradores y de características diversas. El grupo de trabajo World Health Organization Quality Of Life (WHOQOL), creado en 1995 por la Organización Mundial de la Salud (OMS) para la investigación sobre la calidad de vida y la descripción de sus posibilidades de ponderación, introdujo la correlación entre los parámetros multidimensionales objetivables y el auto-reporte percibido de satisfacción personal, como criterio metodológico de comparación posible entre diferentes estados de calidad de vida. En este sentido es utilizado frecuentemente el indicador IDH (Índice de Desarrollo Humano), establecido por el Programa de las Naciones Unidas para el Desarrollo (PNUD-1990) y referido a cada país. Por su parte, el Indicador de Vida Humana, desarrollado por el Instituto Internacional para el Análisis de Sistemas Aplicados (IIASA) es un nuevo ranking internacional comparado sobre calidad de vida que se ha impuesto como alternativa y en sustitución del IDH. De igual manera, en marzo del 2019 el grupo Mercer Human Resource Consulting presentó su última clasificación mundial sobre calidad de vida para 215 ciudades de todo el mundo (dentro de un total de 440 ciudades analizadas). En un nuevo intento de caracterizar los componentes de alto impacto en los modos de vida de la población, en dicho informe fueron evaluadas 10 categorías y 39 factores diferentes, agrupados en contexto económico, político-social, cultural, ambiental, de salud y educación, de servicios prestacionales y transporte, ocio, entorno natural, bienes de consumo, y alojamiento.

1.5
METODOLOGÍA DE TRABAJO E IDENTIFICACIÓN DEL PROBLEMA

¿Cómo afecta a la calidad de vida la presencia del arte urbano en el espacio público de la ciudad? En un primer intento de abordar la cuestión, se puede acudir al Indicador Multidimensional de Calidad de Vida

(IMCV) del Instituto Nacional de Estadística (INE). El IMCV es un indicador compuesto de medición de calidad de vida, creado en su origen como una respuesta al informe Stiglitz-Sen-Fitoussi (informe SSF), en forma de obtener medidores más precisos que el PIB. En el informe SSF se detalla una lista de cinco recomendaciones en la sustitución de PIB como único indicador. España se sitúa entre los cinco estados miembros de la UE que desarrollaron desde el primer momento algún elemento en su producción estadística en esta materia, obteniendo así un total de 9 dimensiones en la elaboración del IMCV:

1. Condiciones materiales de vida:
2. Trabajo
3. Salud
4. Educación
5. Ocio y relaciones Sociales
6. Seguridad física y personal
7. Gobernanza y derechos básicos
8. Entorno y medioambiente
9. Experiencia general de la vida

Para cada una de las dimensiones se eligen una serie de indicadores (55 en total), fundamentalmente obtenidos de encuestas tales como la Encuesta de Condiciones de Vida (ECV) o la Encuesta de Población Activa (EPA). En este estudio, se centra el análisis en la situación de tres comunidades que serán destacadas en los gráficos, en rojo

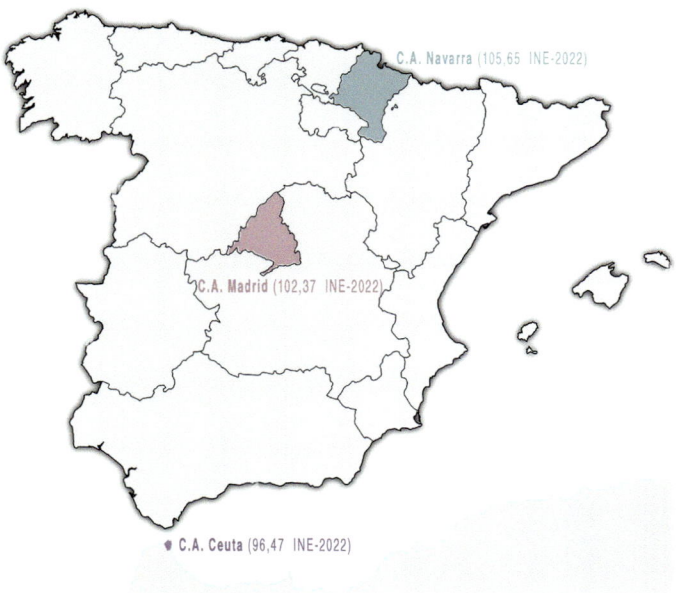

Fig. 5. Emplazamiento de las Comunidades Autónomas de estudio seleccionadas.

Ceuta, en negro la Comunidad de Madrid y en azul la Comunidad Foral de Navarra (figura 5).

En la primera dimensión, **CONDICIONES MATERIALES DE VIDA**, se contemplan los siguientes índices:

- Renta mediana.
- Población en riesgo de pobreza relativa.
- Desigualdad.
- Satisfacción con la situación económica del hogar.
- Dificultades para llegar a fin de mes.
- Carencia material.
- Población que vive en hogares con determinadas deficiencias en la vivienda.
- Población con falta de espacio en la vivienda.
- Población con gasto elevado en la vivienda.
- Satisfacción con la vivienda.
- Incapacidad de hacer frente a gastos económicos imprevistos.
- Retrasos en los pagos.

En la **figura 6**, ordenados como se nombran, se muestra la evolución a lo largo del tiempo de los índices según datos originales del INE.

Se puede observar una carencia de estudio en los índices "satisfacción con la situación económica del hogar" y "satisfacción con la vivienda". En el resto de índices se observa una clara tendencia a liderar por Navarra, mantenerse en la media por Madrid y situarse a la cola por Ceuta, salvo en índices particulares como podrían ser los relativos al gasto y espacio en la vivienda o rentas medianas, que Madrid se sitúa cercano a las líderes.

En la segunda dimensión, **TRABAJO**, se contemplan los siguientes índices:

- Tasa de empleo.
- Tasa de paro.
- Tasa de paro de larga duración.
- Empleo involuntario a tiempo parcial.
- Salarios bajos.
- Jornadas largas.
- Trabajo temporal.
- Satisfacción con el trabajo.

En la **figura 7**, ordenados como se nombran, se muestra la evolución a lo largo del tiempo de los índices según datos originales del INE.

En este caso, se puede observar una carencia en el estudio del indicador sobre la "satisfacción con el trabajo". Mientras que en el resto de los indicadores se nota una cercanía en los resultados obtenidos por Madrid y Navarra.

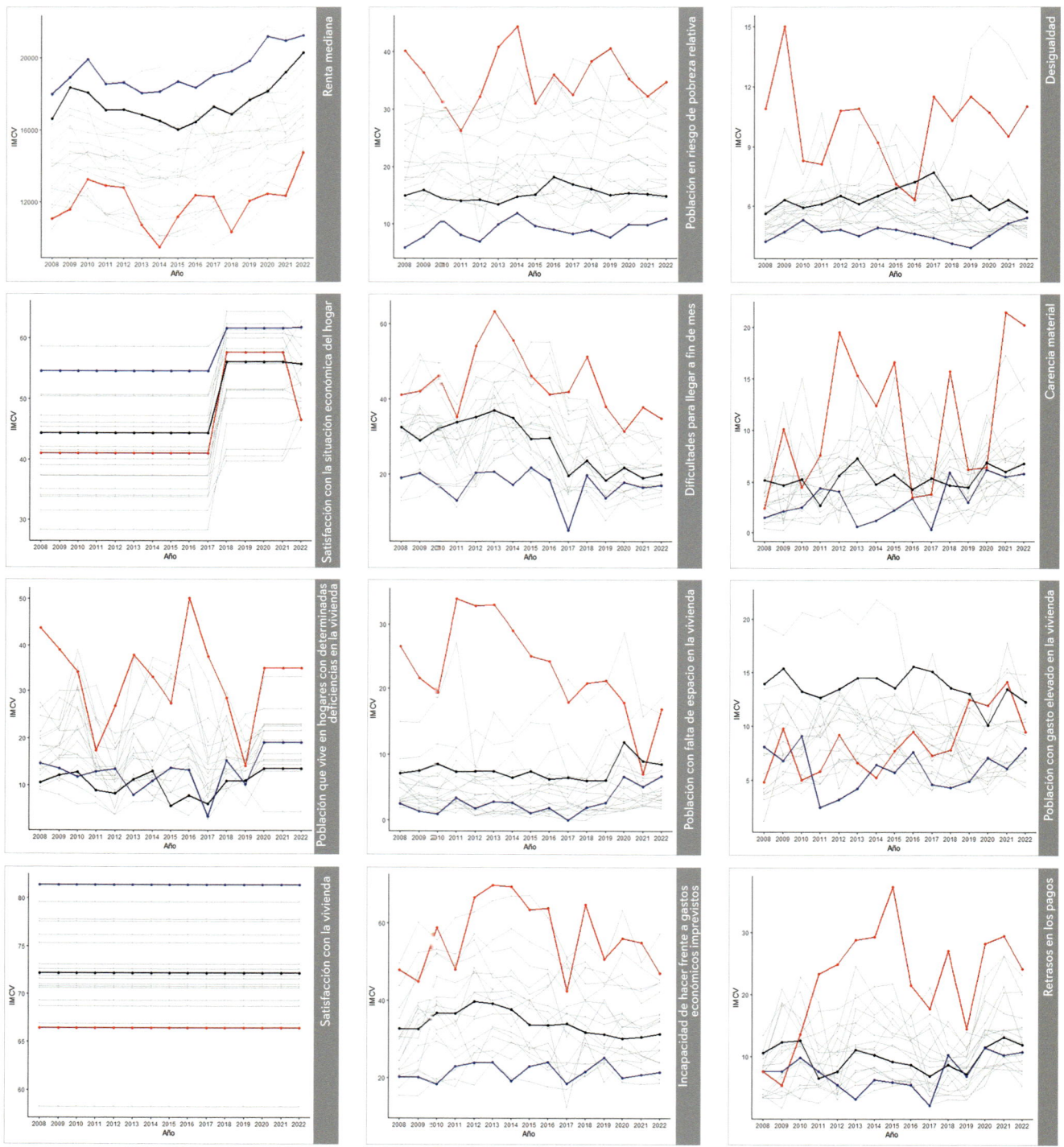

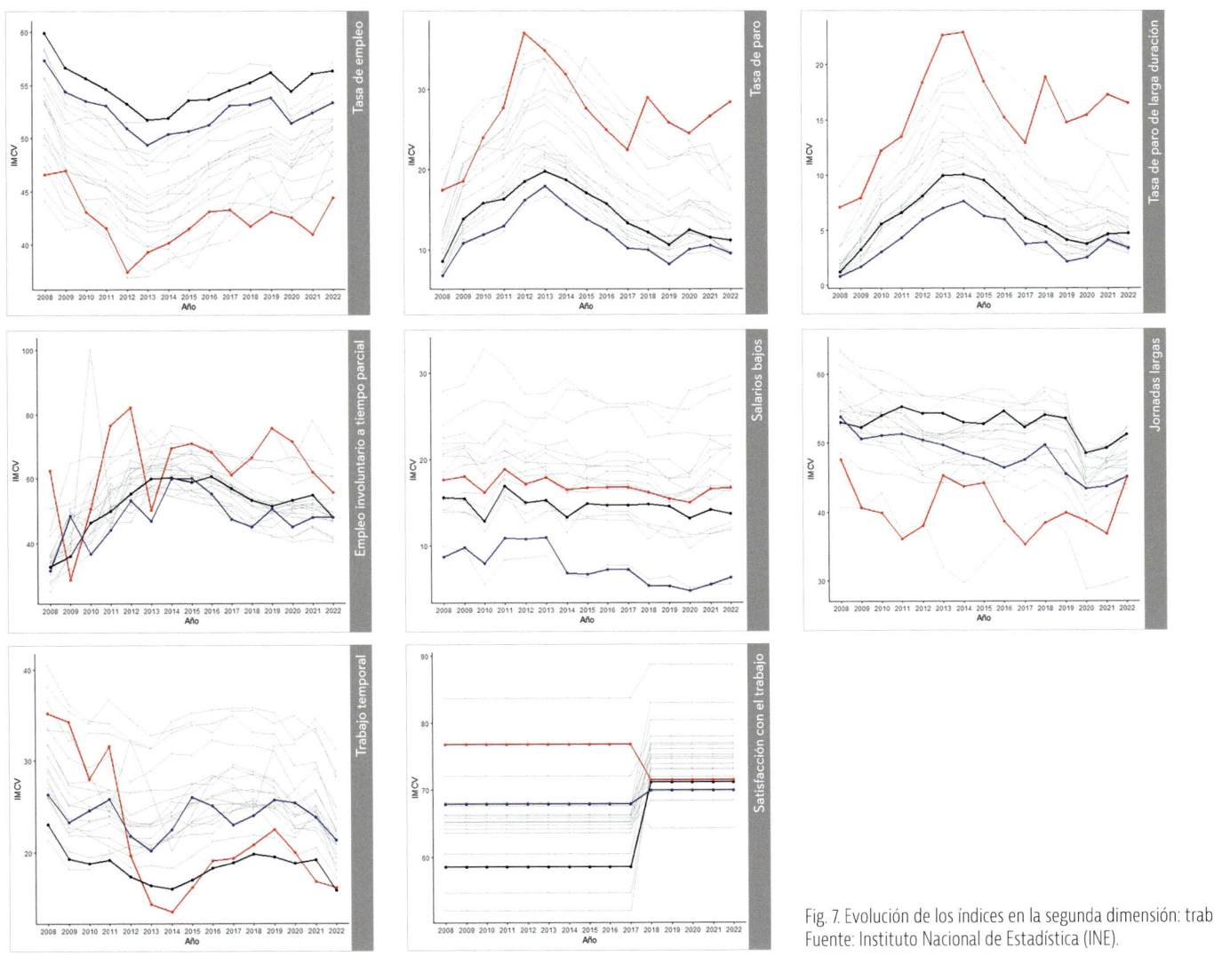

Fig. 7. Evolución de los índices en la segunda dimensión: trabajo.
Fuente: Instituto Nacional de Estadística (INE).

C.A.
- Ceuta
- Madrid, Comunidad de
- Navarra, Comunidad Foral de
- Otra

Fig. 6. Evolución de los índices en la primera dimensión: condiciones
materiales de vida. Fuente: Instituto Nacional de Estadística (INE).

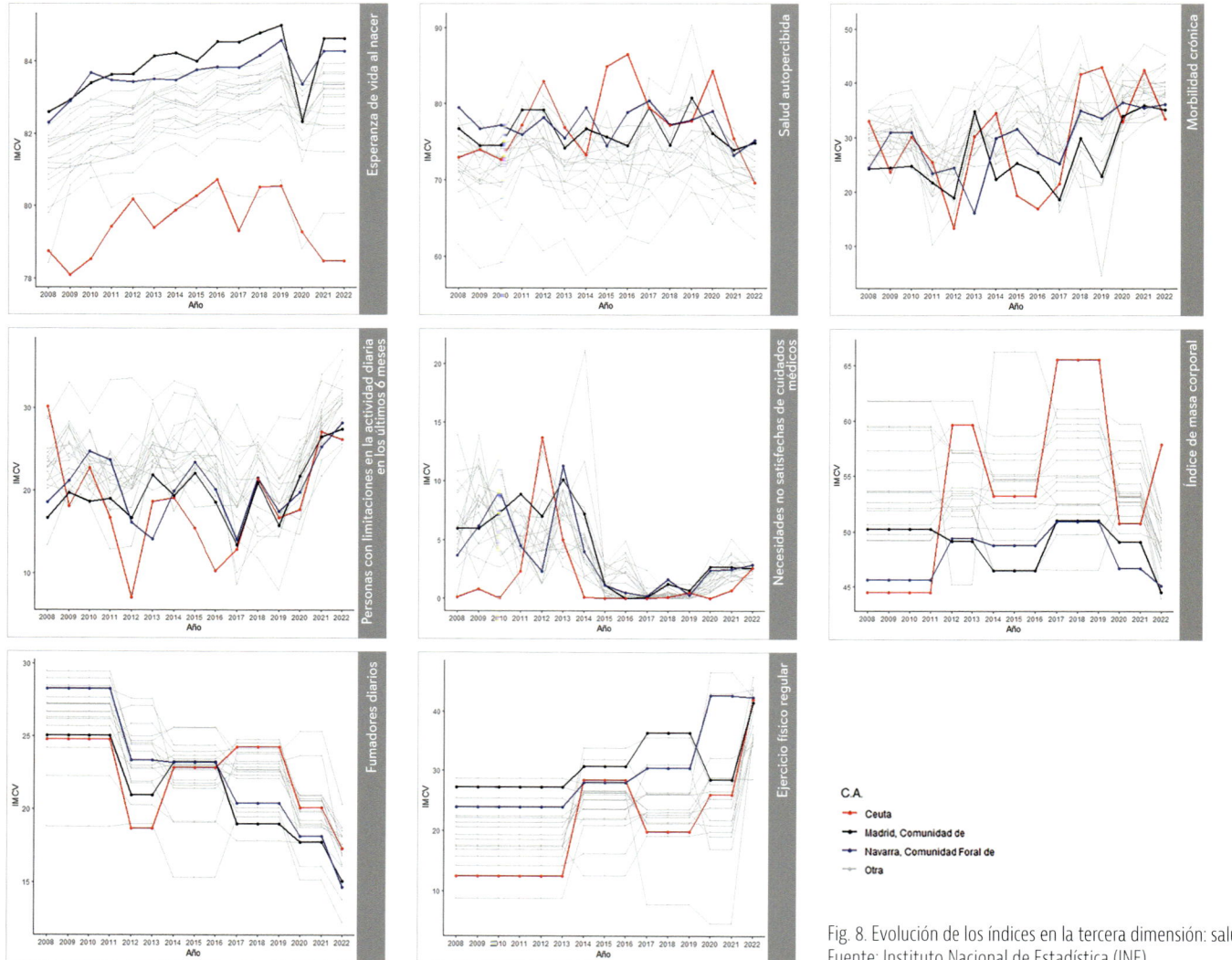

Fig. 8. Evolución de los índices en la tercera dimensión: salud.
Fuente: Instituto Nacional de Estadística (INE).

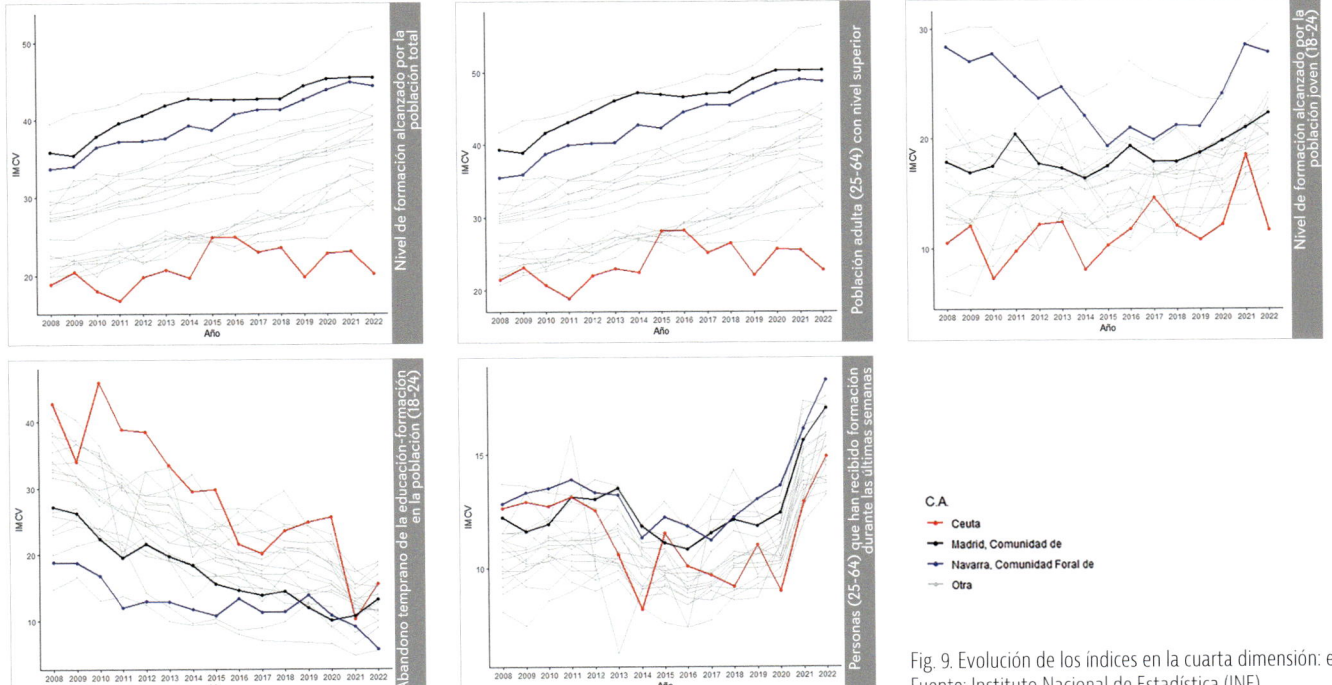

Fig. 9. Evolución de los índices en la cuarta dimensión: educación.
Fuente: Instituto Nacional de Estadística (INE).

En la tercera dimensión, **SALUD**, se contemplan los siguientes índices:

- Esperanza de vida al nacer.
- Salud autopercibida.
- Morbilidad crónica.
- Personas con limitaciones en la actividad diaria en los últimos 6 meses.
- Necesidades no satisfechas de cuidados médicos.
- Índice de masa corporal.
- Fumadores diarios.
- Ejercicio físico regular.

En la **figura 8**, ordenados como se nombran, se muestra la evolución a lo largo del tiempo de los índices según datos originales del INE.

En este caso, se puede observar como la salud autopercibida y la salud real (por ejemplo, esperanza de vida, morbilidad, imc, etc.) no se ajustan. En el caso del índice "necesidades no satisfechas de cuidados médicos" se observa una tendencia a la aglomeración de la opinión por parte de todas las comunidades. Además, se aprecia una falta de estudio en los tres últimos índices en algunos años que no fueron actualizados.

En la cuarta dimensión, **EDUCACIÓN**, se contemplan los siguientes índices:

- Nivel de formación alcanzado por la población total.
- Población adulta (25-64) con nivel superior.
- Nivel de formación alcanzado por la población joven (18-24).
- Abandono temprano de la educación-formación en la población (18-24).
- Personas (25-64) que han recibido formación durante las últimas semanas.

En la **figura 9**, ordenados como se nombran, se muestra la evolución a lo largo del tiempo de los índices según datos originales del INE.

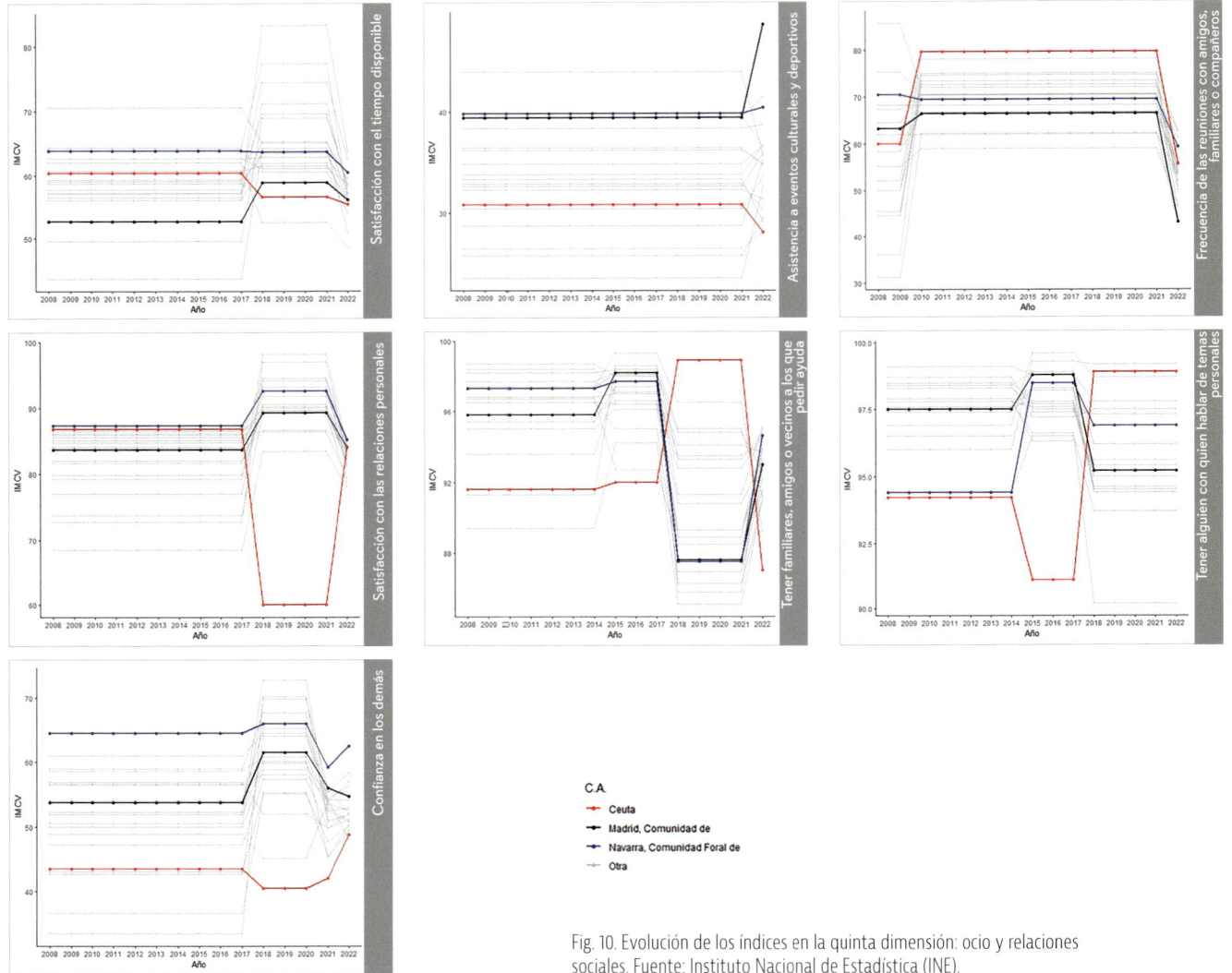

Fig. 10. Evolución de los índices en la quinta dimensión: ocio y relaciones sociales. Fuente: Instituto Nacional de Estadística (INE).

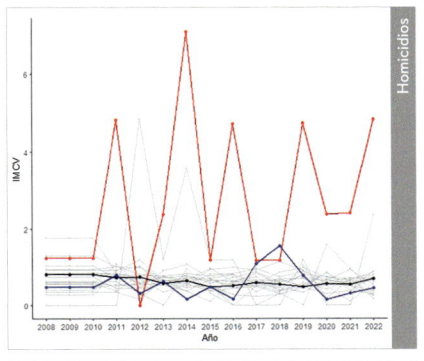
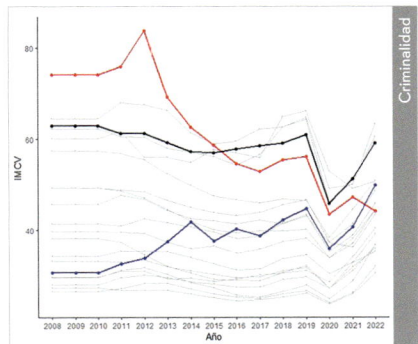
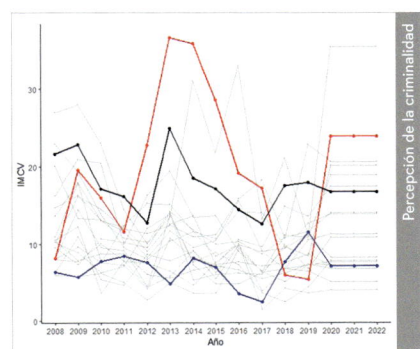
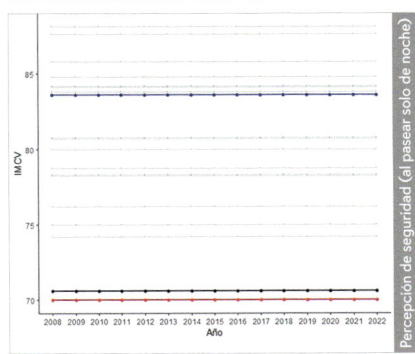

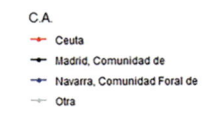

C.A.
- Ceuta
- Madrid, Comunidad de
- Navarra, Comunidad Foral de
- Otra

Fig. 11. Evolución de los índices en la sexta dimensión: seguridad física y personal. Fuente: Instituto Nacional de Estadística (INE).

En la quinta dimensión, **OCIO Y RELACIONES SOCIALES**, se contemplan los siguientes índices:

- Satisfacción con el tiempo disponible.
- Asistencia a eventos culturales y deportivos.
- Frecuencia de las reuniones con amigos, familiares o compañeros.
- Satisfacción con las relaciones personales.
- Tener familiares, amigos o vecinos a los que pedir ayuda.
- Tener alguien con quien hablar de temas personales.
- Confianza en los demás.

En la **figura 10**, ordenados como se nombran, se muestra la evolución a lo largo del tiempo de los índices según datos originales del INE.

En este caso, se observa que se trata de una dimensión poco estudiada, ya que los índices correspondientes no han sido actualizados a lo largo del tiempo.

En la sexta dimensión, **SEGURIDAD FÍSICA Y PERSONAL**, se contemplan los siguientes índices:

- Homicidios.
- Criminalidad.
- Percepción de la criminalidad.
- Percepción de seguridad (al pasear solo de noche).

En la **figura 11**, ordenados como se nombran, se muestra la evolución a lo largo del tiempo de los índices según datos originales del INE.

Se puede observar la falta de estudio en la percepción de seguridad (al pasear solo de noche), sin embargo, los datos recogidos sitúan a Madrid cercano a la percepción de Ceuta, a la cola de las comunidades en este índice.

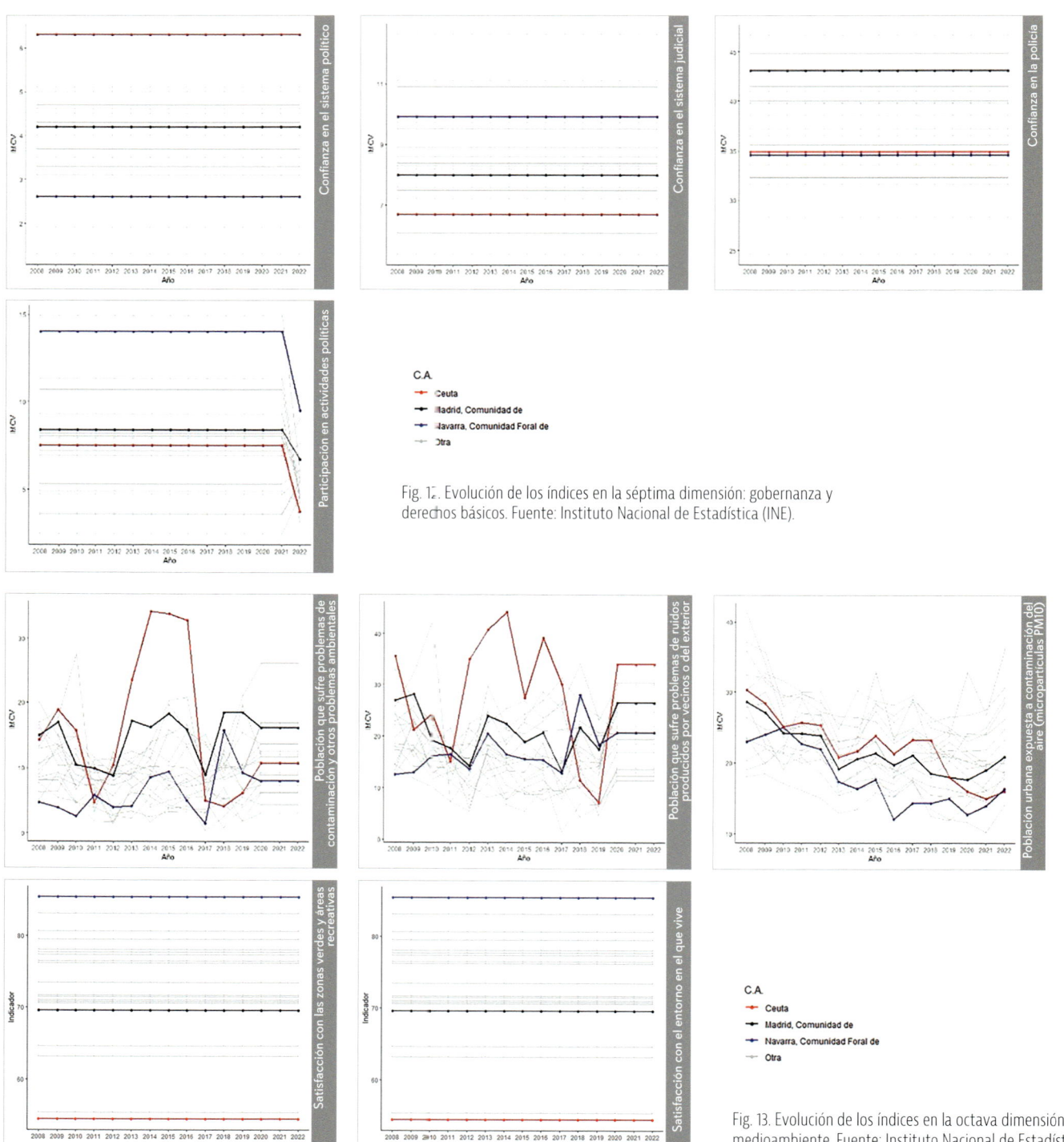

Fig. 12. Evolución de los índices en la séptima dimensión: gobernanza y derechos básicos. Fuente: Instituto Nacional de Estadística (INE).

Fig. 13. Evolución de los índices en la octava dimensión: entorno y medioambiente. Fuente: Instituto Nacional de Estadística (INE).

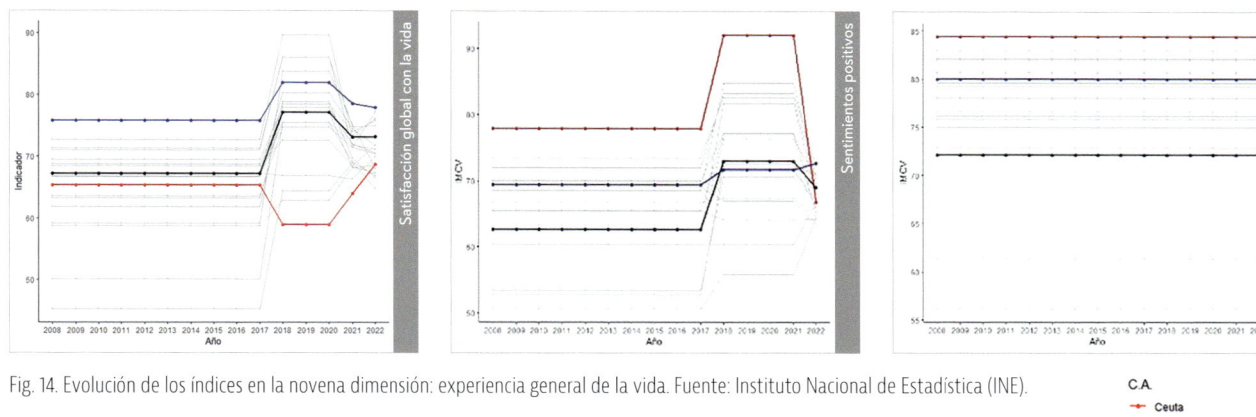

Fig. 14. Evolución de los índices en la novena dimensión: experiencia general de la vida. Fuente: Instituto Nacional de Estadística (INE).

C.A.
— Ceuta
— Madrid, Comunidad de
— Navarra, Comunidad Foral de
— Otra

En la séptima dimensión, **GOBERNANZA Y DERECHOS BÁSICOS**, se contemplan los siguientes índices:

- Confianza en el sistema político.
- Confianza en el sistema judicial.
- Confianza en la policía.
- Participación en actividades políticas.

En la **figura 12**, ordenados como se nombran, se muestra la evolución a lo largo del tiempo de los índices según datos originales del INE.

En este caso se puede observar, al igual que en la quinta dimensión, un escaso estudio de los índices, siendo la "participación en actividades políticas" el único actualizado en el último año.

En la octava dimensión, **ENTORNO Y MEDIOAMBIENTE**, se contemplan los siguientes índices:

- Población que sufre problemas de contaminación y otros problemas ambientales.
- Población que sufre problemas de ruidos producidos por vecinos o del exterior.
- Población urbana expuesta a contaminación del aire (micropartículas PM10).
- Satisfacción con las zonas verdes y áreas recreativas.
- Satisfacción con el entorno en el que vive.

En la **figura 13**, ordenados como se nombran, se muestra la evolución a lo largo del tiempo de los índices según datos originales del INE.

En la novena dimensión, **EXPERIENCIA GENERAL DE LA VIDA**, se contemplan los siguientes índices:

- Satisfacción global con la vida.
- Sentimientos positivos.
- Evaluación del sentido y propósito de la vida.

En la **figura 14**, ordenados como se nombran, se muestra la evolución a lo largo del tiempo de los índices según datos originales del INE.

Al igual que en otras dimensiones, se observa una falta de estudio en los índices que componen la novena dimensión.

Los indicadores elementales de cada dimensión se agregan en un único indicador representativo de la dimensión mediante el método adjusted Mazziotta–Pareto index (AMPI). Finalmente, los 9 indicadores se agregan en un único IMCV mediante media aritmética ponderada, por defecto con iguales ponderaciones. El método AMPI resulta una buena solución para el estudio dinámico a lo largo de los años de la calidad de vida. Según datos originales del INE observamos la siguiente evolución del IMCV a lo largo de los años:

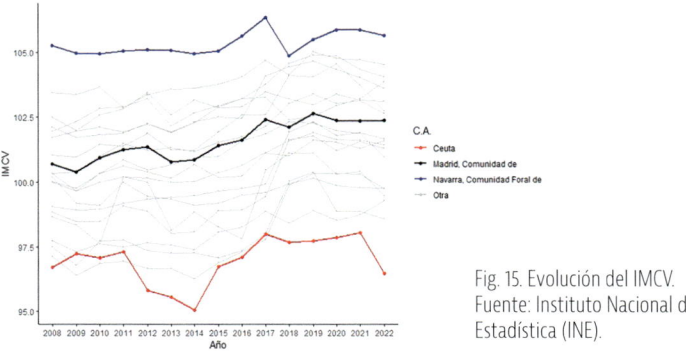

Fig. 15. Evolución del IMCV. Fuente: Instituto Nacional de Estadística (INE).

Ceuta se ha mantenido en los mínimos de calidad de vida (96,47 en 2022), la Comunidad Foral de Navarra se mantiene en los máximos de calidad de vida (105,65 en 2022) y, la Comunidad de Madrid se mantiene en valores intermedios (102,37 en 2022). Las tres comunidades citadas serán las seleccionadas en este estudio estadístico. Se resumen en la siguiente tabla los valores AMPI de cada dimensión.

	DIMENSIÓN	Valores totales por dimensiones (2022)		
		Comunidad Foral de Navarra	Comunidad de Madrid	Ceuta
		(Índice máximo)	(Índice intermedio)	(Índice mínimo)
1	Condiciones materiales de vida	104,63	101,73	91,35
2	Trabajo	103,49	102,77	95,43
3	Salud	105,26	105,61	99,13
4	Educación	116,49	113,81	100,54
5	Ocio y relaciones Sociales	101,45	98,19	95,22
6	Seguridad física y personal	104,05	95,04	90,41
7	Gobernanza y derechos básicos	100,06	101,76	98,18
8	Entorno y Medioambiente	108,65	100,53	93,08
9	Experiencia General de la Vida	106,81	101,9	104,85

Fig. 16. Valores AMPI de cada dimensión para el caso de la Comunidad Foral de Navarra, Comunidad de Madrid y Ceuta. Fuente de datos: Instituto Nacional de Estadística (INE).

DISEÑO DE LA INVESTIGACIÓN

En lo respectivo a la dimensión temporal de la investigación, dada la naturaleza del problema y la falta de datos previos está centrada en un diseño de investigación transversal. Además, se utiliza un método descriptivo como punto de partida para abordar el problema que ocupa. El objetivo es detectar regularidades y asociaciones entre variables que serán descritas más adelante, dejando así la puerta abierta a estudios mantenidos a lo largo del tiempo. Así pues, el tipo de diseño de la investigación se centra en estudios de prevalencia y asociación cruzada.

Se analizará hasta qué punto la presencia del arte urbano en el espacio público de la ciudad influye positivamente en la mejora de la calidad de vida de la población, reconociendo dentro del listado multidimensional de calidad de vida, la posible y justificada aportación del arte urbano en el espacio público de la ciudad por cada indicador, comparando el peso que tiene sobre los distintos índices

y prescindiendo de aquellos en los que no tenga ninguna o escasa repercusión.

Además, posteriormente se computará el número y tipologías de manifestaciones artísticas en cada una de las tres Comunidades Autónomas, contrastarlo en relación con el valor de sus Índices de Calidad de Vida, con el fin de entender en primera instancia la relación entre el nivel de calidad de vida y el número de manifestaciones artísticas presentes y promovidas en el espacio público de dichas ciudades representativas por cada Comunidad Autónoma.

ESPECIFICACIÓN DE LAS HIPÓTESIS

Ahora se identificará cuáles serán las principales hipótesis de trabajo. Como ha sido señalado anteriormente, el proyecto se basa en las variables analizadas por el INE en sus índices oficiales de calidad de vida. Dentro de las dimensiones, se identificará cuáles de ellas se ven afectadas por la posible presencia del arte urbano en cada ciudad. De esta manera, proceder a identificar el peso que dichas variables tienen en el Índice de Calidad de Vida de las tres comunidades a estudiar (Comunidad Foral de Navarra, Comunidad de Madrid y Ceuta), representadas por la ciudad de mayor población de cada una de ellas (Pamplona, Madrid y Ceuta).

Se tratará de probar que en las ciudades con mayor presencia de arte urbano obtenemos unos mayores índices de la calidad de vida establecidos por el INE. También se estudiará cuál es el nivel de sensación percibida por la población de la presencia de arte urbano en su vida y cómo afecta en su vida. Además, se tratará de establecer una relación entre la sensación percibida por la población de la presencia de arte urbano y la satisfacción global con la vida.

DEFINICIÓN DE LAS VARIABLES

Las principales variables de estudio quedan determinadas principalmente por las anteriores hipótesis de trabajo establecidas. En primer lugar, están las variables establecidas según los índices de calidad de vida dispuestas por el INE. En segundo lugar, están las variables añadidas por este estudio. Principalmente se destacan dos: la variable relacionada con el nivel de sensación percibida de la presencia de arte urbano y el nivel de afectación de esta en su vida.

SELECCIÓN DE LA MUESTRA

Como se ha avanzado anteriormente, la muestra se centrará en las ciudades de Pamplona, Madrid y Ceuta. El método de muestreo será aleatorio estratificado. Se contempla cada una de las ciudades un estrato distinto, considerando que, según datos oficiales del INE, en Pamplona hay 205.762 habitantes, en Madrid hay 3.332.035 habitantes y en Ceuta hay 83.038 habitantes. De cada uno de los estratos se establecerá un tamaño de la muestra adecuado a una misma proporción, teniendo en cuenta el número total de habitantes de cada una de las muestras. Se definen como personas muestrales aquellas personas de 18 o más años en el año de realización de las encuestas, las cuales serán seleccionadas de manera aleatoria.

DISEÑO DEL CUESTIONARIO

Se analizará mediante encuestas diseñadas al efecto para realizar a ciudadanos en un muestreo suficiente representativo desagregado de población, la percepción que ellos otorgan a la presencia de manifestaciones artísticas en su ciudad siguiendo como referencia la establecida por la metodología de la Taxonomía de Bloom. Esta se propone como herramienta, referencia y criterio de medición, que permite estudiar la transformación de la ciudad debida al grado de asimilación y conocimiento que ha originado la presencia del arte urbano en su momento actual en un determinado contexto. Dicha herramienta ayudaría a valorar el éxito de una intervención artística en el espacio público urbano de acuerdo con la fase de asimilación de la misma en una población determinada. La Taxonomía de Bloom ha sido contrastada con éxito en otros ámbitos pedagógicos, el presente proyecto propone de forma innovadora ensayarla para reconocer los recursos de asimilación social presentes en los procesos de apreciación artística a partir del arte público en el entorno urbano, como estrategia de aceptación social urbana reforzando los argumentos de juicio valorativo. La Taxonomía de Bloom se convierte así en un marco referencial conocido para la evaluación del nivel cognitivo adquirido por los ciudadanos, adquiriendo nuevas habilidades y conocimientos a partir del grado de conciencia del arte urbano en su espacio público de la ciudad. La clasificación o metodología cognitiva de Bloom contiene originalmente seis niveles de complejidad creciente: Conocimiento, Comprensión, Aplicación, Análisis, Síntesis y Evaluación con subniveles identificados. La Taxonomía de Bloom a lo largo de los años ha continuado siendo una herramienta esencial para el establecimiento de objetivos de aprendizaje, de tal forma que ha sufrido cambios con el propósito de atender los nuevos objetivos, procesos y acciones. Para la consideración del presente proyecto se toma como referencia la Taxonomía "revisada" o actualizada de Bloom (Anderson y Krathwohl, 2001). Se trataría de reforzar un adecuado entrenamiento y formación sobre las habilidades cognitivas implicadas en la apreciación artística, para mejorar el impacto de la presencia del arte urbano y así asegurar el efecto positivo hacia la comunidad.

Respecto a la extensión del cuestionario, se trata de no superar las 20 preguntas, intentando de que el encuestado no tenga que invertir más de 10 minutos de su tiempo. Una vez diseñado el cuestionario, se procederá a realizar una prueba piloto con un grupo de aproximadamente 30 personas, determinando así posibles fallos en las encuestas, como podrían ser: comprensión de las encuestas, fatiga en el encuestado, rechazo por parte del encuestado o límite de tiempo excedidos.

Siguiendo las propuestas de Goode y Hatt, se proponen las siguientes comprobaciones: distribución de las respuestas, respuestas binarias consecutivas, proporciones elevadas de respuestas "no lo sé", comentarios sin relevancia, negativas superiores al 5 % de contestar preguntas específicas. Además, se añadirán instrucciones sencillas para la correcta cumplimentación del cuestionario, incluyendo cuando sea necesario ejemplos de respuesta.

Además de las preguntas relacionadas directamente con las variables definidas previamente, a modo de innovación, se realizarán preguntas al final del cuestionario con la posibilidad de que el encuestado responda abiertamente con una extensión máxima de 500 caracteres.

ORGANIZACIÓN DEL TRABAJO DE CAMPO

En este aspecto, se tratará de realizar las encuestas mediante una aplicación que pueda ser distribuida y administrada mediante los distintos distritos de cada ciudad, estableciendo así acuerdos de colaboración con las instituciones. Con la finalidad de llegar a una muestra totalmente representativa de cada estrato, se tratará de combinar los cuestionarios autoadministrados mediante la aplicación con cuestionarios autoadministrados en grupo con presencia de un entrevistador, por ejemplo, en residencias de ancianos.

Para garantizar la eficacia del trabajo de campo, se elaborará un plan detallado que incluirá la logística de distribución y recolección de los cuestionarios. Se tomarán en cuenta las características sociodemográficas de las poblaciones de Pamplona, Madrid y Ceuta para asegurar una cobertura amplia y representativa. Se establecerán puntos de contacto en lugares estratégicos como centros comunitarios, instituciones educativas, espacios culturales y zonas de alto tránsito peatonal.

Además, se capacitará a los encuestadores para que puedan resolver dudas y asistir a los participantes en el proceso de respuesta. Se les instruirá sobre la importancia de mantener una actitud neutral y el respeto por la privacidad de los encuestados. La formación también incluirá aspectos técnicos de la aplicación móvil y procedimientos para el manejo de situaciones inesperadas durante la administración de los cuestionarios.

El equipo de trabajo de campo estará compuesto por profesionales y voluntarios que serán seleccionados en función de su experiencia previa en investigaciones y su capacidad de comunicación. Se valorará especialmente la disposición para trabajar en equipo y la habilidad para interactuar con personas de diferentes edades y contextos socioculturales.

OBTENCIÓN Y TRATAMIENTO DE LOS DATOS

Los datos serán almacenados en archivos .csv con la finalidad de poder ser tratados posteriormente mediante el lenguaje de programación R. En el caso de preguntas cerradas, las respuestas serán codificadas por el número de posibles respuestas existentes. En el caso de las preguntas abiertas, serán almacenadas mediante líneas de caracteres, siguiendo la propuesta de Visauta (Tecnicas de investigación social: recogida de datos. 1989), se tratará de establecer categorías y subcategorías en las respuestas que sean exhaustivas y excluyentes entre sí. Si una respuesta no puede ser agrupada en ninguna de las categorías, será almacenada en una categoría destinada a estas respuestas (categoría "otras respuestas"), teniendo siempre la vista presente en que la categoría de "otras respuestas" no exceda el 5 % de las respuestas totales.

Además, se tratará de realizar un modelo similar al propuesto mediante el apoyo de modelos de lenguaje de gran tamaño. En particular, se tratará de establecer un prompt general para poder obtener agrupación por categorías de las distintas respuestas posibles. Una vez recopilados los datos, se procederá a su limpieza y preparación para el análisis. Se verificará la integridad de los datos y se realizarán las correcciones necesarias en caso de detectarse errores de entrada o inconsistencias.

1.6
INDICADOR MULTIDIMENSIONAL DE CALIDAD DE VIDA (IMCV).
INDICADOR GLOBAL DE CALIDAD DE VIDA (IGCV) APLICADO AL ANÁLISIS DEL ÉXITO DEL ARTE PÚBLICO URBANO

El Instituto Nacional de Estadística (INE), puso en marcha una operación estadística de Indicadores de Calidad de vida en el Plan Estadístico Nacional 2013-2016. Según el Instituto Nacional de Estadística (INE), la calidad de vida en España descendió ligeramente en 2022 respecto al año anterior. Concretamente las dimensiones correspondientes a Gobernanza y derechos básicos, Experiencia general de la vida, Ocio y relaciones sociales, Seguridad física y personal y Entorno y medioambiente empeoraron su puntuación.

El Indicador Multidimensional de Calidad de Vida (IMCV), que ofrece actualmente de forma sintética una visión panorámica de todas las dimensiones igualmente ponderadas en rangos comparables, se situó en 101,43 puntos, en 2022 frente a los 101,62 del año anterior, presentando su valor más alto justo antes de la pandemia COVID-19 (101,91) (9 Dimensiones-55 Indicadores). Los datos se ofrecen anualmente por Comunidades Autónomas desde 2008. Actualmente cada dimensión puede alimentarse a su vez de datos estadísticos obtenidos de encuestas consolidadas de población que se consideran afines a cada dimensión particular (tales como la Encuesta de Condiciones de Vida o la Encuesta de Población Activa), que se agregan en un único indicador de la dimensión mediante el método ajustado AMPI (Mazziotta-Pareto), utilizado por la OCDE. Las nueve dimensiones resultantes se agregan, en principio, mediante un valor único de calidad de vida igualmente ponderado, siempre que el usuario no establezca oportunamente alguna diferenciación de importancia según su criterio.

Dimensiones 2021-2022. GLOBAL:101,62-101,43[18]

1. Condiciones materiales de vida: 99,88-100,27
2. Trabajo: 99,79-100,97
3. Salud: 101,20-102,25
4. Educación: 108,85-109,56
5. Ocio y relaciones sociales: 97,79-96,78
6. Seguridad física y personal: 101,36-100,41
7. Gobernanza y derechos básicos: 100,00-98,56
8. Entorno y medioambiente: 102,02-101,54
9. Experiencia general de la vida: 103,69-102,49

18. *Estado actual de valoración global e interanual de las dimensiones del IMCV (INE 2021-2022*: https://www.ine.es/experimental/imcv/exp_calidad_vida_multi.pdf

La idea fundamental sobre la que se sustenta actualmente (desde hace unos quince años) la obtención de una verdadera medición estadística de la Calidad de Vida, es que el progreso de las sociedades y del bienestar no puede basarse solo en indicadores puramente económicos como es el Producto Interior Bruto (PIB), sino en datos que ofrezcan información sobre las propias personas y grupos poblacionales. La primera iniciativa que desarrolló este criterio fue el conocido Índice de Desarrollo Humano (IDH) de las Naciones Unidas de 1990-Programa de las Naciones Unidas para el Desarrollo (PNUD). Progresivamente fue tomando fuerza el análisis de las condiciones de vida de la población y de la sostenibilidad económica, social y ambiental.

En este sentido, sin lugar a duda el enfoque que ha ido generando mayor impacto tanto en el ámbito académico como en las metodologías estadísticas oficiales ha sido el denominado informe *Stiglitz-Sen-Fitoussi* (informe SSF del gobierno francés 2009), que recogía recomendaciones de mejora en la medición del progreso social, con el objetivo de completar el dato correspondiente al PIB con otros indicadores relacionados con el progreso social y ambiental. En esta misma dirección hay que añadir además otras iniciativas similares tanto de la Comisión Europea como de la OCDE, respectivamente con los proyectos *"GDP and beyond"* y *"Better Life"*. Tales recomendaciones son finalmente recogidas y coordinadas en la constitución del *Sponsorship Group*, co-presidido por Eurostat y el Instituto de Estadística de Francia (INSEE) para poder ser integradas en el Sistema Estadístico Europeo (SEE) a partir de 2011, teniendo en cuenta las recomendaciones sugeridas por los grupos de trabajo al atender especialmente a las nuevas cuestiones multidimensionales de sostenibilidad ambiental y de grupos poblacionales, para cubrir el objetivo de la medición del progreso, bienestar y desarrollo sostenible.

A partir del informe *Stiglitz-Sen-Fitoussi* (SSF) y los trabajos del *Sponsorship Group* (SG), el sistema estadístico europeo adoptó ciertas recomendaciones transversales que centraban su interés especialmente en la medición de la calidad de vida, basadas en la definición de determinados indicadores y criterios metodológicos, alejados de los clásicos agregados que proporcionan normalmente las fuentes estadísticas. Así, sería necesario *medir resultados*, evitando la utilización de datos justificados solamente por dotación de recursos, para cubrir información de áreas y necesidades estratégicas. Se hace necesario informar sobre satisfacción personal de impacto en la población ante problemas concretos en el funcionamiento práctico de prestación de servicios. De esta manera adquieren igualmente relevancia los datos tomados de percepciones, observaciones y *datos individuales*, evitando, por el contrario, los datos agregados en forma de ratios o tasas simplificadas. Finalmente, los indicadores principales elegidos deberían mostrar más valores estadísticos de distribu-

ción y menos valores medios, atendiendo a informaciones capaces de *medir desigualdades* o anomalías en el sistema.

Acercándose a los criterios multidimensionales sobre la medición de la calidad de vida, que adopta el sistema estadístico español basado en los elementos presentados por el informe de *Sponsorship Group* (SG) a la realidad europea, se relacionan las nueve áreas de estudio de referencia, condiciones materiales de vida, salud, trabajo, educación, relaciones sociales, inseguridad, gobernanza y participación social, entorno y bienestar subjetivo.

Tras la creación en 2012 y el trabajo desarrollado por un grupo de expertos académicos de diferentes estados miembros de la OCDE (incluida España), Eurostat define una propuesta concreta que presenta en 2014 de indicadores por cada dimensión, país y grupo desagregado de población para la medición de calidad de vida.

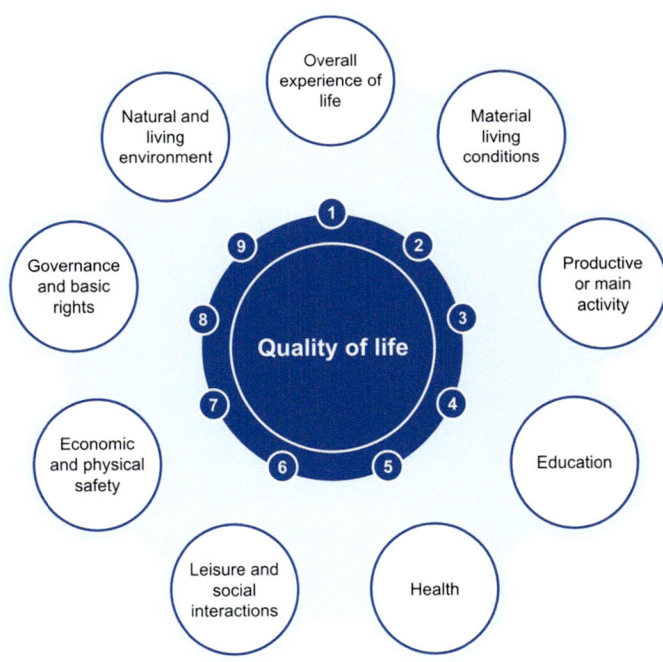

Fig. 17. Indicadores por cada dimensión, país y grupo desagregado de población para la medición de calidad de vida. Fuente: Eurostat.[19]

19. https://ec.europa.eu/eurostat/web/quality-of-life/overview

En estos momentos por parte de Eurostat todavía no se ha obtenido ningún único indicador integrado final de calidad de vida, obtenido a su vez de la agregación de todas las distintas dimensiones de áreas. Por ese motivo el sistema estadístico español oficial a través del INE decide en 2017 integrar un indicador multidimensional agregado con 9 dimensiones. Durante los años 2017 a 2020 se produce una fase de intenso desarrollo de esta estadística experimental que consigue consolidarse. En primer lugar, cada indicador individual incluido en el conjunto de cada dimensión es agregado en un único factor parcial, que participa sin ponderación específica con el mismo peso, en una media aritmética que da como resultado un índice de calidad de vida final teniendo en cuenta todos los demás indicadores de las nueve dimensiones.

Actualmente el Indicador Multidimensional de Calidad de Vida (IMCV) se presenta todavía con carácter experimental, a la espera de su consolidación estable o perfeccionamiento metodológico oficial por parte del INE, a través de recibir posible información o interacción por parte de los diferentes destinatarios del producto estadístico. En este sentido su situación se puede catalogar como de proyecto abierto pendiente de retorno, conforme sea utilizado, para su definitiva afirmación. Una de las cuestiones fundamentales para que su consolidación sea definitiva es la de la adecuada, conveniente y todavía abierta ponderación de variables y de las diferentes dimensiones que intervienen, actualmente tan solo promediadas en su importancia. Dicha puntuación relativa de los distintos componentes tiene una evidente carga subjetiva para el usuario. El objetivo debe permitir establecer comparaciones territoriales y entre grupos poblacionales, en primera instancia en España y posteriormente su convergencia con la Unión Europea.

A continuación, se describen los 55 indicadores que intervienen en cada una de las 9 dimensiones y subapartados que completan el índice global de calidad de vida, para los que se incluye distribución según diferentes grupos de población y ámbito geográfico (hay que tener en cuenta que de alguno de los indicadores no se tiene información de resultados, al no existir de ellos serie temporal de datos).

De acuerdo con la fuente de metodología de la publicación del ICV[20] (*Publicado: 31 octubre 2023*) por cada dimensión se seleccionan aquellos indicadores que se considera, según su descripción y fuente de datos, puedan tener alguna relación o influencia directa o indirectamente, con los efectos de la presencia del Arte Público Urbano en el espacio público de la ciudad.

20. https://www.ine.es/uc/LYHYD9Bfi1

DIMENSIÓN 1. CONDICIONES MATERIALES DE VIDA

1.1. Condiciones económicas
1.1.1. Renta mediana
1.1.2. Población en riesgo de pobreza relativa según distintos umbrales
1.1.3. Población en riesgo de pobreza con umbral fijo en el año 2008
1.1.4. Desigualdad (S80/S20)
1.1.5. Satisfacción con la situación económica del hogar
1.1.6. Renta disponible ajustada bruta de los hogares
1.1.7. Gasto en consumo final de los hogares
1.2. Condiciones materiales
1.2.1. Dificultades para llegar a fin de mes
1.2.2. Carencia material
1.2.3. Población que vive en hogares con determinadas deficiencias en la vivienda 1.2.4. Población con falta de espacio en la vivienda
1.2.5. Población con gasto elevado en vivienda
1.2.6. Satisfacción con la vivienda
1.3. Seguridad económica
1.3.1. Riqueza neta de los hogares
1.3.2. Incapacidad de hacer frente a gastos económicos imprevistos
1.3.3. Retrasos en los pagos

INDICADORES RELACIONADOS contemplados en:

Encuestas de Condiciones de Vida (ECV) dirigidas a hogares que reflejan la situación económica de los individuos respecto a:

- *valores medios y medianos de los ingresos*
- **renta disponible final equivalente neta anual del hogar**
- **renta de la propiedad**
- **desigualdad**
- **grado de urbanización y densidad de población (s/ área densamente poblada, nivel intermedio y poco poblada)**

OBJETIVO AFECTADO:

- Cohesión social

COMENTARIO:

- A mayor nivel de urbanización mayor renta disponible y mayor desigualdad

GRADO DE INFLUENCIA:

- La presencia del Arte Público Urbano en un área determinada de la ciudad mejora las condiciones de renta media disponible de la población en general por incremento de actividad económica asociada y valor de propiedad en activos reales inmobiliarios, que puede traducirse en una mejora de condiciones materiales de la población, de la actividad empresarial y de seguridad económica.

DIMENSIÓN 2. TRABAJO

2.1. Cantidad

2.1.1. Tasa de empleo

2.1.2. Tasa de paro

2.1.3. Tasa de paro de larga duración (porcentaje sobre la población activa)

2.1.4. Empleo involuntario a tiempo parcial (porcentaje sobre el empleo total a tiempo parcial)

2.2. Calidad

2.2.1. Salarios bajos

2.2.2. Jornadas largas

2.2.3. Trabajo temporal

2.2.4. Satisfacción con el trabajo

INDICADORES RELACIONADOS contemplados en:

El Módulo de Bienestar 2013 y 2018 Encuestas de Condiciones de Vida (ECV):

• *satisfacción con el trabajo*

El indicador está basado en la Encuesta de Población Activa actualizada con el censo de población de 2011 y por ámbito geográfico (CCAA y UE)

OBJETIVO AFECTADO:

• La exclusión social

COMENTARIO:

• La cantidad y calidad de trabajo se puede considerar un factor importante de integración y socialización con otros individuos y permite alcanzar posibilidades de realización profesional y personal

GRADO DE INFLUENCIA:

• La presencia del Arte Público Urbano en un área determinada de la ciudad puede suponer una mejora y diversificación en la tasa de empleo y condiciones de trabajo, que a su vez permitiría alcanzar mejores condiciones económicas y materiales

21. https://www.ine.es/ss/Satellite?blobcol=urldata&blobheader =Unknown+format&blobheadername1=Content-Disposition&blo bheadervalue1=attachment%3B+filename%3D312_ICV_geo_23. xlsx&blobkey=urldata&blobtable=MungoBlobs&blobwhere=778%2F162%2F312_ ICV_geo_23.xlsx&ssbinary=true

DIMENSIÓN 3. SALUD

3.1. Resultados

3.1.1. Esperanza de vida a diferentes edades

3.1.2. Esperanza de vida en buena salud

3.1.3. Salud autopercibida

3.1.4. Morbilidad crónica. Personas con enfermedades o problemas de salud de larga duración

3.1.5. Personas con limitaciones en la actividad diaria en los últimos 6 meses

3.2. Acceso a cuidados sanitarios

3.2.1. Necesidades no satisfechas de cuidados médicos

3.3. Determinantes de salud

3.3.1. Índice de masa corporal

3.3.2. Fumadores diarios

3.3.3. Ejercicio físico regular y sedentarismo en el tiempo libre

INDICADORES RELACIONADOS contemplados en:

• *3.1.2. Esperanza de vida en buena salud* (Condiciones de salud afectadas por ausencia de problemas mentales) Contemplado en el estudio de Esperanza de vida en buena salud en la Unión Europea[21]

• *3.1.3. Salud autopercibida* (Percepción subjetiva que tiene la persona sobre su estado de salud general en los últimos doce meses) interesa particularmente en función del **grado de urbanización y densidad de población (s/ área densamente poblada, nivel intermedio y poco poblada)**

• *3.1.4. Morbilidad crónica* (morbilidad de los trastornos de salud mental asociados a prevalencia de problemas generales y rasgos específicos en el medio urbano)

Encuesta de Condiciones de Vida (ECV). Módulo de Salud 2022. INE

Módulo 2022 Calidad de vida respecto a:

• Visita de lugares de interés cultural

OBJETIVO AFECTADO:

• La salud mental como estado de bienestar que permite contribuir a la mejora de la comunidad

COMENTARIO:

• La salud integral es uno de los aspectos más valorados dentro de la calidad de vida, ya que potencia las oportunidades para participar en el mercado de trabajo, en actividades de educación y en el conjunto de actividades sociales y de ocio

GRADO DE INFLUENCIA:

• El arte urbano ha sido identificado como un factor clave en la promoción de la salud mental en entornos urbanos, donde el aumento del estrés y la ansiedad relacionados con la vida urbana son comunes

DIMENSIÓN 4. EDUCACIÓN

4.1. Competencias y habilidades
4.1.1. Nivel de formación alcanzado por la población total
4.1.2. Nivel de formación alcanzado por la población adulta (25-64 años)
4.1.3. Nivel de formación alcanzado por la población joven (de 18 a 24 años)
4.1.4. Abandono temprano de la educación-formación en la población de 18 a 24 años
4.2. Formación continua
4.2.1. Personas de 25 a 64 años que han recibido formación durante las últimas 4 semanas

INDICADORES RELACIONADOS contemplados en:

• *4.1.1. Nivel de formación alcanzado por la población total* la información se recoge de la Encuesta de Población Activa (INE) y Encuesta Europea de Fuerza de Trabajo (LFS) Eurostat, interesa particularmente en función del **grado de urbanización y densidad de población (s/ área densamente poblada, nivel intermedio y poco poblada)** Contemplado en el estudio de:

– Nivel de formación alcanzado por la población total por comunidades autónomas.
– Nivel de formación alcanzado por la población total (de 15 a 64 años) en la Unión Europea.
– Nivel de formación alcanzado por la población total según grado de urbanización.

OBJETIVO AFECTADO:

• Mayor conciencia por el valor de la expresión artística

COMENTARIO:

• Un mayor nivel de educación está relacionado con una predisposición y participación cívica más alta y proporciona las habilidades necesarias para una mayor integración en la sociedad

GRADO DE INFLUENCIA:

• La presencia del Arte Público Urbano tiene carácter bidireccional respecto a la dimensión de Educacion. Favorece a lo largo de la vida un mayor desarrollo a nivel personal y corresponde a un estado avanzado de educación de la sociedad donde se acoge.

DIMENSIÓN 5. OCIO Y RELACIONES SOCIALES

5.1. Ocio
5.1.1. Satisfacción con el tiempo disponible
5.1.2. Asistencia a eventos culturales y deportivos
5.2. Relaciones sociales
5.2.1. Frecuencia de las reuniones con amigos, familiares o compañeros
5.2.2. Satisfacción con las relaciones personales
5.2.3. Tener familiares, amigos o vecinos a los que pedir ayuda
5.2.4. Tener alguien con quien hablar de temas personales
5.2.5. Confianza en los demás

INDICADORES RELACIONADOS contemplados en:

• *5.1.1. Satisfacción con el tiempo disponible* interesa particularmente en función del **grado de urbanización y densidad de población (s/ área densamente poblada, nivel intermedio y poco poblada)** Contemplado en el **indicador subjetivo recogido en el Módulo de Bienestar 2013 y 2018 y en el Módulo 2022 de Calidad de vida de la Encuesta de Condiciones de Vida. INE.**

– Satisfacción con el tiempo disponible para hacer lo que a uno le gusta por comunidades autónomas.
– Satisfacción con el tiempo disponible para hacer lo que a uno le gusta en la Unión Europea.
– Satisfacción con el tiempo disponible para hacer lo que a uno le gusta según grado de urbanización.

• *5.1.2. Asistencia a eventos culturales y deportivos* interesa particularmente en función del **grado de urbanización y densidad de población (s/ área densamente poblada, nivel intermedio y poco poblada)** Contemplado en el **indicador** incluido en el Módulo 2015 sobre Participación social y cultural y Módulo 2022 de Calidad de vida de la Encuesta de Condiciones de Vida. INE

– Adultos que han asistido a eventos culturales, deportivos o lugares de interés cultural por comunidades autónomas.
– Adultos que han asistido a eventos culturales, deportivos o lugares de interés cultural en la Unión Europea.
– Adultos que han asistido a eventos culturales, deportivos o lugares de interés cultural según grado de urbanización.

• *5.2.2. Satisfacción con las relaciones personales* **incluido en el Módulo de Bienestar 2013 y 2018 y en el Módulo 2022 de Calidad de vida de la Encuesta de Condiciones de Vida. INE**

– Satisfacción con las relaciones personales por comunidades autónomas.
– Satisfacción con las relaciones personales en la Unión

Europea.
– Satisfacción con las relaciones personales según grado de urbanización.

OBJETIVO AFECTADO:

• Mayor frecuencia de relaciones sociales.

COMENTARIO:

• El grado participativo que es posible generar en el proceso creativo del Arte Público Urbano puede llegar a desempeñar un papel importante de satisfacción subjetiva con las relaciones personales dentro de la comunidad.

GRADO DE INFLUENCIA:

• El tiempo de ocio adquiere un importante impacto en la sensación subjetiva de bienestar, felicidad y satisfacción con la vida cuando se relaciona con actividades llevadas a cabo en el espacio público donde el Arte Público Urbano se hace presente.

DIMENSIÓN 6. SEGURIDAD FÍSICA Y PERSONAL

6.1. Seguridad física y personal
6.1.1 Homicidios y criminalidad
6.1.2 Delincuencia o vandalismo en la zona
6.1.3. Percepción de seguridad (al pasear solo de noche)

INDICADORES RELACIONADOS contemplados en:

• *6.1.1. Homicidios y criminalidad* como indicadores objetivos de contexto recogen tasas de datos de hechos conocidos interesa particularmente en función del **grado de urbanización y densidad de población (s/ área densamente poblada, nivel intermedio y poco poblada)** Contemplado en Estadística continua de población INE y en el estudio del **Sistema Estadístic**o de Criminalidad del Ministerio del Interior, así como en los indicadores de criminalidad utilizados por la Oficina Estadística Europea (Eurostat)

– Indicadores de criminalidad 2004-2022
– Tasas de Criminalidad por comunidades autónomas[22]

• *6.1.2. Delincuencia o vandalismo en la zona* incluye información del *6.1.2. Delincuencia o vandalismo en la zona* incluye información del entorno físico y social en que habitan las personas respecto a su seguridad mediante el indicador de percepción de delincuencia, vandalismo, crimen en la zona proporcionada por los propios individuos interesa particularmente en función del **grado de urbanización y densidad de población (s/ área densamente poblada, nivel**

intermedio y poco poblada). Contemplado en la Encuesta de Condiciones de Vida.

– Personas que declaran padecer problemas de delincuencia o vandalismo en la zona por comunidades autónomas.
– Personas que declaran padecer problemas de delincuencia o vandalismo en la zona en la Unión Europea.
– Personas que declaran padecer problemas de delincuencia o vandalismo en la zona según grado de urbanización.

OBJETIVO AFECTADO:

• La percepción de falta de seguridad física en el entorno urbano puede afectar en gran medida el bienestar subjetivo de las personas.

COMENTARIO:

• El interés que es capaz de generar la presencia del Arte Público Urbano como nuevo producto de valor en áreas de marginalidad, se convierte en reconocimiento social y regeneración positiva desde la participación comunitaria a favor del cuidado por la protección física y el patrimonio

GRADO DE INFLUENCIA:

• La presencia del Arte Público Urbano está relacionada con un mayor aumento de seguridad física objetiva y percibida en el entorno urbano, al incrementar la presencia de valores de identidad, protección y orgullo dentro de la comunidad

DIMENSIÓN 7. GOBERNANZA Y DERECHOS BÁSICOS

7.1. Instituciones y servicios públicos
7.1.1. Confianza en el sistema político
7.1.2. Confianza en el sistema judicial
7.1.3. Confianza en la policía
7.2. Participación ciudadana
7.2.1. Participación en actividades políticas

INDICADORES RELACIONADOS contemplados en:

• *7.2. Participación ciudadana* es un indicador en base a los resultados del Módulo de Participación Social de la edición 2015 y del Módulo 2022 de Calidad de vida de la Encuesta de Condiciones de Vida que hace referencia a la Participación Social que mide el grado de participación en diferentes

---

22. https://estadisticasdecriminalidad.ses.mir.es/publico/portalestadistico/

actividades (tanto organizadas como informales) interesa particularmente en función del **grado de urbanización y densidad de población (s/ área densamente poblada, nivel intermedio y poco poblada)** Contemplado en Estadística continua de población INE.

OBJETIVO AFECTADO:

• El nivel de implicación y participación social en los proyectos que afectan a la comunidad como garantía de éxito

COMENTARIO:

• Los procesos sociales participativos desde el origen del proyecto de arte urbano hasta su conclusión en el espacio público, representan una garantía de impacto favorable para el resto de condiciones que actúan en la mejora de la calidad de vida para la comunidad.

GRADO DE INFLUENCIA:

• El grado de socialización de una comunidad se relaciona con intereses comunes compartidos identificados con el Arte Público Urbano. La presencia del Arte Público Urbano moviliza la capacidad perceptiva de los sentidos con el mundo exterior, estimulando la conciencia del individuo sobre sí mismo, practicando y haciendo posible su reconocimiento como miembro de una comunidad

DIMENSIÓN 8. ENTORNO Y MEDIOAMBIENTE

8.1. Contaminación, ruidos
8.1.1. Población que sufre problemas de contaminación y otros problemas ambientales
8.1.2. Población que sufre problemas de ruidos producidos por vecinos o del exterior
8.1.3. Población urbana expuesta a contaminación del aire (micropartículas PM10, PM2,5)
8.2. Acceso a zonas verdes y de recreo
8.2.1. Satisfacción con las zonas verdes y áreas recreativas
8.3. Entorno ambiental
8.3.1. Satisfacción con el entorno en que vive

INDICADORES RELACIONADOS contemplados en:

• *8.2.1. Satisfacción con las zonas verdes y áreas recreativas.* Se trata de un indicador subjetivo de la zona en la que viven las personas en base a la información del Módulo sobre Bienestar 2013 incluido en la Encuesta de Condiciones de Vida (INE) interesa particularmente en función del **grado de urbanización y densidad de población (s/ área densamente poblada, nivel intermedio y poco poblada)**

– Satisfacción con las zonas verdes y áreas recreativas por comunidades autónomas. 2013.
– Satisfacción con las zonas verdes y áreas recreativas en la Unión Europea. 2013.
– Satisfacción con las zonas verdes y áreas recreativas según grado de urbanización. 2013.

• *8.3.1. Satisfacción con el entorno en que vive.* Se trata de un indicador subjetivo de la zona en la que viven las personas en base a la información del Módulo sobre Bienestar 2013 incluido en la Encuesta de Condiciones de Vida (INE) interesa particularmente en función del **grado de urbanización y densidad de población (s/ área densamente poblada, nivel intermedio y poco poblada)**

– Satisfacción con el entorno en que vive por comunidades autónomas. 2013.
– Satisfacción con el entorno en que vive en la Unión Europea. 2013.
– Satisfacción con el entorno en que vive según grado de urbanización. 2013.

OBJETIVO AFECTADO:

• El cuidado del entorno medioambiental

COMENTARIO:

• Dentro de la iniciativa de "Medición del progreso de las sociedades" desarrollada por el Sistema Estadístico Europeo (PIB y más allá, 2011) en base al Informe Stiglitz-Sen-Fitoussi, así como de la "Medición multidimensional de la calidad de vida", el entorno medioambiental constituye un factor fundamental que actúa directamente en la calidad de vida de los individuos.

GRADO DE INFLUENCIA:

• La presencia del arte urbano por una parte activa la mejora de las condiciones medioambientales de las áreas libres del espacio público, que a su vez influyen en el estado integral de salud y calidad de vida de las personas que viven en él.

9.1. Satisfacción global con la vida
9.1.1. Satisfacción global con la vida
9.2. Sentimientos y emociones
9.2.1 Sentimientos positivos
9.3. Sentido y propósito de la vida
9.3.1. Evaluación del sentido y propósito de la vida

INDICADORES RELACIONADOS contemplados en:

• *9.1.1. Satisfacción global con la vida.* Se trata de un indicador subjetivo que incluye una evaluación global del conjunto de experiencias pasadas y presentes, considerando los diferentes componentes de la vida en su conjunto. Se obtiene del Módulo sobre Bienestar 2013 y 2018 y desde 2021 del apartado Bienestar en el cuestionario individual de la Encuesta de Condiciones de Vida (INE) interesa particularmente en función del **grado de urbanización y densidad de población (s/ área densamente poblada, nivel intermedio y poco poblada)**

– Satisfacción alta o muy alta con su vida en la actualidad por comunidades autónomas.
– Satisfacción media con su vida en la actualidad en la Unión Europea.
– Satisfacción alta o muy alta con su vida en la actualidad según grado de urbanización.

OBJETIVO AFECTADO:

• Satisfacción percibida global con la vida en la actualidad más allá de lo material

COMENTARIO:

• Valoración subjetiva que se afirma gozar de las diferentes dimensiones que componen la calidad de vida desde una visión de conjunto personal en el momento presente

GRADO DE INFLUENCIA:

• La presencia del arte urbano impulsa la actividad cognitiva personal de apreciación sobre el valor de la comunidad, que influye positivamente en el grado general de satisfacción personal con la vida

En definitiva, se trata de preguntarse por cada una de las 9 dimensiones descritas, cuál es la situación actual que caracterizaría cada una de ellas para una determinada población, en ámbitos geográficos concretos donde está especialmente presente/ausente el Arte Público Urbano:

1. ¿Cuáles son las condiciones materiales y económicas?
2. ¿Cuál es la tasa de empleo y tipo de trabajo?
3. ¿Cuál es el estado de salud?
4. ¿Cuál es el nivel de educación?
5. ¿Cuál es la forma de ocio?
6. ¿Cuál es el grado de seguridad ciudadana?
7. ¿Cuál es la opción participativa de decisión?
8. ¿Cuál es la concienciación medioambiental?
9. ¿Cuál es la satisfacción global?

De esta forma sería posible evaluar el grado de influencia que la presencia del Arte Público Urbano representa para cada una de las dimensiones que están aceptadas estadísticamente como indicadores agregados a las condiciones de calidad de vida de la población.

La vinculación entre el arte y la mejora de la calidad de vida es un fenómeno ampliamente estudiado. Sin embargo, cuando nos centramos en las formas de medir el impacto del Arte Público Urbano (APU) sobre los distintos indicadores de calidad de vida, nos encontramos que, específicamente, no hay ningún estudio sobre cuáles son los indicadores más relevantes para medir su éxito, ni los efectos positivos relacionados con la regeneración urbana.

Uno de los puntos más importantes del proceso es la capacidad de llevar a cabo una medición contrastada que nos permita cuantificar la hipótesis inicial. Siendo el APU una disciplina artística tan amplia y compleja, existen múltiples enfoques para medir su impacto, y es importante valorar cada uno de ellos en su justa medida.

La capacidad de impacto puede ser percibida a nivel social, cultural, económico y emocional. Cada uno de estos enfoques ofrece perspectivas únicas y puede ser utilizado de manera complementaria para proporcionar una comprensión más completa del impacto del Arte Público Urbano.

A grandes rasgos, creemos acertado adoptar un enfoque mixto, combinando la recopilación de datos tanto cuantitativos como cualitativos en función de su influencia, y dotando al estudio de la transversalidad que abarca. Con esto, cobra especial relevancia el enfoque participativo, siendo la involucración activa de la comunidad en la planificación, diseño, implementación y evaluación uno de los factores de éxito más relevantes en la capacidad de regeneración urbana del APU.

Realizar un estudio generalizado que englobe todas estas percepciones nos proporcionará una comprensión más completa del beneficio que supone el APU para la comunidad.

Según estas consideraciones, el estudio debe evaluar la cohesión comunitaria, el sentido de pertenencia, la percepción de seguridad, la identidad cultural, la diversidad cultural, la promoción del patrimonio local, el aumento del turismo, el incremento de la actividad comercial en la zona, la generación de empleo en la industria cultural y creativa, el aumento del valor de la propiedad, y monitorear las conversaciones en redes sociales y plataformas en línea para medir el nivel de compromiso y discusión en torno al Arte Público Urbano, lo cual nos dará una idea global de las capacidades de impacto en la comunidad.

Si analizamos todos los elementos anteriormente mencionados, observamos que se asemejan mucho a los indicadores usados para establecer los índices de calidad de vida. Estos indicadores varían según el índice de estudio en cuestión, y para este análisis, dada la transversalidad y el amplio espectro del tema a estudiar, nos centraremos en los que se recogen en el Índice Multidimensional de Calidad de Vida (IMCV).

Indicadores para el **Índice Multidimensional de Calidad de Vida (IMCV)**:

El Indicador Multidimensional de Calidad de Vida (IMCV) se construye a partir de los indicadores de calidad obtenidos por EUROSTAT, que ofrecen una visión panorámica de la calidad de vida en los países de la UE, mediante la elección de un conjunto amplio pero limitado de indicadores que cubren las distintas dimensiones. Esta medición de la calidad de vida permite establecer comparaciones con los estados miembros de la UE. Para cada una de las 9 dimensiones se eligen una serie de indicadores, fundamentalmente obtenidos de encuestas de la población tales como la Encuesta de Condiciones de Vida o la Encuesta de Población Activa, que se consideran representativos de la calidad de vida en esa dimensión[23].

Este estudio se centra en los indicadores obtenidos de EUROSTAT relativos a la calidad de vida de los países de la Unión Europea pertenecientes a las 9 dimensiones siguientes: Condiciones materiales de vida, trabajo, salud, educación, ocio y relaciones sociales, seguridad física y personal, gobernanza y derechos básicos, entorno y medio ambiente, y experiencia general de la vida. A continuación, iremos esgrimiendo los enfoques más adecuados a cada una de estas dimensiones para valorar el impacto del APU.

CONDICIONES MATERIALES DE VIDA

En este apartado se incluyen aquellos indicadores que reflejan la situación económica de los individuos, a las privaciones o carencias materiales, al igual que indicadores que reflejan los riesgos económicos y la vulnerabilidad de los hogares e individuos.

El APU tiene la capacidad de transformar áreas urbanas degradadas o abandonadas en lugares más atractivos y habitables. Esto puede contribuir a mejorar las condiciones materiales de vida al aumentar el valor de la propiedad y mejorar la calidad del entorno construido. La presencia de Arte Público Urbano, puede hacer que un área sea más atractiva para la inversión privada y el desarrollo económico. Las mejoras en la estética y el atractivo visual de un vecindario pueden aumentar la demanda de viviendas, locales comerciales y espacios de trabajo, lo que puede generar empleo y mejorar las oportunidades económicas para los residentes locales, a la vez que puede convertirse en un punto de interés turístico que atraiga a visitantes y turistas a un área específica. Esto estimula la economía local al aumentar el gasto en comercios, restaurantes, hospedaje y servicios turísticos, lo que puede beneficiar a los residentes locales y mejorar sus condiciones materiales de vida. Como indica Rhonda Phillips en *Artfull business: Using the arts for community economic development*[24].

Solo recientemente se han aceptado como conceptos congruentes las artes como una industria y como una estrategia de desarrollo económico. A lo largo de la historia, como se refleja en el diseño urbano, las artes han sido integradas en las comunidades. En los Estados Unidos, las comunidades están descubriendo que las artes pueden desempeñar un papel crucial y valioso en sus esfuerzos de desarrollo económico local. Los efectos resultantes son tanto indirectos como directos. Los efectos indirectos de los enfoques de desarrollo comunitario basados en las artes son inherentemente aceptables: se incrementan los servicios y la estética de una comunidad para mejorar su imagen general y, en consecuencia, atraer crecimiento y desarrollo adicionales. Los efectos directos más evidentes incluyen un aumento de la actividad económica en términos de empleo, ventas e ingresos públicos. Como indicó un estudio sobre el papel de las artes en el desarrollo económico comunitario en el Reino Unido, la mayoría de las comunidades consideran que la importancia económica principal de las industrias artísticas radica en su capacidad para generar empleo en medio de la recesión y la reestructuración.

Consideramos que esto tiene relevancia para medir el impacto positivo de la capacidad de regeneración del APU, entendiendo el efecto de gentrificación que este puede provocar en el tiempo. Es muy importante tener en cuenta el carácter temporal de la regeneración, y entender que indicadores como este, necesitan de mucho tiempo para poder ser concluyentes. No hay un período de tiempo

23. Sánchez-Sellero, M.-C., García-Carro, B., & Fernández-Sánchez, E. (2023). Indicadores multidimensionales de la calidad de vida en los países de la UE. Cambios en las ponderaciones. Revista de Economía Mundial https://doi.org/10.33776/rem.vi64.7518
24. Phillips, R. (2004). *Artful business: Using the arts for community economic development.* Community Development Journal Volume 39, Issue 2. https://doi.org/10.1093/cdj/39.2.112

fijo o estándar que sirva de referencia, ya que algunos vecindarios pueden experimentar la transformación en un período de varios años, mientras que en otros puede llevar décadas.

TRABAJO

En esta dimensión se aborda el trabajo remunerado como actividad que consume una parte muy considerable del tiempo disponible de las personas y tiene un impacto muy significativo en su calidad de vida, si bien esta dimensión solo afecta a las personas que trabajan o desean hacerlo. Entre las influencias positivas del trabajo en la calidad de vida se encuentra la generación de renta lo que permite alcanzar mejores condiciones económicas y materiales. El trabajo también se puede considerar un factor importante de integración y socialización con otros individuos y permite alcanzar posibilidades de realización profesional y personal, así como la adquisición y actualización de conocimientos a lo largo de la vida laboral. Por el contrario, la calidad de vida puede sufrir un importante deterioro en el caso de la falta de empleo y en el caso de condiciones de trabajo de baja calidad (jornadas excesivamente largas, temporalidad, salarios bajos, etc.).

De la misma forma que ocurría con las condiciones materiales de vida, el trabajo es uno de los factores de relevancia para medir el impacto positivo de la capacidad de regeneración del APU, entendiendo el efecto de gentrificación que este puede provocar en el tiempo. Este factor tiene mayor relevancia en cuanto al éxito del APU, ya que más allá de los ingresos. La capacidad de generar trabajo, va unida a la vinculación que se puede generar en los integrantes de una comunidad. La forma en la que el APU puede ayudar a corto plazo a la mejora en los índices de trabajo es despertando en el barrio la llegada de agentes culturales como galerías y talleres artísticos, que a la larga revitalizan la zona con la entrada de turismo y atracción de un consumidor con mayores recursos al barrio, que permite crecer también a sectores como la restauración y la hostelería, estimulando la economía local y creando oportunidades de trabajo. A su vez, el APU puede fomentar el desarrollo de la economía creativa en un área al atraer a artistas, diseñadores, artesanos y otros profesionales creativos. Esto puede crear oportunidades de empleo en campos como las artes visuales, el diseño gráfico, la escultura, la fotografía, el cine, la música o la danza, impulsando la creatividad y el espíritu empresarial en la comunidad local al servir como una plataforma para la expresión artística y la innovación. Esto tiene el potencial de motivar a los residentes a iniciar sus propios negocios en áreas relacionadas con las artes y la cultura, creando así nuevas oportunidades de trabajo y contribuyendo al crecimiento económico local. Como apunta Tom Borrup en su *The Creative Community Builder's Handbook: How to Transform Communities Using Local Assets, Arts, and Culture*:

"El sector de las artes y la cultura, (que más a menudo se asocia con organizaciones sin ánimo de lucro, tanto grandes como pequeñas, y una amplia gama de individuos que practican el arte), generalmente no ha sido considerado como un gran contribuyente a la economía de los Estados Unidos. Sin embargo, este sector constituye una industria significativa y una porción mucho más influyente de la fuerza laboral de la mayoría de las comunidades de lo que se entendía anteriormente. Cuando se reconocen y fomentan como empresas pequeñas, los artistas individuales y las organizaciones culturales sin fines de lucro proporcionan un empleo significativo en nuestras comunidades"[25].

Además, la presencia de arte público en el entorno de trabajo tiende a mejorar la satisfacción laboral, la productividad y el compromiso de los trabajadores, al crear espacios más atractivos y estimulantes para los empleados.

SALUD

La salud, es uno de los puntos de mayor relevancia en cuanta a la calidad de vida se refiere, y aunque hay muchos estudios que vinculan los beneficios del arte para la salud, especialmente en enfermos, la realidad es que son estudios donde no hacen distinción del APU como medio de arte. Pese a esto, el APU puede tener un impacto positivo en el estado de ánimo y el bienestar emocional de las personas. Estas obras de arte pueden transmitir mensajes de esperanza, inspiración y belleza, lo que puede ayudar a reducir el estrés, la ansiedad y la depresión en quienes las experimentan. De la misma forma, hay numerosos estudios que vinculan la salud a las actividades desempeñadas al aire libre y a la actividad física. Al diseñar espacios públicos con arte urbano, se crean entornos más atractivos y estimulantes que fomentan la actividad física y el ejercicio. Como indica Estel Marín Cos y Shakira Bagan Casas en el libro de *Arte y bienestar: investigación aplicada*:

"Constatamos un creciente interés en las investigaciones sobre la relación entre actividad cultural y salud, las cuales demuestran que la cultura es un excelente instrumento para evitar el declive cognitivo, atenuar las condiciones de estrés y contribuir al bienestar general. La práctica de las artes, como hemos visto, tiene efectos físicos, mentales y sociales, motivo suficiente para replantearse las políticas culturales de manera que promuevan una nueva ola de proyectos que velen por un buen acceso a la cultura"[26].

A su vez, el arte público también puede ser una herramienta para promover la conciencia sobre temas de salud y bienestar en la co-

25. Fernsler, T. (2008). *The Creative Community Builder's Handbook: How to Transform Communities Using Local Assets, Arts, and Culture* [en linea]. Madison: Society for Nonprofit Organizations. Nonprofit world, 26. ISBN 9780940069473. https://search.proquest.com/docview/221264514
26. Gustems, J. (2013). *Arte y bienestar: investigación aplicada*. Barcelona: Universitat de Barcelona. Publicacions i Edicions. ISBN 9788447537525; 8447537528. https://worldcat.org/title/879866791

munidad, abordando temas que ayuden a educar e informar a las personas sobre cómo cuidar mejor su salud. Por tanto, pese a que, a día de hoy, no podemos asumir que el APU tenga una relación directa con la salud de una comunidad, es innegable el potencial que tiene para poder fomentar la actividad física, combatiendo el sedentarismo, que es uno de los factores de riesgo (junto al tabaquismo, abuso de alcohol y dieta desequilibrada) que contribuyen al aumento de enfermedades crónicas y a la disminución del horizonte de años de vida en buena salud.

EDUCACIÓN

La educación no tiene sólo un valor intrínseco en sí misma como una de las aspiraciones más básicas de las personas, sino que indirectamente influye en aumentar su bienestar y calidad de vida. Las personas se ven beneficiadas a medida que alcanzan mayores niveles de educación, aunque, como tal, el APU en una comunidad no influye directamente en el nivel de estudios de la misma, sí que puede servir como una herramienta educativa al exponer a las personas a diferentes formas de expresión artística y creativa. Como indica Marián López Fdz. Cao en "Indicadores sobre prácticas artísticas comunitarias: algunas reflexiones":

"Son muchas las prácticas que señalan que cuidado y actividad artística local han estado siempre unidas y pueden ser una vía efectiva de trasformación y mejora ciudadana. Son muchos los autores y varios los documentos que prueban que ello implica, también, una ganancia ciudadana tanto en términos de felicidad como económicos, que demuestra que vale la pena apostar por las personas y su desarrollo educativo, social y cultural"[27].

La presencia de arte público en espacios urbanos puede despertar el interés por el arte y la cultura, y fomentar el desarrollo de habilidades artísticas y creativas en la comunidad. Está demostrado que las comunidades que giran en torno al arte, tienen una componente muy positiva en la formación continua. Esta formación que recoge a personas de 25 a 64 años que han recibido formación durante las últimas 4 semanas, es una de las dos dimensiones que valora el IMCV, como subindicadores de educación. El participar en actividades de formación formal o no formal, de manera continua por parte de la población adulta aporta importantes valores de capacitación a estos individuos y aumenta su nivel de conocimientos y sus cualificaciones. Estas actividades suponen un importante desarrollo a nivel personal, proporcionan la adquisición y actualización de conocimientos de carácter alternativo o complementario a la educación formal que se imparte por lo general bajo la forma de cursos de corta duración, seminarios o talleres. El APU proporcionar oportunidades para el aprendizaje informal fuera del entorno educativo tradicional, permitiendo la vinculación de comunidad en el proceso artístico, mediante la creación de talleres o seminarios, que permiten a la población formarse en la materia y despertar un interés al respecto.

OCIO Y RELACIONES SOCIALES

El tiempo de ocio del que disponen las personas fuera de su actividad laboral tiene un importante impacto en su sensación subjetiva de bienestar, felicidad y satisfacción con la vida. Las relaciones sociales, también influyen en la calidad de vida de las personas en numerosos aspectos. Una mayor frecuencia de relaciones sociales suele ir asociada a un mejor estado de salud, mayores oportunidades de encontrar un trabajo, etc. Disponer de personas en las que poder confiar en caso de sufrir problemas personales constituye un importante referente desde el punto de vista de bienestar subjetivo. Una de las finalidades del APU es la de transformar espacios públicos en lugares atractivos y acogedores donde las personas pueden reunirse y socializar. Estos lugares se convierten en puntos de encuentro para la comunidad, lo que fomenta el ocio y fortalece las relaciones sociales. Más allá del propio concepto de ocio que va ligado a cualquier actividad artística, el concepto del APU gira entorno a las relaciones personales y a los vínculos de la comunidad. El APU puede servir como catalizador para la organización de eventos culturales y actividades de ocio, como festivales de arte, recorridos por galerías al aire libre y espectáculos de música. Estas actividades no solo proporcionan entretenimiento, sino que también promueven la interacción social y el desarrollo de relaciones comunitarias, a la vez que contribuyen al desarrollo de un sentido de identidad y pertenencia local. Esto puede fortalecer los lazos sociales y promover la participación en actividades de ocio y eventos sociales dentro de la comunidad.

SEGURIDAD FÍSICA Y PERSONAL

La seguridad física y personal suele ser uno de los indicadores más importantes a la hora de valorar la calidad de vida. Los indicadores con los que se mide son en base al número de homicidios y al número de infracciones penales y dos indicadores subjetivos: percepción de delincuencia, vandalismo, crimen en la zona y percepción de seguridad al pasear solo de noche en los alrededores. El Arte Público Urbano puede tener un impacto positivo en las dimensiones de seguridad física y personal que se miden en el IMCV al mejorar el entorno urbano, aumentar la vigilancia informal, fomentar el sentido de pertenencia y promover la interacción social en la comunidad.

27. Cao. M.L.F. (2015). *Indicadores sobre prácticas artísticas comunitarias: algunas reflexiones*. Arteterapia Papeles de arteterapia y educación artística para la inclusión social, 10, pp. 209-234. DOI:10.5209/rev_ARTE.2015.v10.51693

El APU se ha utilizado con éxito en zonas deprimidas como medida para frenar el vandalismo, y aumentar la percepción de seguridad. En algunos casos, el APU ha sido el factor de éxito en programas contra el vandalismo, donde las intervenciones urbanas de por sí solas fracasaban. (comentar caso de BOA MISTURA en Madrid).

GOBERNANZA Y DERECHOS BÁSICOS

Esta dimensión se divide en dos subdimensiones: Instituciones y servicios públicos, Participación ciudadana.

En ellas, se recogen los resultados de la valoración subjetiva que hace la persona entrevistada para medir su confianza en el sistema político, confianza en el sistema judicial y confianza en la policía, así como un indicador de participación ciudadana.

El APU es una herramienta que puede usarse con fines de transparencia y de retribución a la sociedad. Bien usado, el APU puede promover la participación ciudadana al involucrar a la comunidad en la planificación, diseño y ejecución de proyectos artísticos en espacios públicos. Esto puede fortalecer la relación entre los residentes y las autoridades locales, fomentando así una gobernanza más participativa y democrática, a la vez que se aumenta la transparencia y la confianza de los ciudadanos en sus instituciones. De hecho, hay estudios que muestran la labor de los artistas dentro de la comunidad como piezas clave para hacer un seguimiento del desarrollo comunitario y el entendimiento de las políticas locales. Según Jennifer Novak-Leonard y Rachel Skaggs en "Public Perceptions of Artists in Communities: A Sign of Changing Times":

"Nuestros resultados indican que el público en general desea que los artistas en su comunidad local sean autónomos o autofinanciados, lo cual se alinea con los artistas que trabajan como empresarios y solucionadores de problemas cívicos. Esta información se aplica a conversaciones sobre decisiones y políticas con respecto a oportunidades y esfuerzos que pueden involucrar y beneficiar a la comunidad. Implementados a nivel local, estos indicadores ofrecen perspectivas sobre el sentido de la comunidad respecto a la comprensión de los artistas como activos comunitarios y pueden arrojar luz sobre la disposición pública de la comunidad para participar o reaccionar ante los esfuerzos de embellecimiento creativo del lugar"[28].

ENTORNO Y MEDIO AMBIENTE

Las condiciones medioambientales no solo afectan a la salud y al bienestar de las personas de una manera directa, sino que indirectamente y a más largo plazo comprometen su bienestar futuro. En esta dimensión se incluyen los indicadores que miden la contaminación por ruidos, los accesos a zonas verdes y de recreo, y el entorno ambiental. Este último tiene una relación directa con el APU al ser un indicador subjetivo que mide el grado de satisfacción global con el entorno en la que vive la persona entrevistada.

Más allá de enfoques estratégicos a largo plazo, el objetivo más inmediato del APU es el de embellecer y mejorar la estética de los entornos urbanos. El APU pretende mejorar estéticamente los entornos urbanos, y tiene el potencial de promover la conciencia ambiental, utilizar materiales sostenibles, crear espacios verdes y reducir el vandalismo, creando entornos urbanos más saludables, sostenibles y habitables para los residentes locales. Como indica Carl Grodach en "Art spaces, public space, and the link to community development":

"Las fronteras sociales que definen un espacio público tienen implicaciones para el desarrollo comunitario. Como enfatizó Jacobs (1961) hace mucho tiempo, características físicas específicas de calles y usos de la tierra (por ejemplo, espacios relativamente densos y de uso mixto) pueden reunir a personas involucradas en una diversidad de actividades durante todas las horas del día y la noche. Esto, a su vez, crea un ambiente seguro y placentero, que funciona, por un lado, para reproducir las relaciones sociales existentes y facilitar la vinculación comunitaria y, por otro lado, para crear las condiciones que apoyen la actividad económica local. Como tal, el potencial económico del espacio público está entrelazado con y puede depender incluso de características sociales y ambientales"[29].

Y concluye:

"Este estudio muestra que los espacios artísticos pueden desempeñar una variedad de roles en el espacio público, los cuales están relacionados con el desarrollo comunitario. Al hacerlo, la mayoría va mucho más allá de actuar como una casa de arte. Todos proporcionan un recurso importante para sus constituyentes y muchos espacios artísticos actúan como instituciones comprometidas en un trabajo más amplio de desarrollo comunitario. En primer lugar, al proporcionar eventos y espacios de reunión, no todos relacionados con las artes, los espacios artísticos sirven como lugares de reunión social y se perciben como catalizadores de la interacción social tanto dentro como entre diferentes grupos de personas. Los espacios artísticos refuerzan su papel como facilitadores a través de la amplia variedad y cantidad de programas y actividades artísticas y educativas que ofrecen. En segundo lugar, los espacios artísticos asumen un papel de liderazgo al liderar proyectos en su comunidad inmediata y a menudo trabajan en colaboración con otras organizaciones comunitarias locales. Debido a que los residentes y el público suelen participar en esta actividad, también aumenta la participación y la capacidad comunitaria. En tercer lugar, cada uno de estos roles ayuda a crear y reforzar una identidad comunitaria positiva y a menudo distinta, y crea un sentido de pertenencia para los participantes. En cuarto lugar, al atraer visitantes tanto desde dentro como fuera del vecindario inmediato, los espacios ar-

28. Novak-Leonard, J. & Skaggs, R. (2017). *Public perceptions of artists in communities: A sign of changing times.* Artivate A Journal of Entrepreneurship in the Arts, vol. 6, no. 2, pp. 5-22.
29. Grodach, C. (2010). *Art spaces, public space, and the link to community development.* Community Development Journal, vol. 45, no. 4, pp. 477.

tísticos pueden generar gastos locales y turismo, aunque en la mayoría de los casos estudiados aquí, este potencial se desperdicia porque no están ubicados en proximidad física cercana a los establecimientos comerciales del vecindario. Finalmente, muchos espacios artísticos brindan asistencia directa a artistas locales, lo que contribuye aún más al desarrollo económico local y al mejoramiento individual"[30].

EXPERIENCIA GENERAL DE LA VIDA

Las ocho dimensiones mencionadas anteriormente, se complementan con una novena dimensión que trata de evaluar el bienestar subjetivo de las personas como una manera de integrar las diferentes experiencias, prioridades, oportunidades y valoraciones que las personas hacen de su propia vida. En esta dimensión se incluye, la satisfacción global con la vida, los sentimientos y emociones y el sentido y propósito de la vida (eudemonía), medido todo ello a partir del Módulo sobre Bienestar 2013 de la Encuesta de Condiciones de Vida.

El APU además de mejorar la estética de los entornos urbanos, puede tener una influencia positiva en la experiencia general de la vida de una comunidad, al mejorar el bienestar emocional, fomentar la creatividad y la inspiración, promover el sentido de pertenencia y la identidad comunitaria, y crear espacios de encuentro y conexión en los entornos urbanos, mejorando su calidad de vida en general. Hay estudios que vinculan ya de por sí la actividad cultural con los niveles de satisfacción[31].

SISTEMA DE PUNTUACIÓN

Una vez establecida la relación entre los indicadores del IMCV y el APU, será preciso encontrar una forma de evaluar el uso de estos indicadores como herramienta para medir el rendimiento de la regeneración frente a la calidad de vida. Dada el amplio rango del estudio, y los datos a tratar, tiene sentido generar un sistema de puntuación, que nos permita evaluar y comparar la repercusión del APU en las distintas dimensiones.

Para ellos, se deberán de explorar los méritos de los indicadores del IMCV con una discusión sobre el proceso de selección y la derivación de un marco de puntuación. Se examinarán hasta qué punto se puede evaluar y posteriormente comparar el incremento de la calidad de vida en los proyectos de regeneración del APU, sacando conclusiones sobre la solidez de los indicadores seleccionados, asignando pesos o ponderaciones a cada dimensión o indicador para reflejar su importancia relativa en el conjunto de la calidad de vida, consiguiendo así que los parámetros más relevantes tengan un mayor impacto en la puntuación final. A su vez, se establecen rangos o escalas de puntuación que representan diferentes niveles de desempeño o calidad para cada dimensión o indicador. Finalmente, se calculará la puntuación total sumando las puntuaciones ponderadas de todos los parámetros o indicadores evaluados. Esta puntuación final proporciona una medida compuesta del desempeño o la calidad del sistema, proceso o proyecto evaluado. Este sistema de puntuación se ha demostrado ser especialmente efectivo cuanto mayor sea la cuantificabilidad verificable de los parámetros introducidos, y ha sido usado como la metodología más precisa a la hora de medir la capacidad de regeneración urbana, por Lesley Hemphill, Jim Berry y Stanley McGreal en "An Indicator-based Approach to Measuring Sustainable Urban Regeneration Performance: Part 1, Conceptual Foundations and Methodological Framework"[32] y "An Indicator-based Approach to Measuring Sustainable Urban Regeneration Performance: Part 2, Empirical Evaluation and Case-study Analysis"[33].

1.7
ANÁLISIS DE INFLUENCIA DEL ARTE PÚBLICO URBANO

El análisis de la influencia del Arte Público Urbano (APU) se podría complementar con encuestas/cuestionarios a ciudadanos, diseñadas particularmente al efecto, en un muestreo suficiente representativo desagregado de población, la percepción, el nivel de conciencia, que ellos tienen de la presencia de manifestaciones artísticas en su ciudad. Para el diseño de dichas encuestas, se adoptarían como criterios de referencia la establecida por la metodología, ampliamente reconocida, *Taxonomía de Bloom*. La *Taxonomía de Bloom* se propone como herramienta, referencia y criterio de medición, que permite estudiar el potencial de transformación de la ciudad debida al grado de asimilación y conocimiento que ha originado la presencia del arte urbano en su momento actual en un determinado contexto.

30. Grodach, C. (2010). *Art spaces, public space, and the link to community development.* Community Development Journal, vol. 45, no. 4, pp. 489.
31. Brown, J. L., MacDonald, R. & Mitchell, R. (2015). *Are people who participate in cultural activities more satisfied with life?* Social Indicators Research, vol. 122, pp. 135-146.
32. Hemphill, L., Berry, J. & McGreal, S. (2004). *An indicator-based approach to measuring sustainable urban regeneration performance: Part 1, conceptual foundations and methodological framework.* Urban Studies, vol. 41, no. 4, pp. 725-755.
33. Hemphill, L., McGreal, S. & Berry, J. (2004). *An indicator-based approach to measuring sustainable urban regeneration performance: Part 2, empirical evaluation and case-study analysis.* Urban Studies, vol. 41, no 4, pp. 757-772.

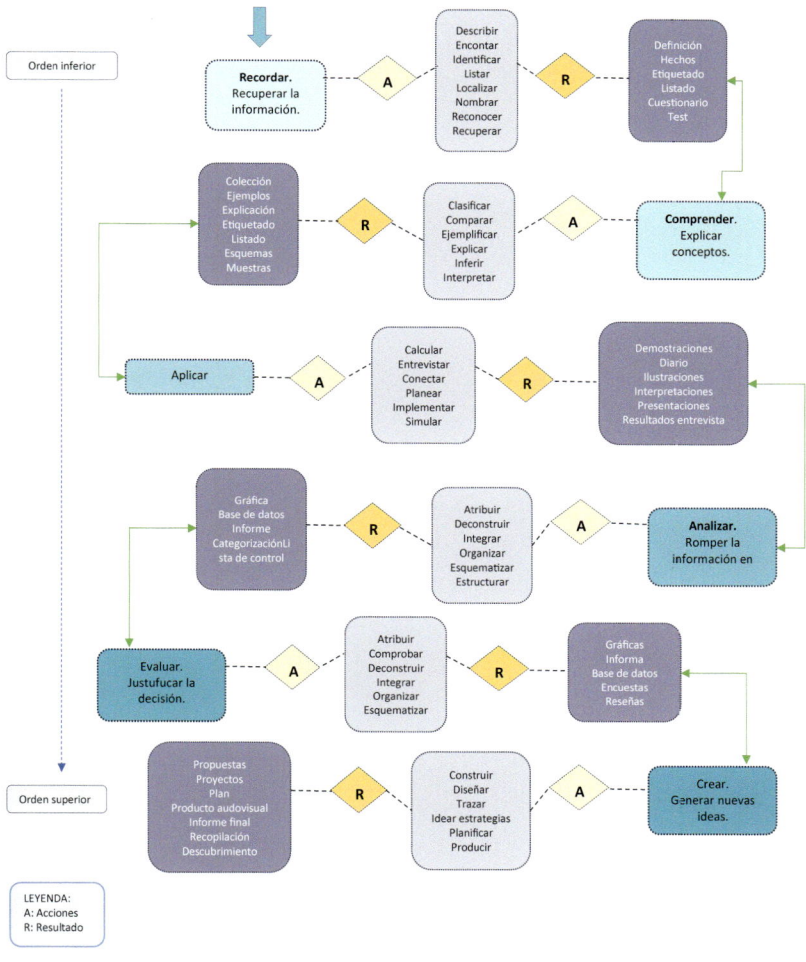

Recordar. Recuperar la información.

A — R

Describir
Encontar
Identificar
Listar
Localizar
Nombrar
Reconocer
Recuperar

Definición
Hechos
Etiquetado
Listado
Cuestionario
Test

Colección
Ejemplos
Explicación
Etiquetado
Listado
Esquemas
Muestras

R — A

Clasificar
Comparar
Ejemplificar
Explicar
Inferir
Interpretar

Comprender. Explicar conceptos.

Aplicar

A — R

Calcular
Entrevistar
Conectar
Planear
Implementar
Simular

Demostraciones
Diario
Ilustraciones
Interpretaciones
Presentaciones
Resultados entrevista

Gráfica
Base de datos
Informe
CategorizaciónLi sta de control

R — A

Atribuir
Deconstruir
Integrar
Organizar
Esquematizar
Estructurar

Analizar. Romper la información en

Evaluar. Justufucar la decisión.

A — R

Atribuir
Comprobar
Deconstruir
Integrar
Organizar
Esquematizar

Gráficas
Informa
Base de datos
Encuestas
Reseñas

Propuestas
Proyectos
Plan
Producto audovisual
Informe final
Recopilación
Descubrimiento

R — A

Construir
Diseñar
Trazar
Idear estrategias
Planificar
Producir

Crear. Generar nuevas ideas.

LEYENDA:
A: Acciones
R: Resultado

Fig. 18. Esquema de Acciones y Resultados presentes en la aplicación innovadora de la Taxonomía de Bloom a la metodología del presente proyecto

Dicha herramienta, que como base de referencia propuesta significa una gran innovación o aportación al análisis del presente proyecto, ayudaría a valorar el éxito de una intervención artística en el espacio público urbano de acuerdo con la fase de asimilación en la que se encuentra en una población determinada. La *Taxonomía de Bloom* ha sido contrastada con garantías en otros ámbitos pedagógicos, el presente proyecto propone de forma innovadora ensayarla en el entorno urbano para reconocer los recursos de asimilación social presentes en los procesos de apreciación a partir del arte público, como estrategia de aceptación social urbana, reforzando los argumentos de juicio valorativo. Se ha demostrado que el arte es una forma de conocimiento, y así, tratándose de manifestaciones artísticas, la componente plástica está especialmente presente en el proceso de transformación que debe generarse en el aprendizaje, por ello es pertinente la utilización de la *Taxonomía de Bloom* que pone precisamente el foco en dicha realidad. La *Taxonomía de Bloom* se convierte así en un marco referencial conocido para la evaluación del nivel cognitivo adquirido por los ciudadanos, adquiriendo nuevas habilidades y conocimientos a partir del grado de conciencia del arte urbano en su espacio público de la ciudad. La clasificación o metodología cognitiva de Bloom contiene originalmente seis niveles de complejidad creciente: Conocimiento, Comprensión, Aplicación, Análisis, Síntesis y Evaluación con subniveles identificados. *La Taxonomía de Bloom* a lo largo de los años ha continuado siendo una herramienta esencial para el establecimiento de objetivos de asimilación de conocimiento, de tal forma que ha sufrido cambios con el propósito de atender los nuevos objetivos, procesos y acciones. Para la consideración del presente proyecto se toma como referencia la Taxonomía "revisada" o actualizada de Bloom (Anderson y Krathwohl, 2001). De esta manera se conseguiría generar competencias de comprensión, evaluación y creación (niveles elevados de asimilación y aceptación según la Taxonomía de Bloom) alrededor del proyecto de arte urbano en el espacio público para cumplir con garantías sus objetivos de regeneración urbana y mejora de calidad de vida para la ciudad.

CAPÍTULO II
TEJIDO URBANO Y TEJIDO SOCIAL

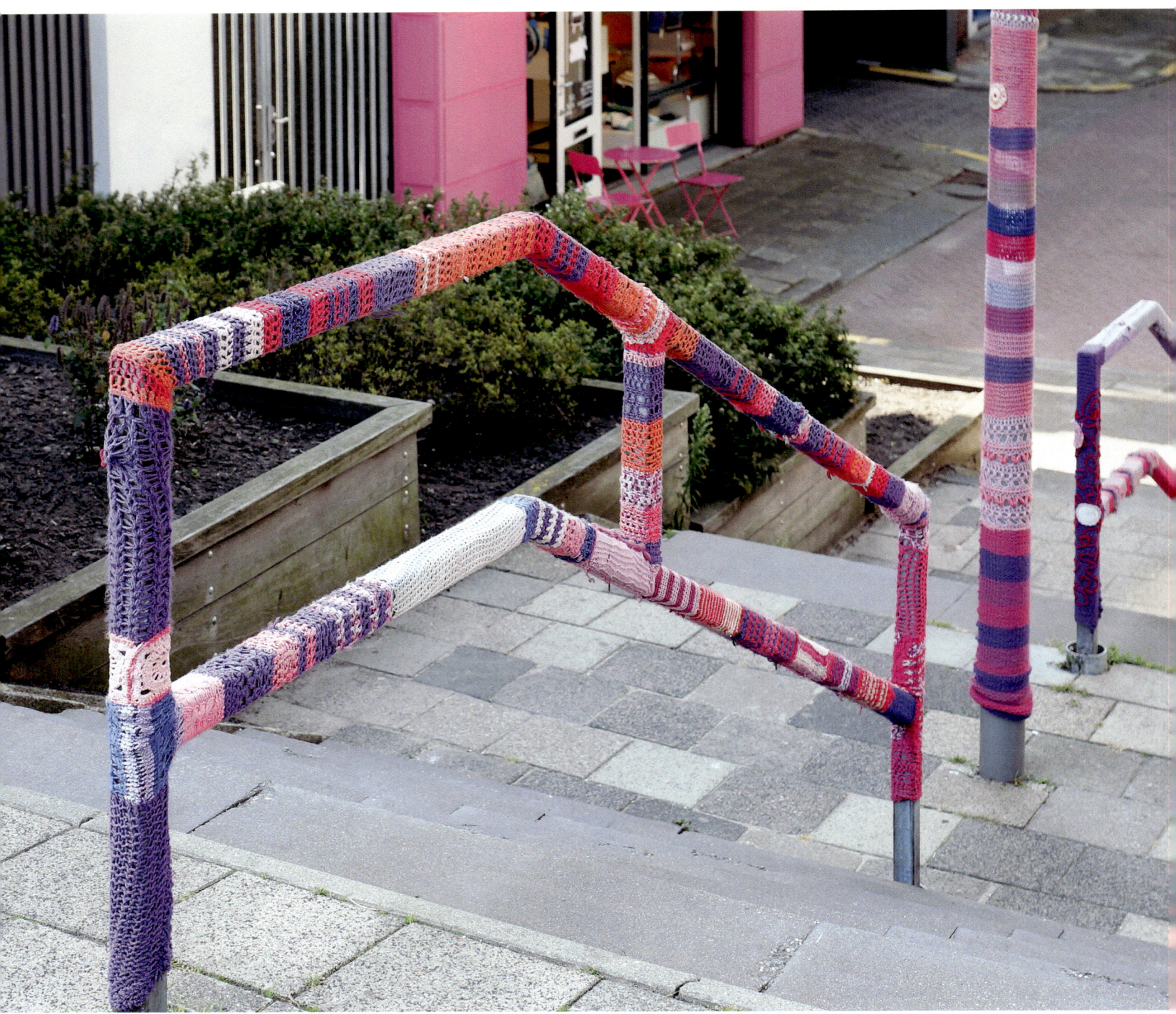

2.1
LOS ESPACIOS VIRTUALES

El arte urbano es al ciudadano lo que el árbol a la tierra: lo fija.

Ahora que el comercio electrónico vacía las calles o las convierte en lugares de paso y no de paseo, ahora que *caminamos para llegar y no para ver* porque ya no hay escaparates que mirar, el ágora se convierte ¿definitivamente? en vía.

Las plantas comerciales de las ciudades ya habían sufrido un decisivo menoscabo décadas atrás con la sustitución de una manzana residencial que se preocupaba por la calle a través del mantenimiento y fomento de la planta comercial por otro modelo que se vuelca más hacia el patio interior tanto por cuestiones morfológicas como de uso, impermeabilizando las plantas bajas de sus fachadas con retranqueos, ausencias de locales comerciales o, en los casos más drásticos, la aparición de muretes y otras barreras físicas que convierten la acera definitivamente en lugar de paso y no de estancia.

Sin llegar a cumplirse las casi distópicas formulaciones urbanísticas de los años 30 y 40 del siglo XX, con la omnipresencia del automóvil y la aparición de las autopistas urbanas que reducen lo peatonal a una aventura o una anomalía, la calle de este inicio del siglo XXI pierde en gran medida, entre otras funciones, la de lugar de encuentro social.

Cabe argüir que ese cambio de función solo afectó y afecta a los barrios conformados según esa nueva tipología arquitectónica, lo que es en sí mismo un argumento convincente. En cambio, la siguiente andanada a la línea de flotación de la vía como lugar-donde-estar y no solo como lugar-por-donde-pasar no se limita solo a ciertos lugares de la ciudad, sino que trasciende los límites en más de un sentido.

En efecto, la aparición y consolidación de la sociedad de la información y los cambios sustanciales que produce en la forma en que los ciudadanos compran y se comunican tiene consecuencias sobre el espacio público urbano que desafían los límites y las clasificaciones en varios sentidos:

En primer lugar, el cambio en la manera de adquirir bienes y la progresiva desatención al pequeño comercio se produce de forma generalizada y, más allá de la pervivencia de núcleos eminentemente comerciales[34] que, paradójicamente, se convierten en lugares cada vez más exclusivos, la progresiva disminución del tejido comercial de las ciudades se produce más allá de los límites históricos y tipológicos de los edificios que la forman. La ciudad pierde paulatinamente una de sus señas de identidad con respecto a las poblaciones más pequeñas: la ciudad como mercado, como lugar donde, en función de las posibilidades de cada cual, ir de compras. Pero lo sustantivo aquí es que lo hace de forma integral y no parcial.

En segundo lugar, el cambio en la manera de adquirir bienes de consumo (aunque también de contratar servicios) trasciende los límites de las clasificaciones sociológicas que tienen que ver con la adscripción socioeconómica de los consumidores. El cambio es protagonizado[35] por el público, independientemente de su poder adquisitivo. Si el envío a domicilio fue una vez un lujo, se ha convertido con frecuencia en una opción más económica en tiempo y dinero si se la compara con los desplazamientos inherentes a la compra tradicional.

En tercer lugar, el cambio en la manera de adquirir bienes tampoco depende de o queda circunscrito a un sector económico o un tipo de producto: desde la adquisición de víveres a la compra de un automóvil, todo el abanico de posibilidades de adquisición queda dentro de las opciones que brinda el comercio electrónico. Ninguna necesidad material obliga a pisar la calle. Con cada vez mayor frecuencia, ni siquiera las más urgentes y, definitivamente, no las más especializadas, que se benefician de la variedad casi ilimitada de oferta que brinda el mercado gracias a la propia naturaleza de Internet.

Revertir los inconvenientes urbanos que acarrea esta ya no tan nueva forma de consumir se antoja complicado desde la perspectiva de la gestión política y/o urbanística porque los factores que la han propiciado son no solo *transurbanos* sino transnacionales, *transectoriales* y probablemente irreversibles. El enfoque, por tanto, si es que se quisiere devolver a la ciudad parte de su entramado social para mantener la organización y función de aquella dentro de la escala humana, requiere un enfoque distinto o adicional a la mera reversión de una reformulación comercial que al menos a medio plazo se antoja imposible.

Tampoco se trata, en todo caso, de diseñar fórmulas mágicas para restañar el tejido social, sino más bien de entenderlo para proponer actuaciones que, sin necesariamente suponer una solución radical o definitiva, ayuden a reconstruir una urdimbre de vida urbana que cuando menos se encuentra en horas bajas.

---

34. No se está hablando aquí, lógicamente, de centros comerciales, sino de calles o conjuntos de calles en los que pervive el pequeño comercio tradicional, a menudo asfixiado por rentas altas y una creciente sensación del alto nivel socioeconómico de un entorno que ya solo es tradicional por la fisonomía de sus fachadas.

35. O, como cabría apuntar desde una perspectiva humanista, *sufrido*, pues al menos en parte de convierte en un cambio impuesto y no elegido en cuanto ocurre a causa de procesos económicos, tecnológicos y empresariales que desbordan la capacidad de decisión individual.

Fig. 19. Tejido urbano. Fotografía: axelbueckert

El desplazamiento de la actividad comercial supone inevitablemente un desplazamiento de las estrategias urbanísticas. Lo útil, lo funcional o lo meramente necesario ya no supone un factor de aglutinación de la vida urbana entendida como intercambio y permanencia dentro del espacio público. Ya no es la propia actividad humana la que ayuda al ciudadano a demorarse en el paseo, a deambular, a contemplar.

No es solo la necesidad comercial, la necesidad de adquirir la que ha dejado de nutrir a las aceras de peatones, sino que las gestiones en general —administrativas, burocráticas, financieras— han dejado de requerir en gran medida contacto interpersonal físico o directo gracias a las nuevas tecnologías, por lo que tampoco cabe buscar auxilio en fenómenos análogos al intercambio comercial.

Hace falta, entonces, buscar nuevas motivaciones para los ciudadanos que no dimanen de sus necesidades. Motivaciones que tengan quizá que ver con el prestigio, la identidad o el placer, y que no estén por tanto amarradas a *lo que deben hacer* sino a *lo que desean hacer*. De hecho, esa es la naturaleza de una de las vocaciones que, aunque mermada también en los grupos de población más jóvenes, permanece como motivación efectiva para una la ocupación del espacio público: el contacto social. En un país con las características climatológicas y la estructura consolidada de la industria del ocio que presenta España, el contacto social entre los habitantes de sus ciudades permanece como aliado de la vida pública, pero por diversos motivos mantener esta forma de ocio tan relacionada con la hostelería no parece ser buena idea o, en todo caso, no es inevitable.

2.2
ATRAER, RETENER, ENFOCAR.
DEL AURA DE BENJAMIN AL *PUNCTUM* DE BARTHES

Una de las formulaciones más populares del teórico del arte Walter Benjamin tiene que ver con lo que él llamó el *aura* de la obra de arte. En el sentido de Benjamin, el *aura* se refiere al atractivo de la obra de arte en sentido individual o, más precisamente, de la obra original creada por su autor frente a las reproducciones de aquella que los medios tecnológicos del siglo XX ya permitían.

Este atractivo, esta seducción de la obra de arte funciona en ese sentido de unicidad, es decir, por ser una única *obra*, pero también por ser una obra *de arte*. En efecto, la atracción que ejerce sobre el ser humano el arte no obedece a la controvertida cuestión de su valor económico sino a factores menos tangibles relacionados con la estética y la cultura. Parte del sentido del concepto del aura de la obra de arte original es extrapolable al arte en general, y diferencia a esta (al arte) con ventaja sobre otros aspectos de la vida humana, sobre otras actividades que el ser humano, en este caso el ciudadano, elige hacer en su tiempo libre. La contemplación de arte, la relación con el arte en cualquiera de sus formas, está dotada de un prestigio, de una pátina de fascinación del que otras actividades carecen y que es independiente (esto es, se suma) al placer producido por su contemplación.

Es conveniente añadir que, aunque las posibilidades de sugestión del arte no sean directamente proporcionales al coste de su producción ni/o al de su adquisición, el acceso al disfrute del arte lleva por lo general asociado un cierto coste.

El arte urbano, por fin, evita ese coste, por lo que permite acceder a las ventajas antedichas sin tener que afrontar ningún tipo de gasto, es decir, sitúa al espectador en una situación ventajosa en ambos aspectos. En España, esa ventaja es importante.

En 1994 la pinacoteca más importante del Estado y posiblemente del mundo, el Museo del Prado, comenzó a cobrar a los ciudadanos españoles (que, por otra parte, ya sufragaban su mantenimiento vía impuestos) la visita al módico precio de 7 euros. En 2011 el precio subió a 12 euros; en 2013 a 14 euros y en 2016 lo hizo hasta los 15 euros que sigue costando en 2024. En 2016, año de la última subida, el salario medio neto mensual de un ciudadano español era de unos 1100 euros. Una familia de cuatro miembros tenía que invertir la vigésima parte de un salario mensual en organizar una visita familiar al museo.

En cualquiera de sus formas —desde las fachadas de sus edificios hasta las esculturas al aire libre, desde las intervenciones temporales a las incorporaciones permanentes— el arte urbano tiene la capacidad de retener el aura de la obra de arte eludiendo la mencionada externalidad negativa, la económica, que, por prosaica que resulte, no es nada desdeñable desde el punto de vista de la percepción ciudadana. Sirva esta ventaja de introducción al ramillete de efectos positivos que un arte urbano dirigido y gestionado correctamente tiene sobre el entramado social, sobre esa parte de las relaciones entre ciudadanos que ocurre en el espacio público.

En efecto, esa ventaja pragmática —la gratuidad— no solo supone un beneficio económico para el ciudadano, sino que elimina la barrera socioeconómica en lo que al acceso al arte se refiere, lo que a su vez contribuye a fortalecer la cohesión social entre clases y con ella el sentido de pertenencia a una ciudad sobre el sentido de pertenencia a una clase. El arte urbano es un factor de igualación entre la ciudadanía, y lo es en razón de su capacidad de soslayar privilegios.

Pero centrar el análisis en la obtención de una mera ventaja económica para el ciudadano medio sería dejar fuera quizá lo más sustantivo (y sustancioso) del fenómeno que aquí se trata. La cultura en general y el arte en concreto constituye uno de los medios más útiles, fiables y consistentes para construir identidad, para proveer al ciudadano de una serie de referencias con las que identificar el lugar que habita e identificarse a sí mismo, reconociendo como propias no solo una serie de imágenes visuales sino un conjunto de valores y referencias que esas imágenes invocan.

Además, esa identidad no es excluyente sino inclusiva: el ciudadano arraigado, con un sentido de pertenencia quizá mayor, reformula los lazos que lo ligan a su propio hábitat, proyectándose a través de ellos y contemplando cómo su propia ciudad avanza y se enriquece. El ciudadano que llega, ya sea temporal o definitivamente, percibe motivos para una identificación mayor con su nuevo destino, facilitando la integración en un entorno que presenta intervenciones dinámicas y plurales, eludiendo el peligro de estancarse en referencias culturales de otras épocas que inmovilizarían los valores identitarios y que dificultando la aparición de referencias distintas entorpecen la integración de ciudadanos nuevos. En síntesis, la actuación artística sobre la ciudad aporta algo de la condición de visitante al habitante (la novedad, el cambio) y viceversa, da motivos de identificación al recién llegado.

El arte urbano no solo refuerza el tejido social reforzando el tejido urbano. El arte urbano, además, contrarresta la tendencia mencionada al inicio de este capítulo: la obra de arte de acceso verdaderamente público establece para el ojo (y lo hace también a través de las redes sociales, utilizando a su favor lo que se ha mencionado antes como un rival de la interacción social) lo que Roland Barthes, analizando la fotografía como fenómeno artístico, llamaba el *punctum*: ese «pinchazo» que siente el espectador y que, más que ser descubierto a través de la observación, interpela a aquel directamente, atrayendo su mirada y fijándola, estableciendo una jerarquía de interés entre los diferentes puntos posibles en que el ojo podría descansar o, en realidad, sobre los que el ojo podría estar activo.

Por muchos motivos la obra de arte urbano, ya sea temporal o permanente (aunque para el residente en mayor grado si es temporal) funciona como *punctum* con respecto al paisaje urbano habitual y/o estrictamente funcional. Para el espectador presencial la obra de arte nueva brinda un lugar para detenerse porque provee a la mirada de un lugar de atención y por tanto de un momento de reposo, pero también de actividad, de reflexión, de intercambio.

Elegida y ubicada con el conocimiento suficiente de sus implicaciones y posibilidades, es decir, adecuadamente *curada*, la intervención artística sobre el espacio público urbano se convierte en un punto de inflexión para la mirada, la circulación y la forma de estar en

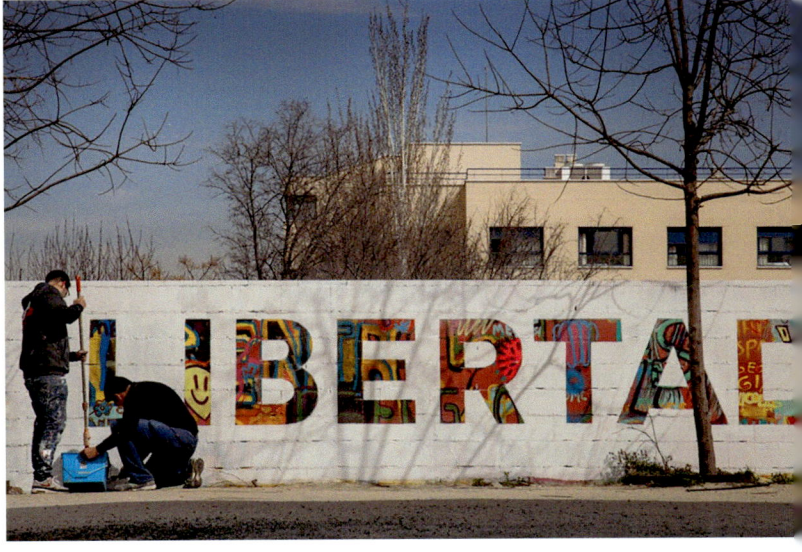

Fig. 20. Mural de Boa Mistura para el centro de acogida que la Comisión Española de Ayuda al Refugiado tiene en Getafe. Fuente: Periódico El Mundo. https://www.elmundo.es/album/madrid/2016/03/17/56eb32c722601d4b6c8b45ce_7.html

la calle, que es tanto como decir la forma de habitar la ciudad. Frente a la vía como lugar de paso retoma la calle como lugar de estancia, de fin en sí mismo y no solo de medio por donde transitar.

La obra de arte urbana, con su capacidad para aparecer, para moverse, para cambiar, suma a la naturaleza atractiva del arte la de la novedad o sorpresa, impidiendo tanto a los residentes como a los visitantes percibir la ciudad como un decorado ya conocido, como una trama homogénea en la que no vale la pena detenerse porque por una parte no hay nada nuevo que ver y por otra, por mera repetición, no hay nada notable que ver.

La actuación artística sobre la ciudad, sobre todo la actuación temporal, fijan al ciudadano fijando primero el ojo del ciudadano, convirtiendo al transeúnte en observador, en habitante que vuelve a ser etimológicamente un *morador*, es decir, un ser humano que *mora* pero que también *se demora*.

Por último pero no menos importante, hay que señalar que esta capacidad de cohesión, esta función irrevocable según la cual el arte ejerce de aglutinante social, salvando algunas de las cortapisas que tienden a fragmentar la ciudadanía, no se ejerce a través de una contemplación muda o inane, sino que (y sobre esto se volverá en el siguiente epígrafe) comporta una transmisión de significados: el célebre aserto del psicólogo Paul Watzlawick «no es posible no comunicar» es indudable en el caso del arte.

Esa capacidad de traslación de un mensaje, esa incorporación inevitable de un significado no solo convierte a la interacción con el arte —en este caso una contemplación pública, abierta, intrínsecamente inclusiva— en un elemento de cohesión, sino que lo hace a través de una serie de valores o ideales, lo que resulta especialmente relevante en una época en la que no solo los mecanismos sociales sino el propio sistema de valores que ayudaron a construir las ciudades que ocupamos está en permanente revisión y cuestionamiento.

La construcción de identidad a la que el arte urbano coadyuva es —de forma algo tautológica— la construcción de *una determinada identidad*, lo que permite no solo enviar un determinado conjunto de mensajes tanto hacia los habitantes de la propia ciudad como al exterior, sino hacerlo beneficiándose de la eficacia comunicativa que los lenguajes menos denotativos como el arte comportan.

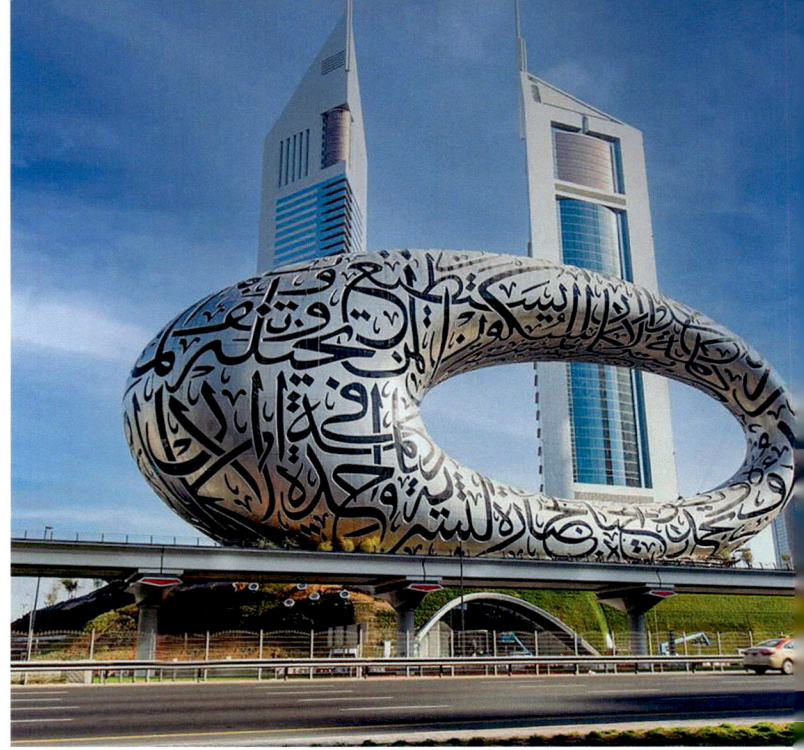

Fig. 21. Museo del Futuro en Dubái. Fuente: Shutterstock.

2.3
PROYECTAR UNA IMAGEN

Puede interpretarse lo anterior como un breve apunte de la capacidad de impacto del arte sobre la ciudad, pero más concretamente de las posibilidades para con la ciudad hacia dentro, sin superar sus límites físicos.

No son menos importantes las posibilidades que las actuaciones artísticas tienen *hacia fuera* de la ciudad. Para proyectar imagen en un mundo en que no ya los estados sino las propias ciudades se han convertido o han de convertirse en ciudades-seductoras, en entidades *atractoras* de un número creciente de actores públicos y privados: agencias nacionales, internacionales y transnacionales (con un nivel añadido en los países que, como España, pertenecen a la Unión Europea), empresas multinacionales o no en busca de localizaciones para centrar o multiplicar su presencia y actividad, entidades organizadoras de eventos de carácter global. La ciudades son, más que nunca, escaparates frente a los actores de la actividad económica, cultural, deportiva o social —pública o privada— que buscan un lugar donde establecer un número creciente de agencias, oficinas, comités y sedes en general, pero también acontecimientos y espectáculos. Escaparates que ofrecen una localización a cambio de nada menos que puestos de trabajo, recaudación fiscal, demanda de suelo, actividad y activación económicas, y que además no agotan sus efectos en la mera acción puntual, sino que establecen inercias y dinámicas de índole positiva.

Y es que el mundo nunca ha estado tan conectado en al menos dos sentidos. Por una parte, las facilidades para deslocalizar y relocalizar factores de producción nunca han sido mayores. Para las corporaciones de índole privada nunca fue tan sencillo buscar lugares donde domiciliar su actividad en función de las ventajas comparativas que en cuanto a políticas impositivas, reglamentación laboral o posibilidades de negocio ofrezcan unos u otros países, unas u otras ciudades. Dado que dentro de la actividad de la gran mayoría de esas empresas juega un papel determinante la publicidad, a menudo la mera elección de un lugar donde establecerse actúa como catalizador pasivo de la propia imagen, como elemento potenciador de la presencia de una empresa en el panorama nacional o internacional. Las políticas aglutinadoras de actividad multisectorial de las capitales de los países del golfo pérsico en busca de una diversificación económica que los libere de una dependencia estricta de los combustibles fósiles son solo un ejemplo, pero también un síntoma de este fenómeno.

Por otra parte, y en relación directa con lo anterior, los factores conectados con la información, especialmente con la imagen, nunca estuvieron tan libres de limitaciones geográficas o espaciales. Millones de fotografías son tomadas y enviadas cada día a través de las redes sociales y los medios de comunicación, lo que supone un amplificador inusitado de todo aquello que resulte más o menos icónico, visualmente atractivo o estéticamente notable.

Esos dos sentidos de la globalización suponen la multiplicación de las posibilidades que la proyección de imagen (y de una cierta imagen) por parte de las ciudades, y en esa proyección el arte urbano juega necesariamente un papel sustantivo. En un contexto de competitividad internacional en lo que respecta a convertirse en centros empresariales, administrativos, culturales, deportivos, etc. ese papel, y más concretamente lo bien o lo mal que ese papel se desarrolle se convierte en una necesidad más que en una opción.

Existe, en definitiva, una marca-ciudad y no solo una marca-país, y es esa marca-ciudad la más directamente vinculada con la iconicidad permanente o temporal de sus espacios públicos: Los países han estado tradicionalmente representados por valores e ideales, que en lo visual se corresponde a lo largo de los siglos con alegorías antropomórficas (Hispania, Marianne, Britania o Germania) o con representaciones zoomórficas que se hacen encajar con mayor o menor fortuna con las siluetas de sus territorios, mientras que son las ciudades las que se relacionan en el imaginario común con representaciones literales de sus paisajes urbanos, sus espacios públicos, sus monumentos y sus edificios más representativos, que dejan con ello de responder tan solo a una necesidad utilitaria y se transforman en iconos. Los países tratan de beneficiarse de (o luchan contra) tópicos o estereotipos abstractos con que se los identifica, en tanto que las ciudades dependen en mayor medida de la imagen directa que proyectan al exterior. Las amplias avenidas del París napoleónico, intencionadamente anchas para que se pudiera contemplar el poderío de sus edificios monumentales, palacetes y manzanas de nueva planta son solo un ejemplo de la utilización propagandística o publicitaria del espacio público y sobre todo del éxito innegable de esa utilización. En una época de turismo masivo en el que realizar y compartir fotografías tiene un coste despreciable, parece que esto no dejará de ser así a medio plazo.

Resulta por tanto clave cómo y en qué medida sean capaces los gobiernos (de todos los niveles administrativos) de utilizar esta imagen para articular un mensaje de sofisticación, apertura, cosmopolitismo o cualquier otra connotación que se considere oportuna.

Pero, si la imagen proyectada depende del conjunto visual de una ciudad, ¿por qué es tan relevante el arte urbano en la proyección/construcción de una identidad a la que se alude en los párrafos anteriores?

Excepción hecha de las ciudades de nueva construcción, los núcleos *atractores* de las urbes se corresponden más o menos con los centros urbanos, con frecuencia cascos antiguos cuya gestión debe estar encaminada a conservar, restaurar y rehabilitar, quedando la modificación o concepción *ex novo* para casos puntuales. En cambio,

la instalación temporal o permanente de esculturas, murales y todo tipo de representaciones artísticas presenta una flexibilidad que no solo respeta la idiosincrasia estructural de la ciudad sino que permite modelar mensajes que respondan casi en tiempo real a los momentos, las necesidades y las preguntas que plantea la propia realidad, el propio contexto donde la ciudad se imbrica.

2.4
ARTE URBANO Y CÍRCULOS VIRTUOSOS

Por motivos no solo relacionados con la globalización y las tecnologías de la información y la comunicación sino también con la desestructuración de los las tradicionales fuerzas y relaciones entre los actores sociales (la propia organización social), fenómeno descrito por el sociólogo Zygmunt Bauman como el advenimiento de la «sociedad líquida», se hace más difícil prever el funcionamiento de los grupos humanos y por tanto la forma de influir en ellos, de actuar sobre ellos desde la perspectiva de la gestión urbana.

Pero que los procesos y fenómenos sociales sean cada vez menos clasificables según las categorías tradicionales no implica que no existan y, sobre todo, que no puedan ser utilizados a favor de una determinada política o, en un sentido más pragmático, de una determinada gobernanza. Todos los fenómenos descritos anteriormente están conectados entre sí, a menudo de diversas formas, lo que implica que la activación de fenómenos relacionados con el arte, la cultura y la imagen, como es el caso del arte urbano, tiene múltiples efectos hacia dentro de la propia ciudad y hacia el exterior, efectos que se retroalimentan y refuerzan entre ellos, convirtiendo a las urbes que sepan aprovecharlos efectivamente no solo en tejidos cohesionados que refuerzan su trama social y su vida pública, sino en un actores internacionales preeminentes capaces de atraer inversión, desarrollo e innovación.

Al fin y al cabo, nuevas formas y estructuras sociales requieren nuevas estrategias de gestión y gobierno: procesos y vínculos más informales requieren de modelos y estrategias más informales, estrategias sensibles al contexto que sepan aprovechar las particularidades de un espacio y un tiempo concretos.

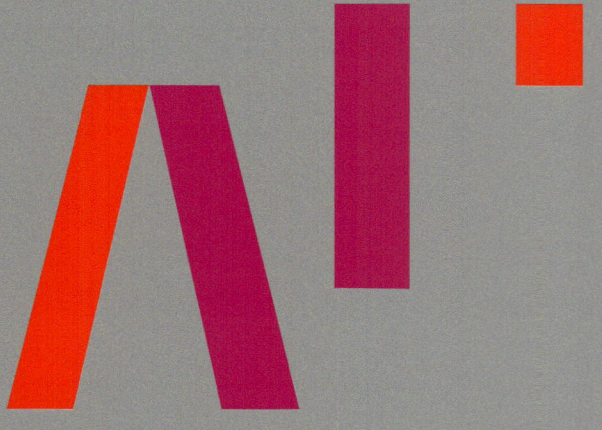

CAPÍTULO III
PROCESO DE TRANSFORMACIÓN DEL ESPACIO PÚBLICO

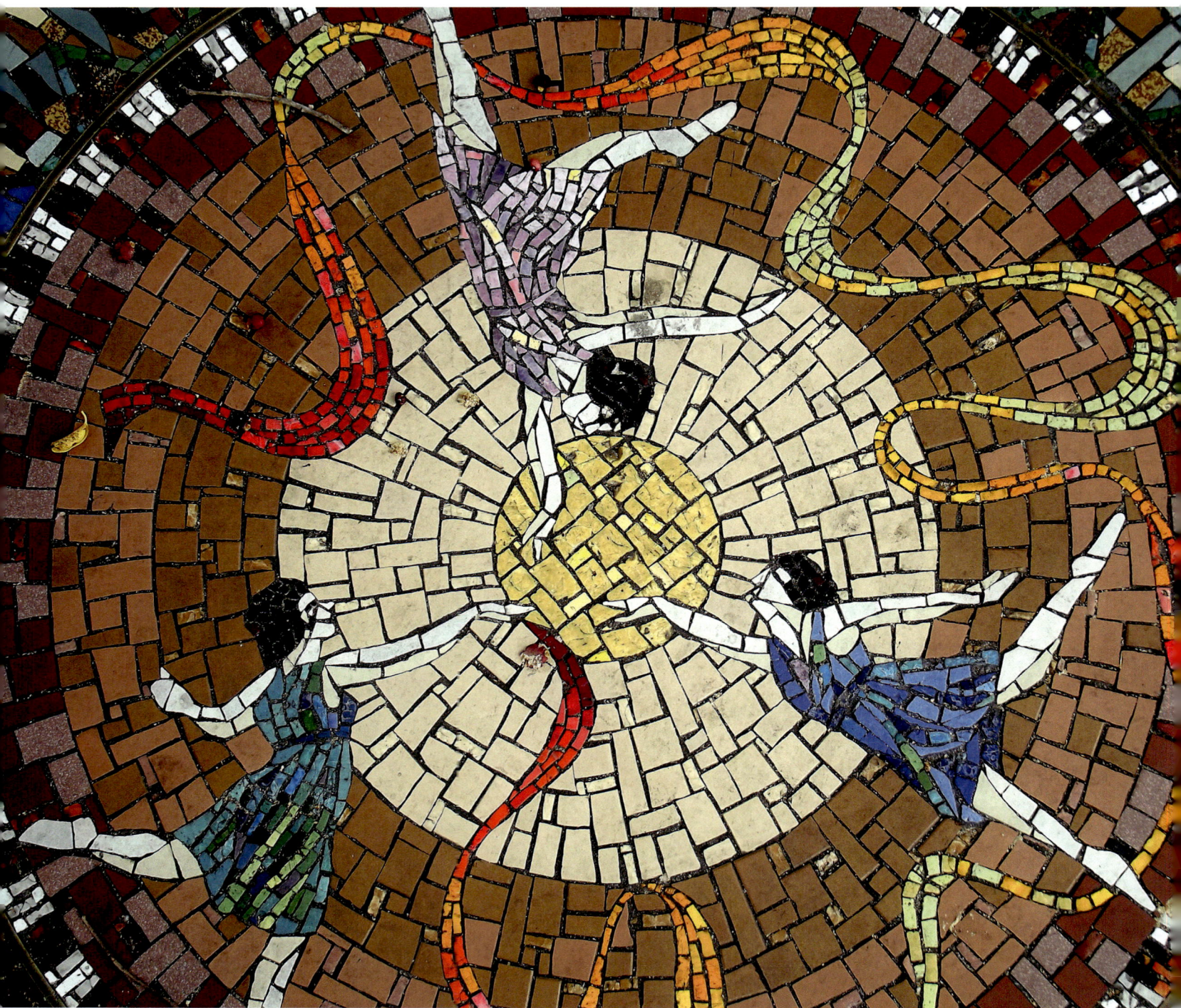

3.1
APUNTES DEL ESTADO ACTUAL

Nos encontramos ante un momento de confusión debido a la rápida evolución de nuestra sociedad, que influye a arquitectos y urbanistas y sienten la necesidad de encontrar nuevos modelos de ciudad. El desordenado crecimiento del hábitat en la periferia urbana, sin adecuación a las estrategias de desarrollo urbano locales, ha influido también en este conflicto del espacio público.

En palabras de Jordi Borja, en los últimos años hay un temor al espacio público. La vida social se desarrolla en los centros comerciales o en las zonas privadas residenciales. El principal problema es que en la mayor parte de los casos el espacio público se ha diseñado como una mera zona de circulación o como un espacio residual entre edificios. Pero deberíamos plantearnos que es para nosotros la ciudad, como el urbanista español señala:

> "... el auge de las teorías del caos urbano, expresan esta mitificación de la ciudad desurbanizada o de la urbanización sin ciudad. Entendiendo por ciudad este producto físico, político y cultural complejo, europeo y mediterráneo, pero también americano y asiático, que hemos caracterizado en nuestra ideología y en nuestros valores como concentración de población y de actividad, mixtura social y funcional, capacidad de autogobierno y ámbito de identificación simbólica y de participación cívica. Ciudad como encuentro, intercambio, ciudad igual a cultura y comercio. Ciudad de lugares y no simple espacio de flujos"[36].

La ciudad ha sufrido numerosos cambios a lo largo de la historia, desde la ciudad medieval amurallada hasta aquella caracterizada por el uso del automóvil. De manera simplificada podemos resumir la historia urbana en tres etapas, la ciudad concentrada, la ciudad metropolitana y la ciudad actual en proceso de cambio. Desde las últimas décadas del siglo XX hemos asistido a un crecimiento vertiginoso de las periferias urbanas similares en cualquier ciudad de mundo. El barrio tradicional se ha sustituido por condominios cerrados que anulan la interacción entre vecinos. En las nuevas residencias homogéneas marcadas por la presencia de grandes infraestructuras, los centros comerciales se convierten en los principales lugares de encuentro. Como consecuencia de dicha expansión, los centros de las ciudades y los barrios de las primeras periferias se han ido vaciando y en muchos casos deteriorando, uniéndose a otros vacíos presentes en las ciudades, como consecuencia de la desindustrialización.

Además de la consecuencia física marcada por modelos que fomentan el individualismo, nos encontramos ante la pérdida de identidad colectiva. Durante las últimas décadas arquitectos y urbanistas han puesto el foco en la regeneración de nuestras ciudades no únicamente física, sino con la persona como centro de la escena urbana, o en palabras de Jan Gehl: construir la ciudad para los ciudadanos.

En la cultura mediterránea el centro urbano tiene una importancia capital. Esta consideración ha sido capaz de englobar durante los últimos siglos historia, cultura y arquitectura urbana[37], creando de esta forma un espacio público muy vivido y compartido por toda la ciudadanía. Como expresó Maurice Cerasi: "el corazón o núcleo central de la ciudad vive a ritmos inigualables para otros órganos del organismo urbano"[38].

Además, con el paso del tiempo, la reunión de multitud de personas en estos espacios públicos provoca su inserción en los mapas mentales que los ciudadanos poseen de los espacios colectivos de la ciudad, constituyendo los lugares de reunión de un amplio espectro de habitantes, visitantes o turistas[13].

Tras sus viajes por Italia Jan Gehl reelaboró sus percepciones sobre el espacio público de la península italiana:

> "En Italia las tradiciones son particularmente fuertes, pero también en todos los demás países se observaba que las actividades que lleva a cabo la gente no son tan diversas, en el momento en que existen espacios urbanos de buena calidad. Obviamente existen diferencias de clima y cultura, pero los esquemas fundamentales de las respuestas humanas al ambiente construido no difieren mucho. El deseo de usar los espacios públicos como lugares de intercambio social y cultural es universal. Se produce una verdadera inquietud cuando nuestras ciudades se transforman desde lugares de encuentros humanos a un infierno de tráfico sin alma"[39].

Dentro del proceso de transformación el espacio público juega un papel muy importante, ya que generalmente es la zona donde se manifiestan los problemas de la ciudad y por tanto el punto de partida para cambiarla.

Partiendo de dicha premisa, la regeneración debe ser volver a crear el sentido de comunidad que se ha ido perdiendo, fomentando la colectividad como motor básico de transformación. Para ello es esencial incluir nuevos modelos de trabajo como el arte urbano

Fig. 22. Mosaico callejero. Fotografía: iheartcreative

36. Borja, J. (1998). *Ciutat real, ciutat ideal. Significat i funció a l'espai urbà modern*. "Urbanitats" núm. 7. Centro de Cultura Contemporánea de Barcelona, Barcelona.
37. Siegel, R. (1996). *Commerce traditionnel et espace public*, en L'espace public dans la ville méditerranéenne, vol. 2 de las Actas del coloquio celebrado en Montpellier.
38. Cerasi. M. (1990). *El espacio colectivo de la ciudad*. Barcelona: Oikos-Tau.
39. Gehl. J. (1991). *Vita in città: spazio urbano*. Rimini: Maggioli Editore.

capaz de reforzar la identidad y mejorar a través del arte la propia autoestima del barrio.

"Los espacios vacíos son una parte fundamental del sistema urbano y habitan la ciudad de una forma nómada: se desplazan cada vez que el poder intenta imponer un nuevo orden. Son realidades crecidas, fuera de, y en contra de un proyecto moderno que sigue mostrándose incapaz de reconocer sus valores, y por tanto de aceptarlos"[40].

El vacío urbano aparece en nuestras ciudades como un espacio de nostalgia, caducidad, deterioro y ausencia; no se debe entender únicamente como un espacio libre de edificaciones sino también aquellos elementos inactivos dentro de la trama urbana que a lo largo de los años han perdido su identidad y actividad. Como afirma Marc Augé:

"Si un lugar puede definirse como lugar de identidad, relacional e histórico, un espacio que no puede definirse como espacio de identidad ni como relacional ni como histórico, definirá un no lugar. La hipótesis aquí defendida es que la sobremodernidad es productora de no lugares, es decir, de espacios que no son en sí lugares antropológicos y que contrariamente a la modernidad baudeleriana, no integran los lugares antiguos"[41].

De esta manera podremos definir el *no-lugar* como un espacio sin identidad, es decir no reconocido por la ciudadanía y con una gran carga de posibilidades de intervención. Estos vacíos varían en el tiempo y se distribuyen en la ciudad de una manera fractal: puede tratarse de depósitos, casas abandonadas, talleres provisionales o tierras rústicas insertadas en el terreno urbano.

En este sentido, el arte urbano es un generador de identidad susceptible de ser estudiado como elemento de acupuntura social y cuyo triunfo depende en gran medida de la implicación de la ciudadanía.

Francesco Carrieri entiende el espacio tanto como un lugar de contradicción influenciado por múltiples conflictos y repleto de ideologías y relaciones de poder, como por su inmejorable dimensión temporal y por ello dinámica, pues describe los vacíos urbanos como nómadas. Él concibe la ciudad como un lugar donde los procesos y los resultados urbanísticos suceden paralelamente a tendencias sociales urbanas capaces de superar la categoría espacial de los usos cotidianos y por tanto denuncia la incapacidad del proyecto urbano de entender los espacios vacíos.

Estos espacios de oportunidad deben integrar nuevos usos más allá de los convencionales que respondan a las necesidades de la población y que quizás no estén recogidas por el planeamiento tradicional. El vacío urbano supone actualmente un recurso con un enorme potencial que se ha transformado en un elemento de propuesta para urbanistas, arquitectos y colectivos. Como cita Signorelli: "en la condición urbana el control de un recurso se vuelve fuente de poder"[42].

Es también fundamental incluir la participación ciudadana en la revalorización de estos espacios, "es inequívocamente bueno que los solares vacíos tengan un uso social, aunque sea temporal. Es cívico e inteligente que los ciudadanos contribuyan a mejorar sus barrios-se valora lo que se cuida-, peor es peligroso que los ayuntamientos deleguen su responsabilidad de cuidar y crear espacios públicos a esas iniciativas ciudadanas"[43].

Por todo ello debemos entender el vacío como una oportunidad, abandonando la dramática visión presentada hasta la fecha. Las zonas olvidadas de la ciudad son polos de posibilidad creativa, espacios que pueden ser capaces de regenerar el organismo de la ciudad y dar respuesta a tantas inquietudes de la sociedad del siglo veintiuno. El punto de partida para regenerar el olvido son las personas y con ellas las ideas.

Recientes estudios del departamento de Estudios Urbanos del MIT destacan que el proceso del *Placemaking* basado en la comunicación, la organización de la comunidad, la construcción y la programación es tan importante para el empoderamiento de las ciudades como el resultado final.

40. Carrieri, F. (2002). *Walkscapes. El andar como práctica estética.* Barcelona: Gustavo Gili.
41. Augé, M. (1998). *Los no lugares, espacios de anonimato.* Barcelona: Gedisa editorial.
42. Signorelli. A. (1999). *Antropología Urbana.* Barcelona: Anthropos.
43. Zabalbeascoa. A. (2013). *Paisaje arquitectónico posburbujo.* El País. 30 de junio de 2013.

3.2
ESPACIO URBANO HEREDADO Y PLANIFICADO. ALGUNOS EJEMPLOS EN LA CIUDAD DE MADRID

El espacio público se entiende como un motor de la vida urbana y su capacidad para incidir en la relación de los ciudadanos entre sí y con el entorno urbano. Desde el análisis de algunos ejemplos en distintos tejidos de la ciudad de Madrid, se pretenden mostrar algunos aspectos que inciden en el uso que se hace de estos espacios y la repercusión que ello puede tener en la vida de la gente. Por un lado, el espacio público de la ciudad histórica, con sus deficiencias, muestra, habitualmente, modelos de éxito en la forma en que las urbes integran estos ámbitos en sus estructuras. Por otro lado, la ciudad planificada, paradójicamente, deriva el diseño de estos espacios al cumplimiento de estándares o a la creación de vacíos entre arquitecturas, que muy rara vez constituyen verdaderos polos sociales. Sea cual sea la configuración o el contexto de estos espacios, es evidente que el dominio colectivo, uso abierto a la ciudadanía que se apropia de ellos, tiene un impacto relevante en la calidad de vida de sus usuarios, impacto que interesa comenzar a determinar.

Asumiendo la complejidad del tema y lo acotado de la reflexión, lo aquí aportado pretende ser base de un posterior desarrollo en el que detallar y contrastar estos comentarios muy preliminares.

Entendemos por espacio público el conjunto de zonas en la ciudad que tienen un uso colectivo. Desde este punto de vista, el espacio colectivo de la ciudad se define como la "sede y los lugares de su experiencia colectiva"[44]. Difícilmente reducible a suelo urbano, a objeto de diseño o a estándar urbanístico; el concepto de espacio público responde en última instancia a la forma de pertenencia de un sujeto colectivo en un marco social, espacial y político. Se configura como marco de nuestra situación como ciudadanos, estableciendo las condiciones tanto para nuestra participación como para el control y las relaciones de poder. El espacio público viene definido por los conjuntos de normas, valores y representaciones, pero al tiempo que marco de la vida urbana, es también una creación colectiva y como tal, el espacio público es "a la vez condición y expresión de la ciudadanía"[45].

Así, consustancial a la vida en comunidad de nuestra especie, el espacio público será, ya siempre, con todas las variedades que conocemos, elemento esencial para la relación social y la vida diaria de los habitantes de ciudades y pueblos.

Desde un punto de vista técnico, siguiendo a Felipe Colavidas, al descomponer los elementos del Espacio Urbano (EU), hablamos de Red de Espacios Libres Públicos (RELP) y de Espacio Parcelado (EP). Mientras el Espacio Parcelado es el reservado a la edificación y al ámbito de lo privado, la Red de Espacios Libres Públicos se compone de cinco elementos fundamentales: calles, vías, plazas, zonas verdes y otros espacios libres (entre los que pueden encontrarse playas, riberas, muelles...). El carácter de cada espacio dependerá de múltiples factores, desde su origen histórico, su función, sus dimensiones, su contexto geográfico, climático, socio-cultural, etc. siendo clave su integración con el resto de elementos de la ciudad y la conectividad entre ellos.

Aunque aproximadamente hace 140.000 años a.C. el ser humano comenzó a habitar en unidades permanentes (viviendas), no es hasta el final del último período glaciar (7.000 a.C.) cuando la aparición de praderas fértiles en Mesopotamia, Palestina y Egipto, dan paso a los primeros asentamientos humanos realmente duraderos en el tiempo, entre el 4.000 y 3.000 a.C. Es entonces cuando surge también el espacio público, en el marco de los procesos de crecimiento (inicialmente orgánico) de las primeras ciudades, donde caminos y calles daban lugar a la delimitación de los dominios privados. La excavación de Ur de los Caldeos, en Sumeria, nos muestra estos ámbitos públicos primigenios que, en torno a 1.900 a.C. contaban con una cierta jerarquía viaria, con calles especializadas (bazar) y un espacio público pequeño, como era la Plaza de la Panadería[46].

Al margen del viario, surgen en la ciudad heredada, una superposición de actuaciones urbanas muy diversas, que podrían simplificarse en dos tipos de espacios públicos: espacios públicos planificados y espacios públicos de origen espontaneo.

Según Carlos de Miguel[47] (1976), el escaso espacio público del Madrid heredado proviene, inicialmente, de los lugares próximos a las mezquitas, o como consecuencia de ensanchamientos o cruces de calles. Más adelante, nuevos espacios cobrarían importancia y centralidad, como la plaza de la Paja, que dejaría su protagonismo al primer gran espacio proyectado en la ciudad, la plaza Mayor, que sería inaugurada en 1620. El modelo de plaza Mayor española[48] puede situarse entre las soluciones formales que derivaron del ágora griega

44. Cerasi, M. & Ludovico, Q. (1990). *El espacio colectivo de la ciudad: construcción y disolución del sistema público en la arquitectura de la ciudad moderna*. Barcelona: Oikos-tau.
45. Borja, J. (2013). *Revolución Urbana y Derechos Ciudadanos*. Madrid: Alianza Editorial.
46. Morris, A.E.J. (1984). *Historia de la forma urbana. Desde sus orígenes hasta la Revolución Industrial*. Gustavo Gili.
47. De Miguel, C. (1976). *Madrid, plazas y plazuelas*. Gráficas Lorca.
48. Navascués, P. (2002). *La Plaza Mayor en España. Papeles de Arquitectura Española 5*. Ávila: Fundación Cultural Santa Teresa.

y el foro romano en el mundo clásico; las plazas de las bastidas medievales; las sugeridas por los teóricos de la ciudad ideal; la plaza de la ciudad colonial americana; como las plazas reales francesas del XVII, las inglesas a partir de Covent Garden y el Rossio en Lisboa, entre otras muchas. Al tiempo, la plaza acoge los espectáculos, las corridas de toros, los juicios, los castigos públicos[49].

La calle medieval, por otro lado, es una afirmación agresiva, un residuo de la reivindicación de derechos por los distintos poderes. El espacio colectivo en la ciudad medieval sería fruto de un conflicto interno, de una competición por el suelo como un recurso preciado. Asimismo, su naturaleza es fragmentada; el espacio colectivo no tiene una imagen clara y homogénea, sino que está regulado por diferentes autoridades. Lejos del carácter monumental que concedemos hoy a la ciudad medieval, sus espacios son el producto de equilibrios de fuerzas frecuentemente enfrentadas. La calle medieval es porosa necesariamente, fruto de la actividad económica; con mercados que desbordan sus espacios establecidos, ocupando calles, patios y cementerios; espacios de dudosa moralidad y constantemente perseguidos por la legislación[50]. El mercado del siglo X y XI se establece en un territorio residual, fuera del núcleo urbano; su esencia es estratificada y acumulativa, no es el resultado de una visión unitaria. Posteriormente adquirirá una posición más central y las renovaciones urbanas traerán en las ciudades italianas del siglo XV una diferenciación entre la plaza del mercado y la plaza del gobierno. Aparece el espacio urbano como espacio simbólico y representativo de la autoridad y de la ciudad.

El nacimiento del espacio urbano de la modernidad se ha buscado en la transformación de la vida urbana en las grandes metrópolis del siglo XIX. Los pasajes cubiertos de París son un nuevo entorno de consumo y anonimato que se inserta en el tejido medieval. En forma de burbujas aisladas de su entorno, en ellos se pone en práctica la relación contemporánea entre el público, los bienes de consumo, la tecnología y la ciudad[51]. Poco después, el tejido medieval será perforado por los grandes bulevares del siglo XIX como mecanismo óptico y militar de control de la población. El espacio público cobra importancia y surgen procesos de gran envergadura, que escalan su impacto, encajándose en proyectos globales de urbanización, como el de Haussman en París, que requiere de nuevas instituciones financieras e instrumentos de crédito para su viabilidad. Éxito inicial que se vino abajo posteriormente, en la crisis financiera de 1868[52]. La red de bulevares de París o el Ringstrasse de Viena son vacíos de proporciones grandiosas, en los que el tráfico empieza a adquirir una posición central. Esta ciudad del XIX es también el escenario del paseante, de los cafés, del nacimiento de una forma de relacionarse y crear espacios de opinión y debate, precursor del espacio colectivo de la modernidad.

El espacio urbano autoritario y monumental caracterizará ya en el siglo XX el urbanismo del Movimiento Moderno y los espacios banales de los ensanches residenciales contemporáneos, en paralelo a una concepción moralista contemporánea del espacio público, como metáfora de valores ciudadanos y democráticos. Estas visiones se solapan y confunden en la reflexión sobre lo que hoy llamamos espacio público; por un lado, un espacio unificado, espacio simbólico y representación de valores, de la autoridad, del mercado, de la democracia o de la participación ciudadana; por otro lado, espacio habitado, fragmentado y disputado.

La reacción frente al urbanismo del Movimiento Moderno, a mediados de siglo XX dispara una serie de reflexiones en torno a lo que luego será llamado "espacio público". La disciplina del planeamiento urbanístico de posguerra, caracterizada por grandes transformaciones urbanas y actuaciones residenciales de gran escala, desencadena una visión crítica con la ciudad de la modernidad más tecnológica, una revalorización de las relaciones sociales y de los tejidos urbanos heredados que conformará la base teórica del diseño urbano y el estudio de los espacios públicos. Nace una narrativa de pérdida del espacio público que será dominante en el discurso teórico.

Para Jane Jacobs el detonante es la destrucción de la vida de barrio en el contexto de las nuevas infraestructuras y proyectos en el Nueva York de los años 50 y 60 del siglo XX. La autora recorre las distintas escalas de los espacios colectivos: aceras, calle, barrio y distrito. La calle y el barrio son espacio privilegiado de la vida urbana, marco de entornos seguros y de las redes comunitarias; siempre respetando al individuo dentro del preciado anonimato de la metrópoli. A pesar de ser extensivamente citada en este contexto, Jacobs no trata el *espacio público* como tal. Su discurso de hecho se aleja de lo que entenderán luego el diseño y el planeamiento urbano. El *lugar público* se relaciona con territorios de convivencia y con la base de una estructura social de barrio que al tiempo que conserva la autonomía y la individualidad, regenera ciudad, aporta seguridad y preserva relaciones cotidianas:

"voy a escribir esencialmente sobre cosas corrientes y vulgares. Por ejemplo, qué tipos de calle son seguros y cuáles no; por qué algunos parques urbanos son maravillosos y otros son cepos y hasta trampas mortales; por qué ciertos barrios bajos siguen siendo bajos y otros se rehabilitan solos, a pesar de resistencias oficiales y financieras"[53]

49. Torres Balbás, L. (1987). *La Edad Media*. En Resumen histórico del urbanismo en España. Madrid: Instituto de Estudios de Administración Local.
50. Sennett, R. (1994). *Carne y Piedra*. Madrid: Alianza Editorial.
51. Benjamin, W. (2005). *Libro de los pasajes. (Vol. 3)*. Ediciones Akal. Cullen, G. (1961). *Concise Townscape*. Taylor & Francis.
52. Harvey, D. (2019). *Ciudades Rebeldes*. Ediciones Akal.
53. Jacobs, J. (2011). *Muerte y Vida de las Grandes Ciudades*. p. 29. Capitán Swing.

En este contexto, William Whyte[54] analizará los principales espacios públicos de las ciudades desde la forma en que son usados; comenzando una tradición de análisis y establecimiento de parámetros de los que es un espacio urbano de éxito. El análisis del éxito y la parametrización de los elementos que lo definen se convierte en objeto de múltiples análisis del espacio público y la herencia de Whyte es reivindicada por la organización PPS *Project for Public Space,* impulsora del concepto de *placemaking.*

También en los años 60 del siglo XX, Gordon Cullen[55] revisita los tejidos urbanos vernáculos para extraer reglas y criterios que puedan ser utilizados en el análisis y diseño de la ciudad, siguiendo la tradición de Camilo Sitte en el siglo XIX. La metodología establecida por Cullen incide en la percepción del paisaje urbano, en la forma de movernos a través de calles y plazas, en la incidencia de texturas, luces, vegetación, fachadas y volúmenes, en una navegación a través de la ciudad como paisaje. Esta concepción ha tenido distintas derivadas a lo largo del tiempo; por un lado, la valoración del patrimonio a través de su percepción, la puesta en valor de la ciudad heredada y el diseño cuidado de los elementos que configuran los entornos construidos[56] por otro lado, el espacio urbano como escenario vaciado de presencia humana se materializa en los cascos urbanos de la hiper turistificación, donde el recorrido sensorial de Cullen se asemeja a la experiencia del turista, haciendo de la ciudad un objeto de consumo para ser disfrutado que deriva en nuestros días en profundos problemas urbanos de insostenibilidad social y ambiental asociados al turismo.

Desde la crítica a la ciudad de las tesis del Movimiento Moderno, la investigación de Jan Gehl, unos años más tarde, incidirá por el contrario en el estudio del comportamiento de las personas en los espacios abiertos de la ciudad. Trazará una serie de observaciones sobre elementos y escalas de lo que llama *vida entre los edificios*[57]. Reflexiona sobre dónde nos sentamos cuando estamos en un espacio público, a qué distancia podemos hablar con alguien o distinguir a alguien que se acerca. Presta atención a los distintos grados de dureza del borde público-privado; qué usos y configuraciones pueden propiciar una conversación. Gehl sitúa el éxito de un espacio urbano en su potencial para las relaciones sociales, algo que hoy puede parecer evidente pero que no lo era para el urbanismo de posguerra; si un lugar es agradable y hay actividad de tipo cotidiano, entradas y salidas, buenos lugares para sentarse, es más posible que lleguen a darse encuentros o acontecimientos sociales que en los espacios deshumanizados de un urbanismo banal.

Especialmente significativa es la lectura de Christopher Alexander[58] en esta narrativa de pérdida. Se realiza a través de la recuperación de lo que denomina un *lenguaje de patrones;* el carácter de cada lugar está constituido a través de patrones que configuran un lenguaje. Los patrones *vivos* remiten a eventos, a acontecimientos espaciales. Concibe una forma orgánica de generar calidad de vida a través de la superposición de patrones; entendidos como reglas sencillas de configuración de elementos espaciales o arquitectónicos que están estrechamente relacionados con la vivencia, el acontecimiento o la percepción de un lugar; moviéndose en distintas escalas con aspectos que van desde el tejido urbano, la intimidad, las texturas, las sensaciones o los eventos sociales hasta el detalle constructivo.

En el discurso de Alexander, ni el espacio urbano ni el arquitectónico se conciben a través del proyecto, de la creación abstracta. Deben surgir de manera orgánica a partir del establecimiento de configuraciones sencillas o marcas que dan pie a una evolución en el tiempo. Esta teoría conecta con el concepto de la *creación de lugar.* Un lugar vivo no puede ser creado en un solo gesto, no surge de un proyecto urbano sino de diferentes procesos que se solapan, de las vivencias asociadas a sus elementos. No hay un momento abstracto de creación separado del tiempo sino un proceso de construcción del espacio, de mantenimiento, reparación y transformación a lo largo del tiempo que se funden en la misma escala temporal.

En esta tesis queda patente el dilema entre el espacio heredado y el planeado: por un lado, los espacios de la ciudad existente, no necesariamente histórica o vernácula, en los que se solapan múltiples procesos y vivencias a lo largo del tiempo, y por otro lado el espacio público planeado, diseñado y concebido como algo acabado. Los patrones de Alexander inciden en las relaciones entre los vacíos y lo construido, en las relaciones de lo público y lo privado, en el carácter de los espacios y los bordes. La ciudad planeada, por el contrario, tanto la del Movimiento Moderno como la de los ensanches residenciales de grandes ciudades en la actualidad, responden a estándares de zonas verdes y espacio público, que no son suficientes a la hora de realizar una buena integración del espacio urbano en la ciudad.

La reflexión sobre el espacio público que se origina en los años 1980 en la teoría de Diseño Urbano a partir de la revisión de la ciudad heredada y de la observación del uso de plazas y parques, combinada con conceptos cercanos a la psicología ambiental y con las ideas de comunidad y acción de los estudios sobre innovación social en un nuevo paradigma que aglutina desde los años 2000, la teoría y práctica del espacio público bajo el concepto de *placemaking.* Una

54. Whyte, W. H. (1980). *The social life of small urban spaces.* Project for Public Spaces.
55. Benjamin, W. (2005). *Libro de los pasajes. (Vol. 3).* Ediciones Akal.
Cullen, G. (1961). *Concise Townscape.* Taylor & Francis.
56. Véase en el contexto español la obra de José Antonio López Candeira (2002)
57. Gehl, J. (2004). *La Humanización del Espacio Urbano. La Vida Social entre los Edificios.* Ed. Reverté.
58. Alexander, C. (2019). *El modo atemporal de construir.* Pepitas de calabaza.

idea clave detrás de este acercamiento, es la sensación de lugar: Para Tuan, el lugar es "un centro de significado construido por la experiencia"[59]; la noción de lugar viene así de la mano de un proceso subjetivo de construcción de significado. Es el proceso de vinculación afectiva con un lugar geográfico, "conocer realmente un lugar significa tanto comprenderlo en un sentido abstracto como conocerlo igual que una persona conoce a otra". En un sentido estricto, la construcción de lugares implica un proceso semejante al de la sensación de lugar, un proceso por el cual una comunidad llega a experimentar un lugar como propio y a atribuirle un valor.

Llegado este punto cabría preguntarse sobre la presencia del arte en el espacio urbano. Lefebvre se cuestiona en *La Producción del Espacio* si la ciudad es una *obra* o un *producto*. Frente al producto, la obra de arte es única, es irremplazable. En este sentido una ciudad como Venecia sería una obra, una creación colectiva, una "escenografía involuntaria" aderezada con "la dosis pertinente de locura"[60]. Pero ese momento ha pasado, el espacio urbano contemporáneo es "la condición o el resultado de superestructuras sociales". En esta misma línea, Manuel Delgado denuncia la fetichización del lugar en una "ocupación simbólica de la ciudad" a través de la "instauración de lugares retóricos" mediante la colocación de grandes obras artísticas desvinculadas del día a día de los espacios urbanos[61]. El papel del arte en espacio público sufrirá una transformación importante tras el periodo de monumentalización en los 80-90, incorporándose a un nuevo discurso sobre el espacio público vinculado a la participación, la gamificación, el activismo urbano o el urbanismo de guerrilla.

En la teoría del espacio público contemporáneo aquí sucintamente esbozada, reconocemos diferentes visiones establecidas como reacción ante una situación percibida como de pérdida o de amenaza a determinados valores de la ciudad heredada. Se percibe que están siendo desplazadas ciertas formas espaciales, relaciones sociales o un determinado sentimiento de pertenencia. Esta pérdida se asocia con la forma de producción, con el sistema de planeamiento urbano heredero del Movimiento Moderno o con una pérdida de determinada sensibilidad en la construcción orgánica de lugares.

La crisis sanitaria global del 2020 y el consiguiente confinamiento tuvo el sorprendente efecto después de unos meses, de hacernos volver la vista hacia los espacios públicos de nuestras ciudades. Exitosos o residuales, de gran tamaño o de escala local, con actividades urbanas o vacíos, bonitos o feos, los espacios libres de la ciudad se convirtieron repentinamente en un anhelo y una necesidad casi física, que nunca habíamos sentido con tanta intensidad. Durante esos meses, el espacio público fue también objeto de escrutinio. Las tesis de Gehl sobre la distancia social entre personas reaparecieron en una versión cruel e institucionalizada en los reglamentos para uso de los espacios. La forma de movernos, sentarnos, hablarnos en el espacio público se vieron reguladas con todo tipo de parámetros. El ámbito dedicado en las aceras al peatón frente al vehículo se demostró claramente insuficiente. El deporte individual se convirtió en la imagen dominante asociada a parques y zonas verdes. Superada esa situación, el espacio público es más que nunca un objeto de interés por sí mismo. En el marco teórico y vivencial de esa reflexión, proponemos aquí un recorrido por diferentes espacios urbanos de la ciudad de Madrid y una observación de su vida urbana y sus elementos espaciales.

Sobre el marco teórico previo que sirve de contexto, es objetivo de este texto indagar en la relación que el espacio público tiene en la vida de los ciudadanos, tratando de identificar los rasgos esenciales que dichos espacios contienen. Así, se pretende también avanzar en la comprensión de aquellos elementos críticos, que puedan ser útiles de cara a su integración en futuros proyectos de diseño o mejora.

Para ello, se seleccionan espacios urbanos diferentes, fundamentalmente plazas o espacios de configuración focal, dejando de lado parques y otros espacios públicos de mayor escala o de distinto carácter. Se pretende dirigir especialmente la mirada a la relación público-privado de los tejidos seleccionados, a su estructura espacial. Es esencia de este tipo de elementos, constituir un lugar nítido e inolvidable, que no pueda confundirse con ningún otro[62]. Los nodos (focos estratégicos) de "la imagen de la ciudad", vienen a encajarse en este tipo de espacio público, estando más definidos si tienen un límite agudo y cerrado.

Los casos analizados son ejemplos de estructuras urbanas diferentes, tanto en su génesis, su forma y su carácter. Se pretende establecer relaciones que aporten claves en el funcionamiento de los espacios públicos. Relaciones que, a futuro, puedan servir para apoyar decisiones de diseño, ya sea en espacios "ex novo" o en acciones de mejora sobre ámbitos existentes.

La selección de ejemplos, muy acotada, ha querido abordar la comparativa entre la ciudad heredada y planificada en la complejidad del paisaje urbano madrileño, sobre casos específicos que representan, sin más, algunas situaciones concretas. Sobre esta primera muestra, la posterior ampliación de casos profundizará en las conclusiones y análisis que aquí, de manera muy simplificada, se abordan.

Los espacios públicos estudiados son:

59. Tuan, Y. (1975). *Place: an experiential perspective*. The Geographical Review 65, 2, pp. 151-165
60. Lefebvre, H. (2013). *La producción del espacio*. Capitán Swing Libros.
61. Delgado, M. (2007). *La Ciudad Mentirosa. Fraude y Miseria del Modelo Barcelona*. Catarata.
62. Lynch, K. (1998). *La Imagen de la Ciudad*. Gustavo Gili.

- Casco antiguo
  - 2 de Mayo
- Colonias de vivienda unifamiliar
  - Primo Rivera
- Desarrollos periféricos de bloque abierto
  - Moratalaz
  - San Blas
- Nuevos ensanches
  - Montecarmelo

Los grandes proyectos residenciales de las décadas de 1950-1960 plasman en el escenario español la tradición del urbanismo de movimiento moderno de posguerra en los barrios periféricos de las ciudades europeas. Una enorme presión demográfica de los movimientos campo-ciudad y una situación de aguda necesidad de viviendas en ciudades como Madrid propicia la puesta en marcha de varios programas residenciales. El Gran San Blas comienza su construcción en 1958 con las firmas de algunos de los estudios de arquitectura locales más importantes del momento. La ordenación urbana es de supermanzanas en tipología edificatoria de bloque abierto. El nuevo barrio se inaugura, como otros de la época, con una provisión inicial insuficiente de equipamientos, escasez de actividades no residenciales y sin urbanización de los espacios exteriores.

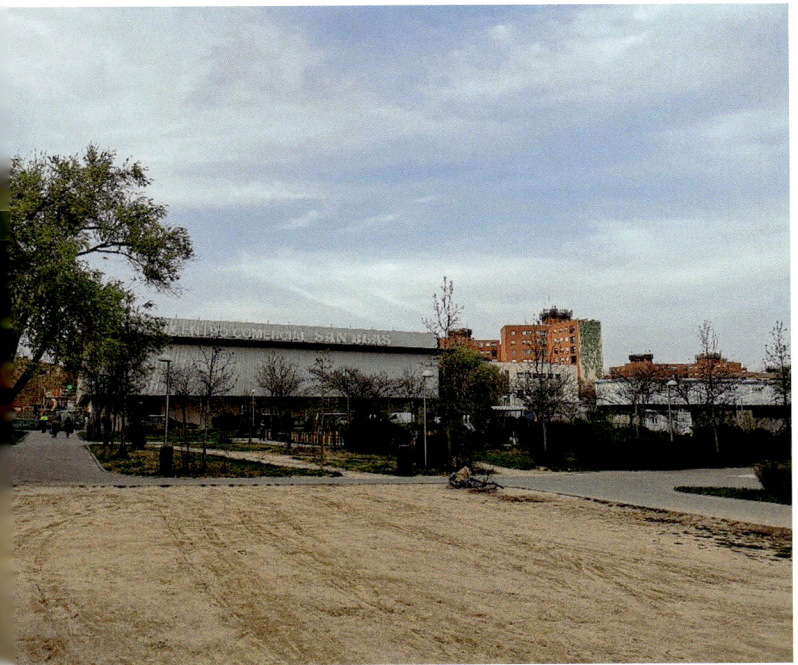

Fig. 23. Gran San Blas. Parcela central: Centro Cívico (foto de los autores)

En el proyecto promovido por la Obra Social, la ortodoxia racionalista se combina con la reivindicación de la tradición y los valores familiares; la operación preveía una vida urbana volcada hacia el interior del proyecto; dentro de cada supermanzana se prevén espacios abiertos entre bloques y separación del peatón y del vehículo. Todo ello de acuerdo con la idea de entorno residencial definido por oposición al espacio de trabajo; unos interiores de manzana que se imaginan ajardinados y peatonalizados; donde entre jardines, transcurrirá el cuidado de los niños, el deporte, la vida social y religiosa; en contraste con los entornos productivos de la ciudad donde los habitantes adultos masculinos desarrollarán su actividad diaria. Como sabemos hoy en día, antes que un espacio ajardinado, el territorio entre bloques fue masivamente ocupado por automóviles y asfalto, en ausencia de otra previsión de aparcamiento. Transcurridos los diez primeros años, el equipo del antropólogo Mario Gaviria[63] publica un extenso informe sobre el Gran San Blas. La ausencia inicial de actividad no residencial había dado paso para entonces a una intensa vida en numerosos bares y tiendas del barrio. El proyecto inicial era criticable desde muchos aspectos, pero la vida urbana había superado la hostilidad del diseño. Los equipamientos, sin embargo, seguían estando infra dimensionados y era patente la falta de escuelas; aspectos que han seguido siendo motivo de reivindicación vecinal durante la evolución del barrio.

El Centro Cívico de la operación es hoy en día un espacio público fallido. En proyecto, este suelo consistía en una gran parcela destinada en origen a la casa sindical, espacios comunitarios y equipamientos deportivos. Habría debido ser lo más parecido a un lugar simbólico en el barrio. Este entorno ha sufrido muchas modificaciones y añadidos a lo largo de los años. Actualmente, una plaza ajardinada con equipamiento infantil marca el centro del barrio, flanqueada por un equipamiento comercial cerrado, un amplio aparcamiento en superficie y parcelas sin edificar. A pesar de la centralidad del espacio, es actualmente un lugar de paso. En un entorno impreciso, inseguro, sin actividad, que no ha encontrado una forma urbana definida en ochenta años. Cuando el equipo de Gaviria preguntó en 1968 a la población sobre el punto del barrio donde situarían una fuente o un elemento representativo como un gran reloj solar, el Centro Cívico fue una de las opciones más votadas. Hoy en día tiene el carácter de un gran descampado rodeado por traseras de edificios en medio del cual se sitúa una plaza modestamente ajardinada, con unos pocos columpios.

Mucho más activa es la vida urbana fuera de esta parcela central, cerca del metro o en determinados nodos de actividad a lo largo del barrio ya detectados por Gaviria. Algunos se sitúan en ejes prin-

63. Gaviria, M. J. (1968). El Gran San Blas. *Arquitectura*. Revista del Colegio Oficial de Arquitectos de Madrid. 113, 1-154.

cipales y otros en el interior de las manzanas, en plazas interiores o espacios que con el tiempo resultaron propicios para instalación de actividades y de lugares estanciales.

Arte urbano: El barrio no cuenta con elementos significativos de arte público. No están tampoco sus espacios públicos pensados con una intención de caracterizar un espacio urbano claramente definido como calle o como plaza, si no más bien un flujo continuo de espacio residual que debía conformarse como jardines según la ortodoxia de la época. Sí encontramos sin embargo arte urbano en varios murales de grafiteros que se integran en el paisaje urbano y confieren un tipo de memoria al barrio reconocible, iluminando rincones del espacio entre bloques.

Dentro del Plan Parcial de ordenación del distrito de Moratalaz, desarrollado en dos fases entre 1961 y 1973, se diseñan seis barrios en una de las principales operaciones residenciales de la Obra Sindical del Hogar[64]. Con 9.424 viviendas subvencionadas y una densidad de 74,3 viv/Ha, el sector se divide en ocho supermanzanas, en las que predomina el tránsito peatonal, derivándose accesos para vehículos en fondo de saco.

Toda la zona, de bloque abierto con espacios verdes interbloques (de dimensión igual a la altura de los edificios colindantes como mínimo), integra una gran diversidad de espacios públicos en el conjunto de la intervención. En muchos de los casos, los espacios abiertos son ocupados por parkings, canchas deportivas o quedan infrautilizados, a modo de descampados sin uso definido. Esta interpretación urbana fallida de la ciudad del movimiento moderno, extendida en numerosos barrios de la periferia madrileña, se combina en Moratalaz con algunos parques, zonas verdes lineales y espacios de colchón entre el dominio público y el privado, que tienen una mayor calidad urbana.

En una de las macromanzanas de la operación, la que se localiza al sureste, aparece una variante de espacio público singular. Aunque las tipologías residenciales son similares, alternando bloques de 6 alturas con torres de 10 plantas, el conjunto se completa con unas unidades de baja +2, que se organizan en torno a un espacio interior. Se intenta, con esta disposición, configurar morfológicamente el vacío, que se compone por un espacio cubierto continuo que recorre dos zonas interconectadas, una prácticamente cuadrada y cerrada por tres lados, de 23 x 21 m y otra rectangular, que se abre al exterior, de 45 x 12 m.

Esta solución, poco explorada en proyectos urbanos recientes, trata de enfatizar la importancia del espacio social, dimensionado y configurado en torno a la edificación. Dichas unidades (aparecen

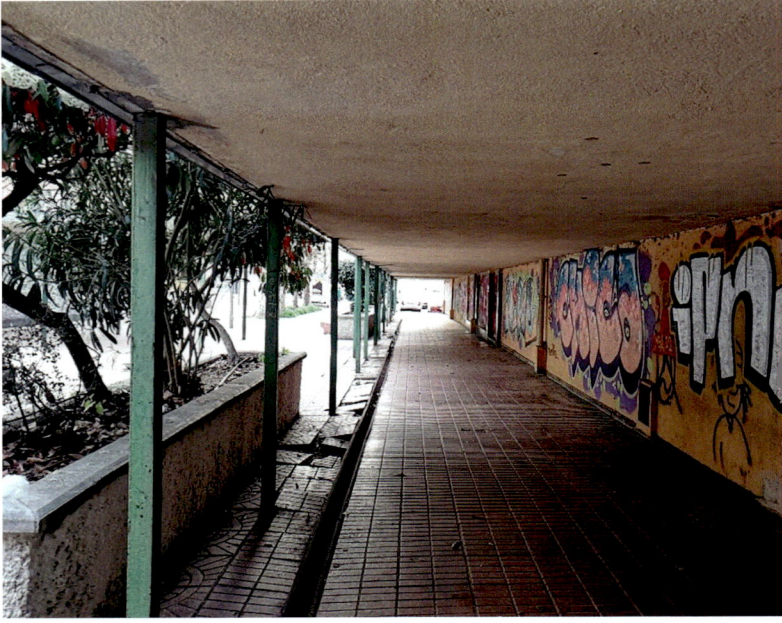

Fig. 24. Gran San Blas, galerías en interior de manzana y grafiti (foto de los autores)

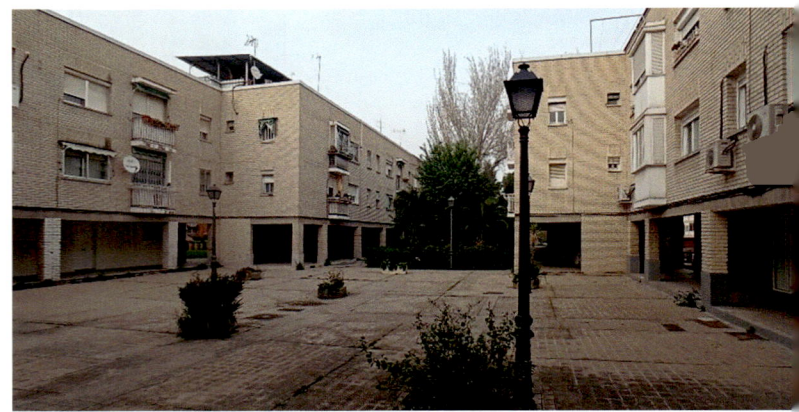

Fig. 25. Espacio público de Moratalaz (foto de los autores)

64. Gerencia Municipal De Urbanismo (2004). *Guía del Urbanismo de Madrid del Siglo XX*. Gráficas MURIEL.

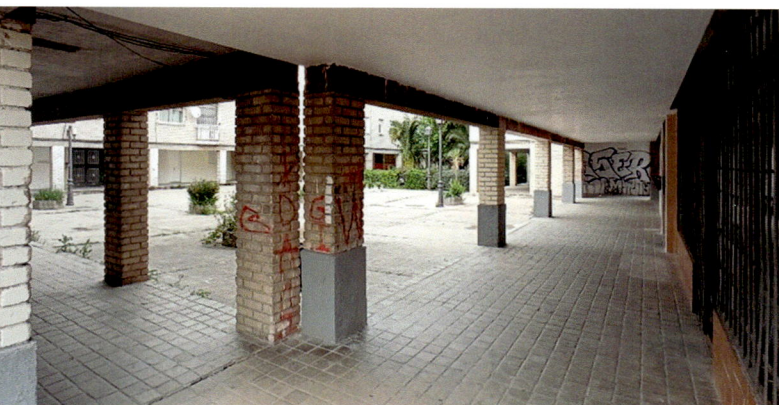

Fig. 26. Espacio público de Moratalaz (foto de los autores)

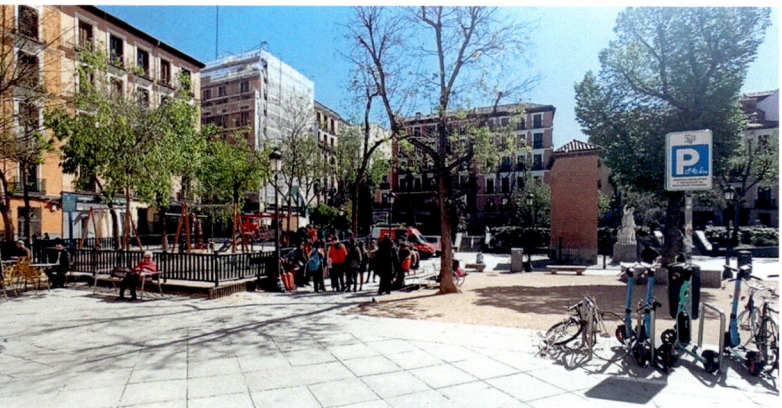

Fig. 27. Plaza Dos de Mayo. (foto de los autores)

cuatro en las zonas interiores de la macromanzana), se distinguen también por el color del ladrillo (tono amarillo-tierra suave), que aportan variedad cromática al conjunto y cierta diversidad formal.

Pese al esfuerzo por acotar el ámbito de lo público, frente a la indeterminación y dispersión de los espacios entre bloques más comunes en estos proyectos residenciales, lo cierto es que estas soluciones no consiguen crear espacios urbanos activos. Por un lado, aunque parecieran querer actuar como corazones de las macromanzanas, su localización interior les separa de la calle y, de alguna forma, los aísla. Por otro lado, dicho aislamiento deja a estas unidades exclusivamente vinculadas a las edificaciones que las encierran, de poca

densidad (baja + 2) y poca masa crítica para dotar a estos conjuntos de vida urbana. Esto se concreta en 7 portales y 30 viviendas (con 14 locales para oficinas y comercio en planta baja).

La visita constata la escasísima actividad, tanto en negocios en planta baja, como en uso social del espacio. Sí se consigue suelo libre de coches para uso público, mezclando espacio pavimentado y verde, con distinta vegetación. En cambio, no hay espacios para sentarse o algún atractivo para el desarrollo de la vida pública. En este sentido, el arte urbano podría servir de motor de renovación urbana en este tipo de zonas.

Entre los múltiples ejemplos de espacios públicos en el casco histórico de Madrid, se analiza la plaza del Dos de Mayo, en el barrio de Universidad. Los terrenos colindantes al antiguo Palacio de Monteleón (construido en 1690 y reconvertido en Parque de Artillería, lugar de los trágicos sucesos del 2 de mayo de 1808), ocupaban todo el ámbito de la actual plaza y sus calles adyacentes, constituyendo el límite norte de la ciudad que muestra el plano de Pedro Texeira (1656).

Tras un tiempo de abandono y ruina, en 1869 se inician los pasos para la demolición de los restos del antiguo palacio y para la creación de lo que sería la plaza del Dos de Mayo, que se evidencia en su planta en el plano de Ibañez Ibero de 1873, pese a quedar por cerrar en su lado noroccidental. Sobre esta primera base, se integra como monumento la antigua entrada al palacio y se suceden obras de pavimentación y acondicionamiento (al finalizar la guerra civil) hasta que, en 1997 tiene lugar la reforma más reciente. Dicha reforma integra la escultura de Daoiz y Velarde (escultura en mármol de Antonio Solá en 1827) que se instaló definitivamente en la plaza en 1932, tras haber sido ubicada en distintas localizaciones previas.

La génesis de la plaza, fruto de una secuencia de etapas y acontecimientos, aunque con los matices que le son propios, es un ejemplo de espacio público heredado. Su configuración, aunque regular (casi un cuadrado de unos 75 x 70 metros), integra la fachada norte de la iglesia de las Maravillas (cuyo origen se remonta a 1613) tras la demolición del monasterio que estaba anexo, así como el actual colegio Pi y Margall (inicialmente parte del antiguo Monasterio de San Antón). El espacio libre queda claramente delimitado por un caserío de edificios de baja + 3, baja + 4 y baja + 5 que, con diferentes colores y pequeños matices otorgan homogeneidad a la plaza. Los balcones madrileños, las cubiertas de teja, los ritmos de las fachadas, los pavimentos combinados de piedra y arena con otros adoquinados puntuales, los monumentos en el centro, las distintas entradas por las calles del entorno (6), definen la singularidad y el carácter del 2 de Mayo.

Una planta baja muy viva, fomenta la aparición de bares y otros comercios, que se alternan con los portales de acceso a las viviendas (13), como espacios de transición público privado.

Los balcones, elementos de identidad claves, definen el marco espacial de la plaza, a la vez que estrechan el contacto público-privado, mediante un contacto visual continuo que también genera seguridad. En función del momento, la plaza cambia, atrayendo un público joven por las noches y un turismo creciente, en distintos horarios. Por tanto, mezcla el uso de los vecinos del entorno con los visitantes, en un equilibrio que va por momentos, como en otros lugares del centro histórico de la ciudad.

La visita realizada, en un martes por la mañana, devuelve un espacio vivo y activo. Luminoso, donde el sol de abril cubre la mayor parte de la plaza. Las dimensiones y proporciones de la plaza permiten la inclusión de distintos usos, también con leves desniveles, que generan un uso diverso. Pese a su clara configuración formal, dichos desniveles, los monumentos, el arbolado y otros elementos, generan una diversidad que favorece la aparición de distintas zonas con actividad diferente. Igualmente, sobre su geometría regular (casi un cuadrado), se producen encuentros muy distintos según las fachadas hagan esquina o supongan entradas de calles.

Es un espacio muy sugerente, que recoge la esencia de la ciudad antigua y aporta valores que pueden ser integrados en proyectos urbanos actuales.

Como caso de colonia de viviendas unifamiliares, se selecciona el caso de Primo de Rivera (barrio de Chamartín), Cooperativa de casas baratas promovida por el Ayuntamiento de Madrid para empleados municipales (Gerencia Municipal de Urbanismo. 2004). En torno a la calle de Ramón y Cajal (eje viario estructurante este-oeste), se disponen las viviendas en manzanas principalmente alargadas, alternando tipologías de vivienda unifamiliar en dos alturas, aisladas (sobre parcelas de 140 m2) y adosadas (en parcelas de 84 m2).

Fernando de Escondrillas es el responsable del proyecto, realizado por la Oficina Técnica Municipal, entre 1926 y 1928. Contiguo por el sur a la colonia Prosperidad, el proyecto urbano es una pieza de 272 viviendas y una densidad de 35,3 viviendas/Ha. Se encuentra delimitado al norte por el Sector Santamarca, con el cual linda salvando un cierto desnivel.

Los ejemplos de colonias residenciales madrileñas, que surgen inicialmente a raíz de los modelos higienistas y la ciudad-jardín, se suceden al amparo de distintas leyes de casas baratas (1911, 1921, 1924 y 1925), buscando alternativas a la fuerte demanda de vivienda social en una ciudad en expansión.

Inicialmente en localizaciones periféricas, el tiempo ha integrado en la trama urbana estas colonias, creando espacios de gran calidad espacial. Las piezas, de pequeño tamaño (entre las 5 y 13 Has), responden más al concepto de "suburbio-jardín", conectadas a las redes de infraestructuras y abaratando costes de urbanización.

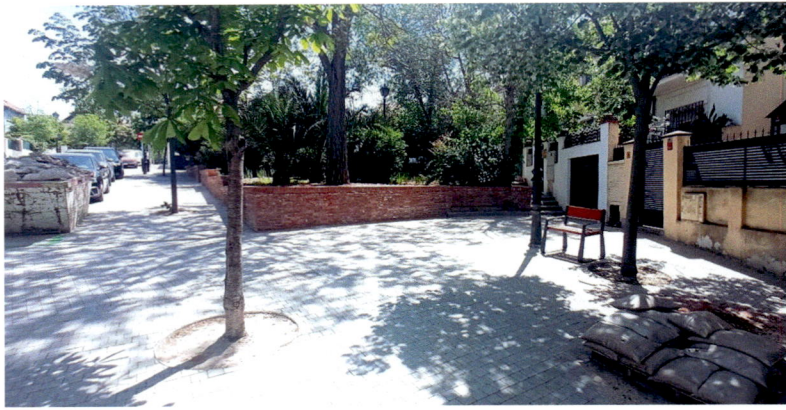

Fig. 28. Colonia Primo de Rivera (foto de los autores)

En relación al espacio público, estas colonias rara vez incorporan verdaderos ámbitos de relación social, más allá del viario. Es cierto que son entornos de medias-bajas densidades que, por otro lado, tienen sus propias zonas al aire libre en los patios de las parcelas. Pese a ello, resulta importante integrar el espacio público también en estos tejidos, habiendo ejemplos de cierta entidad, como es en el caso de la posterior colonia de Tercio y Terol (1942, en el marco de la DG Regiones Devastadas).

El caso concreto que nos ocupa, la colonia de Primo de Rivera, tiene algunos pequeños ámbitos salteados entre la trama. Hemos seleccionado uno de ellos, el de mayor dimensión de uso público, llamado Plaza Torrelodones. Es un espacio alargado de 50 x 20 metros, que se desarrolla paralelo a una de las calles interiores de la colonia. En su extremo oeste, cuenta con un recinto cuadrado de 13 metros de lado, reservado para arbolado y vegetación, que no es accesible.

Aunque el ámbito genera una apertura espacial relevante, su uso está prácticamente reservado a los coches, como sucede en muchos de estos entornos. En el momento de la visita, una mañana de diario, un par de personas cruzaron la plaza.

El espacio, delimitado por los muros de las parcelas que lo rodean, deja asomar los edificios de vivienda colectiva del sector Santamarca, al norte de la plaza. Algunos árboles de distinto porte la rodean, en un lugar usado como aparcamiento, principalmente. Aunque es actualmente un espacio infrautilizado, podría acoger otros usos y servir de un verdadero espacio de relación social.

Igualmente, es destacable la escala de los espacios diseñados en esta colonia, que se articulan de forma muy bien medida, en el

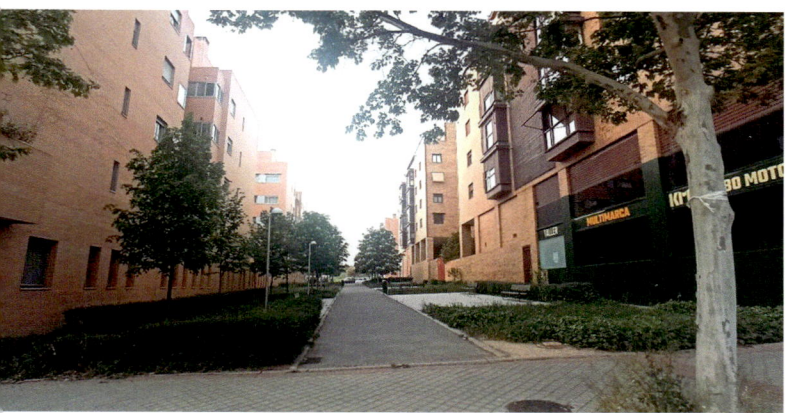

Fig. 29. Espacio público en el PAU de Montecarmelo. (foto de los autores)

tejido residencial. Frente a la lógica cuantitativa de los estándares, el ejemplo muestra la alternativa de relación acompasada entre espacio público y privado. Tanto en la concepción de las colonias, como en el cuidado de sus detalles, la escala juega un papel esencial, a la hora de proporcionar espacios de calidad urbana. La imagen de abajo muestra otro de los pequeños ámbitos públicos de la colonia Primo de Rivera. Un espacio triangular frente a una hilera de viviendas que cierran el barrio al oeste. En este caso, el espacio público, aunque cuenta también con alguna zona menor con bancos, tiene fundamentalmente una función de filtro, de colchón verde entre el espacio residencial y el viario.

Integrados en el Plan General de Madrid de 1997, los 6 grandes PAUs de Sanchinarro, Las Tablas, Montecarmelo, Arroyo del Fresno, Carabanchel y Vallecas, son una enorme operación residencial de 74.500 viviendas, en la voluntad del Plan de llevar al límite su capacidad.

Son actuaciones de una enorme escala (desde las 735 Has del Pau de Vallecas a las del más "pequeño" de Arroyo del Fresno, con 135 Has), que parecen replicar (en su mayoría) el modelo de ensanche en sus tramas, pero sin los elementos de base que son propios de estos tejidos. Entre las diferencias más importantes, la densidad y la parcelación. Mientras el ensanche de Castro en Madrid (1860) cuenta con densidades que rondan los 200-300 viviendas/Ha, los citados PAUs se encuentran entre las 31 y las 35 viviendas/Ha. Este hecho es determinante en la configuración global de sus proyectos, así como en la integración urbana y el uso de los espacios públicos.

Por otro lado, la parcelación. El ensanche del XIX, entre sus valores, cuenta el tener una parcelación muy diversa en el interior de las manzanas. Un número que varía enormemente, pero que ronda de media las 15 parcelas en cada manzana (de 100 x 100, también con variaciones donde éstas se deforman), genera una gran diversidad urbana, pese a contar con patrones edificatorios similares. Así, el contacto público-privado es constante, a través de los portales, llenando de vida las calles. Son parcelas de muy distintas dimensiones, con frentes entre 20 y 50 y fondos entre 30 y 50, haciendo una simplificación sobre un glosario muy amplio de alternativas. Frente a esto, el modelo de los PAUs propone manzanas de menor tamaño, en las que suele disponerse una única parcela (dividida en varias viviendas, pero con tan sólo 1 o 2 accesos o portales). Esto tiene una incidencia directa en la relación con la calle, que se empobrece enormemente en este tipo de desarrollos.

En el PAU de Montecarmelo, pese a que tiene ciertos elementos de interés frente a otros de los ejemplos, esta disfunción entre el espacio público y el tejido edificatorio es también patente. Nos encontramos aquí mayor disposición de comercio en planta baja, hacia las calles principales, con manzanas de 75 m x 65 m o de 95 m x 70 m, que se disponen dos a dos, separadas por unos espacios públicos de configuración lineal. Para el análisis, se ha escogido el que se encuentra conectando las calles Monasterio de Silos y Monasterio del Escorial, al oeste de la zona. Es un ámbito de 75 m x 20 m, organizado por una calle interior de 4 m, que divide en dos la zona, dejando a sus lados espacios de vegetación y arbolado, entre los que se abren zonas de estancia con bancos.

La visita, un lunes por la tarde, devuelve una imagen de lugar vacío y en sombra. Sombra que, en meses calurosos y también a similares horas, puede ser un gran activo para estos espacios. Vegetación horizontal, setos y un arbolado cuya posición resulta algo aleatoria, se disponen junto a las fachadas de las manzanas que flanquean el ámbito, donde se diferencian los pavimentos de paso y estancia.

En Montecarmelo, estos espacios públicos alargados se alternan con la aparición puntual de otros de mayor tamaño, que buscan concentrar la relación social. Frente a otros ejemplos, también esta solución de Montecarmelo ofrece algo más. Hay un intento de vincular el tejido residencial con el espacio libre, en zonas de pequeño tamaño, que puedan establecer una cierta relación de escala y jerarquía en el uso del espacio público.

Pese a esto, el modelo tipológico y urbano repite muchos de los errores del urbanismo reciente. Junto a los aspectos de densidad y parcelación señalados, hay una simplificación en el diseño, estructurado en unas mallas de viario carentes de la diversidad y los matices que debe tener la ciudad. De esta forma, las manzanas residenciales (articuladas dos a dos con estas zonas públicas en medio), se organizan de manera introspectiva, volcando la vida al interior (con sus piscinas y espacios comunes) y vaciando la calle.

A su vez, como se aprecia en la imagen anexa, la zona pública se delimita por fachadas de las manzanas residenciales con las cuáles no establece ningún tipo de relación. No hay entradas a portales, comercio o elementos que dialoguen en esa franja de conexión público-privada, que se limita, prácticamente, a unos muros de ladrillo con ciertas aperturas a zonas de garaje o espacios comunes interiores.

El espacio público, elemento crítico de interacción social, se configura como pieza esencial de la ciudad en los diferentes contextos históricos en que ha surgido. Son infinitas las formas en las que aparece, atendiendo a razones de diverso tipo, algunas de las cuales se han comentado en este texto. Ante esta enorme diversidad de situaciones, los casos recogidos muestran diferentes soluciones, en localizaciones, origen y tipo de tejido. La selección responde a la voluntad de abrir la reflexión a contextos distintos que permitan comprender esa diversidad y aproximar, de manera más completa, el debate sobre el espacio público. Así, aunque la muestra es muy pequeña, se considera un punto de partida sobre el que arrancar la discusión, que debe continuar ampliando casos y recogiendo información.

De los ejemplos analizados, sólo uno de ellos, la Plaza Dos de Mayo pertenece de forma estricta a la ciudad histórica o vernácula. Este espacio, aunque afectado por dinámicas de turistificación y gentrificación; sirve de referencia para encontrar la superposición de patrones que señala Alexander. Se han señalado las relaciones espaciales de los balcones, las terrazas y comercios, el arbolado, la clara definición del espacio urbano de la plaza por las fachadas. Todos estos elementos son resultado de diversos procesos sociales y espaciales a lo largo del tiempo. La memoria del lugar se hace explícita en la monumentalización del arte urbano pero hay también una memoria implícita en los rincones, en los portales, en los acontecimientos cotidianos contenidos en la configuración del espacio urbano.

Los ejemplos pertenecientes a la ciudad racionalista en sentido estricto, Moratalaz y el Gran San Blas, recogen un espacio público que no es tal; que es un territorio indefinido y residual. En esta forma de barrio residencial periférico el espacio abierto, el interior de la manzana de bloques, es el lugar del supuesto ocio del trabajador, de una idea de domesticidad vaciada de actividad, resultado de una profunda zonificación de usos a lo ancho de la ciudad. Los espacios dispersos e indefinidos que fueron imaginados como jardines en las tesis del movimiento moderno, fueron desde el principio un descampado embarrado sin urbanizar y eventualmente han sido ocupados por el vehículo. En algunos proyectos se incluyen elementos como los soportales en los interiores de manzana de Moratalaz y Gran San Blas, que buscan aportar una escala más humana y una definición espacial; lugares que pueden percibirse como inseguros a determinadas horas del día pero en los que también puede proliferar puntualmente una terraza o pedalear un niño en bicicleta, donde el grafiti viene a dar una respuesta al vacío de identidad y a iluminar fachadas ciegas y medianeras.

Los problemas de escala y la ausencia de actividades siguen presentes en modelos de espacio urbano de finales del siglo XX como el recogido en Montecarmelo. Lugares que siguen siendo de paso, vacíos de contenido en un espacio urbano de extrema banalidad y monotonía, que, en términos de diseño, se limitan a cumplir un determinado estándar urbanístico de zonas verdes. Paradójicamente estos proyectos son contemporáneos de un entronamiento del espacio público como centro y justificación del proyecto residencial; de un énfasis permanente en los espacios públicos "de calidad"[65]. Frente a la banalidad monumental de estos paisajes contemporáneos fuera de escala, los experimentos racionalistas recogidos en ejemplos como el de Moratalaz, aunque fallidos, resultan más sugerentes como territorios donde pueda proliferar la vida urbana. Encontramos en cambio, en la colonia de Chamartín, un ejemplo de un momento anterior de la modernidad, donde los patrones de configuración espacial son más claros y están más cerca de las vivencias.

A la vista de los casos estudiados y otras reflexiones sobre el espacio público, podrían apuntarse (de manera preliminar) algunos elementos que inciden en su funcionamiento y que pueden servir de base para su consideración en proyectos o actuaciones futuras. Estas reflexiones, a su vez, pueden ser germen de investigaciones venideras que profundicen en ellas y aporten información útil para la mejora de dichos ámbitos.

Elementos relevantes señalados, sobre el análisis de ejemplos de espacio público:

- **Contexto urbano.** La localización en la ciudad es un condicionante de primer nivel en el papel que cada espacio libre juega. Así, la centralidad, las tipologías edificatorias, la densidad del entorno, la accesibilidad, son algunos de los factores determinantes. En este sentido, la plaza del Dos de Mayo es un ejemplo de concentración de gente, actividades y flujos muy diversos, encajados en un espacio céntrico de la ciudad.

- **La escala del espacio público.** Cuando se analiza el papel de cada espacio público, debe atenderse a su escala en relación a la ciudad en que se encuentra. En este sentido y como ejemplo, un pequeño parque de vecindario vendrá a completar las funciones que ya ofrece un cercano parque de barrio. Cada espacio es único y debe considerarse en relación a su singularidad. En este sentido, la colonia Primo de Rivera se encuentra a unos 200 metros del Parque de Berlín, gran nodo público de todo el distrito y que condicionará el uso de la pequeña plaza. Es también relevante destacar la importancia del concepto de Red de Espacios Libres Públicos y articular la función de cada uno en el marco global.

65. Delgado, M. (2011). *El espacio Público como Ideología*. Catarata.

- **Relación espacio libre-ocupado.** Como se ha señalado en los casos estudiados, resulta clave el contacto que el tejido urbano tiene con la plaza. Siguiendo a J. L. López Candeira[66], el espacio libre se delimita por una envolvente vertical, de planos continuos o discontinuos. Dicha envolvente, define una configuración espacial que es determinante para su uso y carácter. Así, incidirán especialmente el contacto visual desde las viviendas y otros usos, el soleamiento, la proporción entre la altura y la longitud de la plaza, el atractivo del paisaje urbano, entre otros factores. En este sentido, el aprendizaje más exitoso proviene de los espacios públicos de la ciudad heredada, en este caso representada por la plaza del Dos de Mayo. Moratalaz muestra un intento de diseñar esta configuración espacial, a favor de su funcionamiento como elemento social activo, pero que la falta de densidad, actividad, localización en el contexto urbano y otros factores, no lo favorecen.

- **Puntos de conexión entre público y privado.** La confluencia de portales, comercios, oficinas,... derivan en entradas y salidas de gente, movimiento de personas que transitan, flujos, interacción social, que da vida al espacio público. El caso de Montecarmelo muestra el extremo de espacio público que sólo tiene acceso desde la calle y no hay una conexión directa con los edificios que lo delimitan. En el otro lado, se encontraría la plaza del Dos de Mayo.

- **Actividad.** Una plaza puede incluir diferentes usos y actividades, que se pueden desarrollar de forma simultánea en distintas zonas del espacio público, o pueden alternarse según momentos. Serán condicionantes de esta actividad, entre otros, los usos en planta baja, la relación con el soleamiento, con la vegetación, las dimensiones del ámbito, la capacidad de acoger usos efímeros, mercadillos, etc. En este sentido, el Dos de Mayo es con diferencia, entre los estudiados, el que mejor funciona. En el otro extremo, los casos de Montecarmelo, San Blas, Moratalaz y Primo de Rivera, apenas acogen actividad ninguna. En cambio, tanto San Blas como Primo de Rivera, permitirían la integración de actividades efímeras.

- **Integración de la vegetación.** Junto al mobiliario, el arte urbano y la pavimentación, la incorporación de elementos vegetales es una de las decisiones relevantes en el diseño, de gran incidencia en sostenibilidad, la adecuación al clima y el uso del espacio público. En los casos estudiados, excepto en San Blas, aparecen elementos de arbolado y vegetación, de formas diversas. Quizás es preciso destacar la importancia de una verdadera relación entre la vegetación y los diferentes espacios de la plaza, más allá de repartirse como elemento decorativo. En este sentido, el espacio verde de Primo de Rivera queda concentrado en una zona, sin permitir su disfrute, la creación de zonas en sombra, u otras funciones posibles.

- **Encaje del espacio público en el tejido urbano.** Frente a las zonas verdes de aproximación cuantitativa, que se limitan a cumplir unos estándares mínimos, se pondera la importancia del vínculo y la conexión entre los espacios libres y su contexto residencial. En Montecarmelo, el ámbito estudiado reproduce un patrón que se repite en todo el desarrollo urbano. En Moratalaz, la macromanzana en que se ubica la plaza, cuenta con cuatro piezas similares que intentan generar centralidad. En Primo de Rivera, hay tres espacios públicos de distinta forma y función, que se alternan en el tejido de la colonia.

- **Participación ciudadana.** Como paradigma reciente de la intervención en la ciudad, resulta comúnmente aceptado en los foros técnicos, la importancia de contar con la implicación vecinal. En este sentido, no se ha detectado dicha participación en los casos analizados, aunque en todos resulta un elemento esencial con el que trabajar a futuro.

- **Arte urbano.** Al igual que en el punto anterior, la potencialidad del arte urbano para la mejora y activación de los espacios públicos, resulta un elemento crucial, poco explorado. En los ejemplos estudiados, más allá de los monumentos del Dos de Mayo, no hay casos específicos de arte urbano. Algunos grafitis en San Blas y Moratalaz, cuyo impacto en el paisaje es negativo. En cambio, profundizar en esta línea, puede servir para catalizar la intervención en estas piezas urbanas.

- **Complejidad.** Quizás recogiendo muchos de los aspectos señalados, el espacio público (así como cualquier elemento urbano o arquitectónico), debe incorporar múltiples variables que le doten de diversidad y complejidad. Es un aprendizaje que también nos devuelve la ciudad histórica (la ciudad natural de Alexander), en la que la superposición de actuaciones en el tiempo, deriva también en una red amplia de relaciones que se solapan en el espacio. Así, la actividad es cambiante y atrae a distintos usuarios y usos potenciales. Sentarse con amigos, leer un libro, comprar el periódico, entrar en una farmacia, correr o ir en bicicleta, asistir a mercadillos, ferias, tomar algo en la calle y ver a los hijos jugar, tocar instrumentos, integrar agricultura urbana, celebrar reuniones o fiestas vecinales, descansar, incluir elementos de arte urbano, actos culturales, elementos didácticos sobre la naturaleza o la historia en el lugar, deportes posibles, vincular a los ciudadanos en las decisiones, sentarse en elementos de fachada, diseñar los planos verticales con detalle y cuidado vinculados a la plaza, añadir vegetación, mobiliario urbano participativo, diseño de elementos a integrar,... son algunos ejemplos de las múltiples funciones que estos espacios pueden acoger. Como se ha dicho, es preciso comprender el carácter y vocación de cada ámbito, en relación a la ciudad y al resto de la red pública. Pero resulta esencial que las intervenciones se realicen desde la comprensión de la complejidad que la vida urbana requiere.

66. Candeira, J. A. L. (2002). *Tratamiento del espacio exterior*. Ed. Munilla-Leria.

3.3
LA CIUDAD COMO OBRA DE ARTE. EL CASO ESPECÍFICO DE PAMPLONA

El 1958 el escultor Jorge Oteiza imparte en el Ateneo Mercantil de Valencia, la conferencia que lleva este nombre y hace la siguiente reflexión:

"La ciudad sirve de apoyo al hombre, es la forma de su vida de relación. El arte se apoya en la ciudad, en la tierra, lo mismo que el hombre y escapa de la vida y de la muerte, sirviéndole de imagen y apoyo espiritual, identificándose con él, con su más íntimo afán existencia . La arquitectura y la ciudad participan de la misma naturaleza espacial de la obra de arte. Tienen también en común –ciudad y obra de arte– el estar íntimamente relacionadas con un tipo de necesidades humanas y que tratan de resolver. En los órdenes espacial y humano, ¿en qué aspectos coinciden, qué problemas tienen en común y qué diferencias?"

Hoy sabemos que el arte urbano desempeña un papel crucial en la transformación de las ciudades pudiendo llegar a convertir entornos urbanos en museos al aire libre. Este fenómeno cultural pone en valor, no solo las obras de arte y la creatividad de los artistas, sino también la evolución de la sociedad y su apertura ante nuevas formas de expresión como pueden ser los murales, graffitis, instalaciones efímeras o el videoarte. El valor de estas actuaciones reside también en su capacidad de regenerar los espacios públicos que han sido olvidados o se encuentran degradados, impulsando económicamente áreas deprimidas.

El arte urbano favorece la interacción social; a menudo los artistas involucran a toda una comunidad haciéndola partícipe de su proceso creativo, lo que atrae la atención de visitantes y transeúntes y promueve el sentido de comunidad y de pertenencia a un barrio. Los lugares renovados se convierten en nuevos puntos de encuentro y el aumento de los visitantes beneficia a los comercios, lo que supone un impulso para la economía local y el desarrollo sostenible de la comunidad.

En la actualidad la ciudad de Pamplona, con 206.000 habitantes, ofrece múltiples espacios diseñados para la representación de las artes escénicas como el Auditorio Barañain o el Teatro Gayarre, espacios para la música y eventos culturales como el Palacio de Congresos y Auditorio de Navarra (Baluarte), o el Palacio del Condestable; espacios expositivos y museos como el de la universidad de Navarra que acoge obras de los más representativos artistas del siglo XX y nuevos lugares adaptados para el arte que como la antigua Fábrica de Gomas que en 2016 se transformó en un espacio expositivo, de

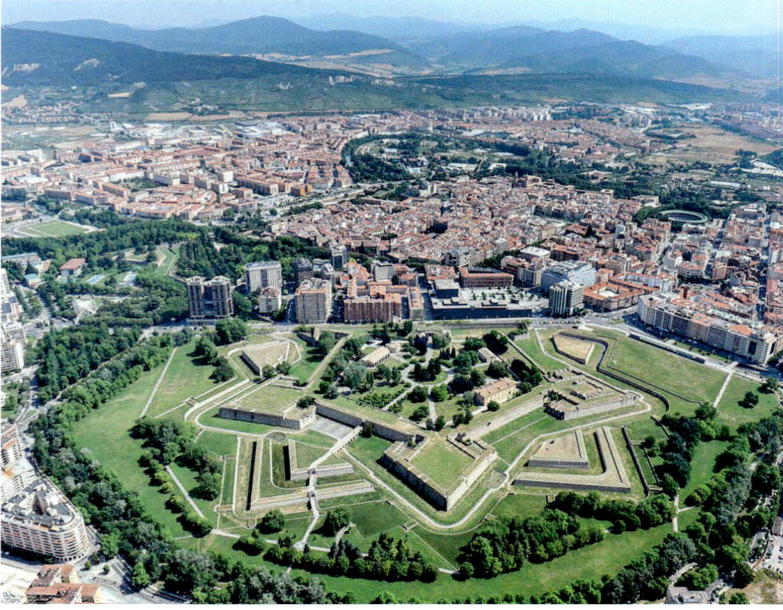

Fig. 30. La Ciudadela de Pamplona, recinto fortificado del siglo XVI. Fuente: Ayuntamiento de Pamplona.

investigación y difusión de la cultura artística. También en 2019 los cuatros edificios de la Ciudadela de Pamplona (la sala de armas, el pabellón de mixtos, el horno y el polvorín), se transformaron en El Centro de Cultura Contemporánea Hiriartea, un lugar para la exhibición y difusión de las artes plásticas que en la actualidad alberga exposiciones de fotografía, audiovisuales, pintura, escultura, pero que también se convierte en lugar de encuentro ciudadano en el arte contemporáneo con eventos y festivales culturales. Un espacio que nace para el desarrollo de prácticas participativas entre los artistas y el público y que se propone incidir en las diferentes dimensiones del proceso creativos (creación, producción, exhibición, difusión y encuentro) desde modos de hacer contemporáneos.

En las afueras de la ciudad, en Huarte, está el Centro de Arte Contemporáneo Huarte y en Alzuza, la Fundación Museo Jorge Oteiza que alberga la obra del escultor compuesta por 1.650 esculturas y 2.000 piezas de su laboratorio experimental donados en 1992 por el artista al Gobierno Navarro.

El proyecto de la Comisión europea **Urban Audit** "Report on the quality of life in european cities 2020", que desde hace 20 años se ha venido desarrollando en diversos ciclos de recogida de datos, tiene como objetivo recopilar información socioeconómica para comparar la calidad de vida (bienestar social) en las principales ciudades europeas.

En 2022 el Ayuntamiento de Pamplona publicó los resultados de una encuesta realizada a 700 personas mayores de 14 años residentes en la ciudad y que forma parte del proceso de seguimiento del Plan Estratégico Urbano Pamplona-Iruña 2030 (PEU). El sondeo pone en relación los datos de Pamplona con los de 84 ciudades europeas referidos a la percepción que los habitantes de cada una tienen sobre los distintos aspectos urbanos que miden la calidad de vida en dichas ciudades, según el informe de la Comisión Europea. En el cuestionario diseñado por la Oficina Estratégica del Ayuntamiento de Pamplona, se recogía la percepción ciudadana sobre las zonas verdes de la ciudad, la movilidad y accesibilidad, el acceso a la educación superior, la vida activa, la inversión en investigación y desarrollo, la cultura y las tradiciones. De las respuestas de los encuestados se observa, según los datos que publica el Ayuntamiento, que el 97,6% de la población está satisfecha de vivir en su ciudad, el 94,2% de las personas está contenta con el barrio en el que tiene su vivienda y un 96,9% la consideran un buen lugar para vivir para distintos colectivos sociales. El 81% señala que la presencia de personas extranjeras es buena para la ciudad. Según este informe comparado sobre la calidad de vida en las ciudades, Pamplona también aparece en el puesto número uno respecto al ranking de ciudades europeas en satisfacción de su población con los espacios públicos con un 96,3%, y en concreto un 98% con los espacios verdes urbanos (primera ciudad europea en el ranking).

Ante la importancia que va adquiriendo la percepción de los ciudadanos sobre cómo es la vida en sus ciudades, "Madrid Capital Mundial de la Construcción, Ingeniería y Arquitectura" (MWCC) ha analizado para su "ranking mundial de calidad de vida de las ciudades", las 50 capitales de provincia, las dos ciudades autónomas y otros diez municipios relevantes, a partir de los datos obtenidos por Numbeo (la mayor base de datos colaborativa que compara datos de ciudades europeas). Según este ranking Pamplona es en 2023 la ciudad española con mayor índice de calidad de vida, atendiendo al análisis de varios factores como el poder adquisitivo de sus ciudadanos, el coste de vida, el índice de contaminación, de seguridad, de sanidad, el tráfico o el clima.

La Memoria que presentó el Ayuntamiento de la ciudad en 2020, refleja la valoración positiva que hacen los ciudadanos del arte en la ciudad, de su impacto económico y visual, pero también como vehículo que potencia su identidad. La encuesta aportaba como resultado que el 78% de los pamploneses considera que el arte urbano mejora la imagen de la ciudad y el 82% apoya su aumento en espacios públicos.

Diez años antes, en 2010 el Ayuntamiento de la ciudad publicó la **guía de Escultura Urbana de Pamplona** que contiene 109 obras de 67 escultores nacionales e internacionales, que forman parte de la Colección de Arte del Ayuntamiento Pamplona, poniendo en valor el patrimonio escultórico y artístico de la ciudad. Esta publicación de casi quinientas páginas, también convertida en web (coleccionarte.pamplona.es) divide la ciudad en dieciocho áreas por las que la guía propone recorridos e incorpora mapas anexos que muestran las esculturas que hay en cada una de las zonas, haciendo referencia a su autor y sus características principales, como el material, dimensiones o detalles de su ejecución. También es posible filtrar la información de la guía por los autores, para encontrar la obra que escultores como Faustino Aizkorbe, Jose Ramón Anda, Jorge Oteiza o Néstor Basterretxea, tienen en los espacios urbanos de la ciudad. https://esculturas.pamplona.es/

Ese mismo año de 2020, el Ayuntamiento de Pamplona crea en su web un **directorio de artistas** y formaciones artísticas de todas las disciplinas que ejerzan su actividad en el área metropolitana de Pamplona y quieran darse a conocer. Esta iniciativa nació después de que la Comisión de Asuntos Ciudadanos del Ayuntamiento aprobara la solicitud de "hacer un estudio de espacios en la ciudad que pudieran ser susceptibles de albergar este tipo de intervenciones artísticas". El objetivo era poner en contacto a los creadores con la ciudadanía, apoyar la profesionalización del sector y recibir propuestas de artistas urbanos para intervenir en distintos espacios públicos de la ciudad.

CONVOCATORIA ABIERTA PARA ARTISTAS URBANOS: El Ayuntamiento de Pamplona tiene entre sus próximos objetivos el de mejorar y amabilizar diversos espacios públicos de la ciudad mediante intervenciones artísticas, dentro de las expresiones creativas englobadas bajo las denominaciones de arte urbano, grafiti o muralismo artístico. En este sentido, el Área de Conservación Urbana realizó un sondeo de espacios urbanos públicos susceptibles de ser mejorados mediante intervenciones artísticas, y ha elaborado un listado con los mismos en comunicación con el Área de Cultura e Igualdad. Desde el Área de Cultura e Igualdad proponemos una Convocatoria abierta a los artistas urbanos nacidos y/o residentes en nuestra Comunidad Foral, interesados en participar en el desarrollo de intervenciones artísticas, con el objeto de abrir un canal de información y comunicación con los artistas y colectivos artísticos urbanos que permita afrontar estos proyectos bajo las premisas de aportar calidad artística y de apoyar a la profesionalización de un sector artístico y cultural que sufre gran precarización. Con la información recibida tras esta convocatoria se afrontará cada intervención artística en la ciudad, mediante una selección realizada por una comisión en la que participarán técnicos de las Áreas de Cultura e Igualdad y Conservación Urbana, así como representación del sector del arte urbano u otros agentes sociales, en la que se valorará la calidad artística y la adecuación al espacio propuesto, y que generará el encargo de la intervención artística en la que se actuará con criterios profesionales de contratación (Convocatoria del 15 de octubre de 2020).

En noviembre de 2020 el Área de Cultura del Ayuntamiento publicó que había recibido 45 propuestas de artistas y colectivos artísticos, de las que 18 habían sido realizadas por mujeres, para intervenir con murales, grafitis y esculturas, en edificios y espacios públicos. La idea es que una comisión valoraría la calidad técnica de los proyectos, viabilidad y su adecuación a los espacios propuestos.

Además, el Ayuntamiento de Pamplona apoya y promueve diversos proyectos culturales y artísticos en la ciudad como **la Red CIVIVOX,** un programa que organiza actividades culturales como cursos de fotografía, talleres de teatro, pintura, ciclos de literatura, conciertos, y exposiciones en ocho centros culturales que se encuentran en distintos puntos de la ciudad, estableciendo así una red cultural. Cualquier entidad sin ánimo de lucro, cuyo objetivo sea el desarrollo cultural puede solicitar la cesión de estos espacios de la red. En la actualidad se han incorporado "paseos en bici" que muestran las distintas piezas de escultura urbana, a lo largo de diferentes recorridos temáticos para acercar el arte a toda la población.

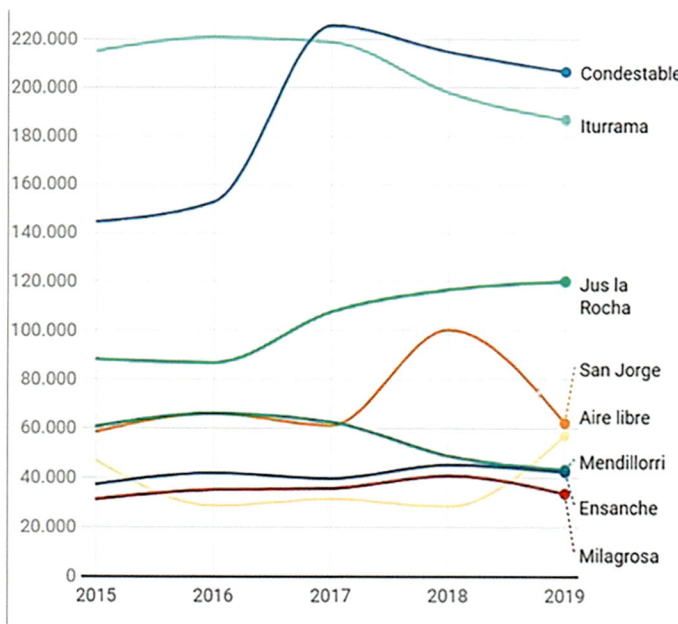

Gráfico: Observatorio Urbano • Fuente: Ayuntamiento de Pamplona • Descargar los datos • Creado con Datawrapper

Fig. 31. Personas usuarias de la red Civivox. Observatorio Urbano. Fuente: Ayuntamiento de Pamplona.

Siguiendo esta línea que apuesta por el apoyo al arte urbano, en 2023 se ha convocado el primer concurso internacional de escultura urbana de la Ciudad de Pamplona, denominado '1423', en referencia a la fecha de la firma del Privilegio de la Unión, organizado y patrocinado por AEDAS Homes, con la participación y colaboración del Ayuntamiento de Pamplona. Al concurso se presentaron 31 propuestas, con un premio de 19.000 €. En palabras de José María G. Romojaro, director de Arquitectura de AEDAS Homes, el concurso se enmarca en la nueva estrategia social de la compañía, ConLasArtes by AEDAS Home, y busca que "se visibilicen y proyecten la obra de artistas, y se integren el arte y la cultura en los desarrollos inmobiliarios", situando estos lugares en el mapa cultural. "En definitiva, creemos firmemente que la cultura tiene el poder de crear nuevas identidades urbanas, cohesionar socialmente y transmitir un legado a largo plazo".

A través del Área de Cultura e Igualdad del Ayuntamiento de Pamplona, se promueven y apoyan festivales, encuentros, certámenes de artes escénicas, talleres, conciertos…, y cualquier otra actividad que pueda ser considerada de carácter cultural y artístico. Estas acciones muestran su compromiso con el arte urbano como una forma de dinamizar la vida social, económica y cultural, así como de promover la participación ciudadana, la diversidad y la creatividad.

En 2023 el Ayuntamiento de Pamplona convocó ayudas por un total de 309.000 euros, para proyectos de entidades culturales y artísticas sin ánimo de lucro que quisieran contribuir al desarrollo de la cultura en la ciudad. La finalidad de esta convocatoria es, como publicó Europa Press, "facilitar el desarrollo de proyectos e iniciativas culturales y artísticas, estimulando la creación, producción, divulgación, conservación y gestión de la cultura local, su libre expresión y diversidad, su acercamiento a la ciudadanía, la profesionalización de los y las trabajadores culturales, las buenas prácticas en la gestión y la proyección de artistas y agentes culturales; así como el mantenimiento de las estructuras de gestión de las entidades que impulsan dichos proyectos, contribuyendo a desarrollar una economía de la cultura". (19.05.2023)

En 2004 la UNESCO creó la Creative Cities Netwok (UCCN), una red para promover la colaboración entre las ciudades que apuestan por la creatividad y la industria cultural como factor estratégico de su desarrollo sostenible. La red que hoy la forman 246 ciudades diferencia siete ámbitos creativos: la artesanía y las artes populares, el diseño, el cine, la gastronomía, la literatura, las artes digitales y la música y según la UNESCO tiene como objetivos principales:

Reforzar la creación, la producción, la distribución y la difusión de actividades, bienes y servicios culturales; Desarrollar polos de creatividad e innovación y aumentar las oportunidades al alcance de los creadores y profesionales del sector cultural; Mejorar el acceso y la participación en la vida cultural, en particular en beneficio de grupos desfavorecidos y personas vulnerables; Integrar plenamente la cultura y la creatividad en sus planes de desarrollo sostenible.

En España ya son nueve ciudades que se han ido incorporando paulatinamente a esta esta red que se amplía con una periodicidad bianual: Sevilla (Música. 2006), Bilbao (Diseño. 2014), Granada (Literatura. 2014), Burgos (Gastronomía. 2015), Denia (Gastronomía. 2015), Barcelona (Literatura. 2015), Terrasa (Cine. 2017), Lleida (Música. 2019) y Valladolid (Cine. 2019).

El Ayuntamiento de Pamplona prepara su candidatura para 2024 y presentará un **'Mapa de la creatividad y la música de la ciudad de Pamplona',** estructurado en veinte epígrafes para poner en valor "los recursos, la historia, las tradiciones, las infraestructuras y la iniciativa pública y privada en el ámbito cultural y, más específicamente, en el ámbito de la música" de la ciudad.

Desde hace décadas, los festivales de arte urbano en Pamplona juegan un papel crucial en la promoción de la cultura urbana, la educación artística, y el desarrollo del talento local, permiten crear sinergias culturales entre artistas locales e internacionales con instituciones y proyectos culturales. Funcionan como plataforma para dar visualización s las diferentes formas de arte urbano que incluyen música, danza, talleres, graffitis o murales y fomentar la participación de la ciudadanía y su educación a través del arte. A pesar de su fuerte presencia en el siglo XXI Pamplona ya fue un referente de estos encuentros artísticos durante los años sesenta y setenta del pasado siglo XX.

Pedro Manterola, profesor en la Facultad de Bellas Artes de la UPV/EHU, explica cuál era el ambiente artístico en Pamplona durante los años cincuenta, antes de la aparición de los grupos de Escuela Vasca:

"En la primera mitad de la década de los cincuenta, la vida de los jóvenes artistas que residían en Pamplona giraba en torno a la Escuela de Artes y Oficios y a las exposiciones que se celebraban en la Sala Ibañez de la calle Zapatería hasta 1963. (…) La sala, abierta por la Caja de Ahorros Municipal en un semisótano de su oficina central situada en la calle García Castañón, constituyó todo un acontecimiento. (…) La vanguardia artística a mediados de los sesenta, parecía girar en torno a la Escuela de Artes y Oficios, a la que acababan de acceder algunos profesores nuevos menos vinculados a los sistemas del aprendizaje tradicional y mejor informados. El grupo más numeroso fue relacionándose con la profesora de la Escuela de Artes y Oficios, Isabel Baquedano"[67].

A comienzos de la década de los sesenta cobra mucha importancia en el ambiente artístico del País vasco la familia Huarte. Félix Huarte, fue vicepresidente de la Diputación Foral de Navarra entre 1964 y 1971 y presidente de la Caja de Ahorros de Navarra. Impulsor del Conservatorio de Música Pablo Sarasate en 1958 y de la escuela de Arquitectura en 1964, pero, además, fue una figura clave para la industrialización con empresas en el sector de la construcción, el metalúrgico,

el papelero, el del automóvil y en el del diseño, fundando la empresa H Muebles de mobiliario moderno. Sus hijos además de gestionar las empresas familiares actuaron como mecenas de grandes artistas vascos como Oteiza, Basterretxea. Mendiburu, Balerdi, Sistiaga o Chillida, en la década de los cincuenta y sesenta.

Los grupos de Escuela Vasca de Arte Contemporáneo nacieron en 1966 de la mano del escultor Jorge Oteiza, con la idea de formar colectivos de artistas en el País Vasco, comprometidos con la sociedad e interesados en mejorarla; un grupo en cada provincia, que trabajase y llegase a la sociedad, promoviendo centros para la transmisión de la educación estética en los que los artistas tuvieran acceso a la información, pusieran en común sus experiencias plásticas, y pudieran investigar y formarse profesionalmente. Estos grupos fueron GAUR (Hoy), para Guipúzcoa; EMEN (Aquí) para Vizcaya; ORAIN (Ahora), para Vitoria, y DANOK (Todos), para Navarra.

Nacieron con una firme voluntad experimental y de investigación, capaz de romper con la estética convencional y de ajustarse a una nueva visión del mundo, desde un estilo vasco, pero dentro de una renovación estilística.

Estos grupos trataban de actuar como los motores del resurgimiento cultural del País Vasco de manera que los artistas volcaran sus hallazgos personales en el grupo y a la sociedad, participando en manifestaciones artísticas, nacionales e internacionales. No perseguían un planteamiento estético común pero sí un objetivo social a través de la cultura, que les permitiese intervenir en la vida y crear un clima favorable para la expresión artística; una plataforma de individuos que con su discurso personal se sumaban a los objetivos sociales de un colectivo, desde una visión universal que huía de encasillamientos y entendía arte y cultura como vehículo para intervenir en la vida y la sociedad, combinar pasado y presente en un afán integrador.

Danok, nació como un grupo de artistas navarros de entre 20 y 50 años, la mayoría pintores y escultores de diferentes ideologías y tendencias artísticas, pero con un proyecto común en un tiempo políticamente difícil, que buscaba romper con la condición de aislamiento de los artistas, para convertirlos en sujetos de acción, unidos por una profunda voluntad de cambio social, en la que el arte pudiera tener una presencia pública cada vez más importante, como motor para transformar la sociedad.

Las tensiones que surgieron dentro de los diferentes grupos llevaron a que fracasase el proyecto, a pesar de las numerosas reuniones que Oteiza mantuvo con los artistas de las distintas provincias, para tratar de solucionar los problemas ideológicos que aparecieron, lo

67. Manterola, P. (2000). *Los artistas navarros en los años sesenta.* Euskonews & Media.

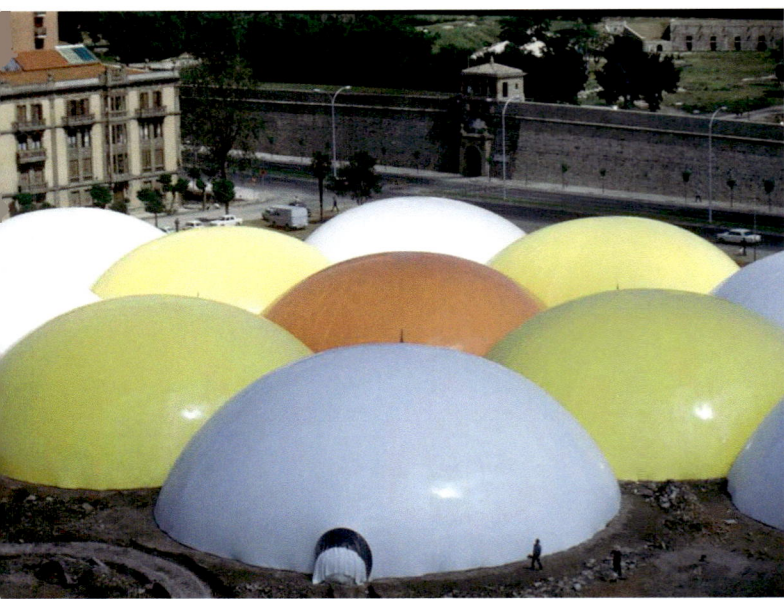

Fig. 32. Cúpulas neumáticas para los encuentros de Pamplona de José Miguel de Prada Poole. Fuente fotografía de J.M. de Prada Poole.

que le convirtió en el impulsor de la consolidación del espíritu de los grupos Escuela Vasca de Arte Contemporáneos. Fueron muchas las gestiones que había iniciado Oteiza durante los años 1966 y 1967, en busca del apoyo de la Diputación Foral, y con la ayuda de la profesora de la Escuela de Artes y Oficios, Isabel Baquedano, para instalar en Pamplona la sede de una nueva Universidad de Artistas vascos, primero en la Ribera de Curtidores (extramuros de la ciudad) y luego en la calle de la Compañía, pero finalmente su proyecto cuedó truncado y poco a poco los grupos de Escuela vasca se fueron disolviendo.

En el verano de 1972 la familia Huarte, organizó para Pamplona los primeros encuentros internacionales de Arte en colaboración con el ayuntamiento de la ciudad. En su desarrollo colaboraron el compositor Luis de Pablo y José Luis Alexanco, vinculados respectivamente al laboratorio de música experimental ALEA y al Centro de Cálculo de la Universidad Complutense. Del 26 de junio al 3 de julio de 1972, Pamplona se convirtió en el epicentro del arte de vanguardia y experimental con la participación de más de 300 artistas de distintas disciplinas, como el arte conceptual, la música concreta, la electroacústica, y el cine experimental (con la proyección de películas de Man Ray, Buñuel, o Dalí) y representaciones de arte de acción, o body-art. El contexto político que vivía España y las tensiones surgidas entre algunos artistas vascos, hicieron que grandes artistas como Oteiza, Chillida e Ibarrola finalmente no quisiesen estar representados. A pe-

sar de esto el festival contó con la presencia de artistas del panorama internacional como Arakawa, Ferrari, Cage, Serra ó Christo. Dentro de las numerosas actividades que tuvieron lugar, (algunas de ellas en el interior de las cúpulas neumáticas de José Miguel de Prada Poole), la exposición más comentada fue la exposición de "Arte Vasco" (comisariada por Santiago Amón), por la polémica que suscitó entre los artistas nacionales.

En la actualidad, Pamplona acoge diferentes festivales que abarcan un gran abanico de representaciones artísticas y que juegan un papel fundamental en el desarrollo urbano y económico sostenible de la ciudad, así como en la promoción de su diversidad e identidad cultural. El arte urbano y los murales han cobrado vida a través de varios eventos como **FAUNA**, el Festival de Arte Urbano de Navarra, que desde 2017 se celebra durante tres días en el parque de Antoniutti, y reúne artistas y amantes de las diferentes disciplinas artísticas, entorno a la música, la danza y el graffiti.

En octubre de 2021, una vez superadas las restricciones tras la pandemia del COVID-19, se celebró la primera edición del **Festival Atrapa-2** de Arte y cultura urbana de Navarra que se extiende por los espacios y las calles del casco Antiguo de Pamplona con el propósito de acercar el arte urbano y la cultura a toda la población con el apoyo del Gobierno de Navarra y el Ayuntamiento de Pamplona. También colaboraron en esta iniciativa estudiantes de la Escuela de Arte Superior y de Diseño de Pamplona provenientes de diversas disciplinas académicas, como la ilustración, el muralismo y el diseño gráfico. En cada edición del festival se organizan conciertos, exhibiciones de danza urbana, talleres, y se realizan graffitis para revitalizar espacios al aire libre de la ciudad y ofrecer al público una visión completa de la cultura urbana a través de las diferentes expresiones del arte.

En septiembre de 2023 se celebró la XIV edición del **Salón del Cómic de Navarra**, en las localidades de Pamplona y Estella. Organizado por Tiza, una asociación dedicada a la promoción del cómic. En las diferentes ediciones del Salón Internacional del Cómic de Navarra, varios artistas han dejado su huella en las fachadas de edificios de Pamplona. Durante las actividades del salón del Cómic de Navarra de 2016 fue la artista de Vitoria Amaia Arrazola, quien creó un mural de doce metros de altura por unos tres metros de ancho en una medianera del Rincón de la Pellejería de Pamplona. La imagen de cuarenta y ocho metros cuadrados, en una paleta de color que va desde los blancos a los negros, los grises, los verdes y los naranjas, representa una especie de tótem con cuatro personajes superpuestos.

En 2021, durante la celebración de la XII edición del Salón del Cómic de Navarra, los artistas Carlos Almagro y Javier Murillo realizaron un enorme mural en el entorno de la travesía Concepción Benítez, con un mensaje de fondo que quería alertar sobre las devastadoras consecuencias del cambio climático.

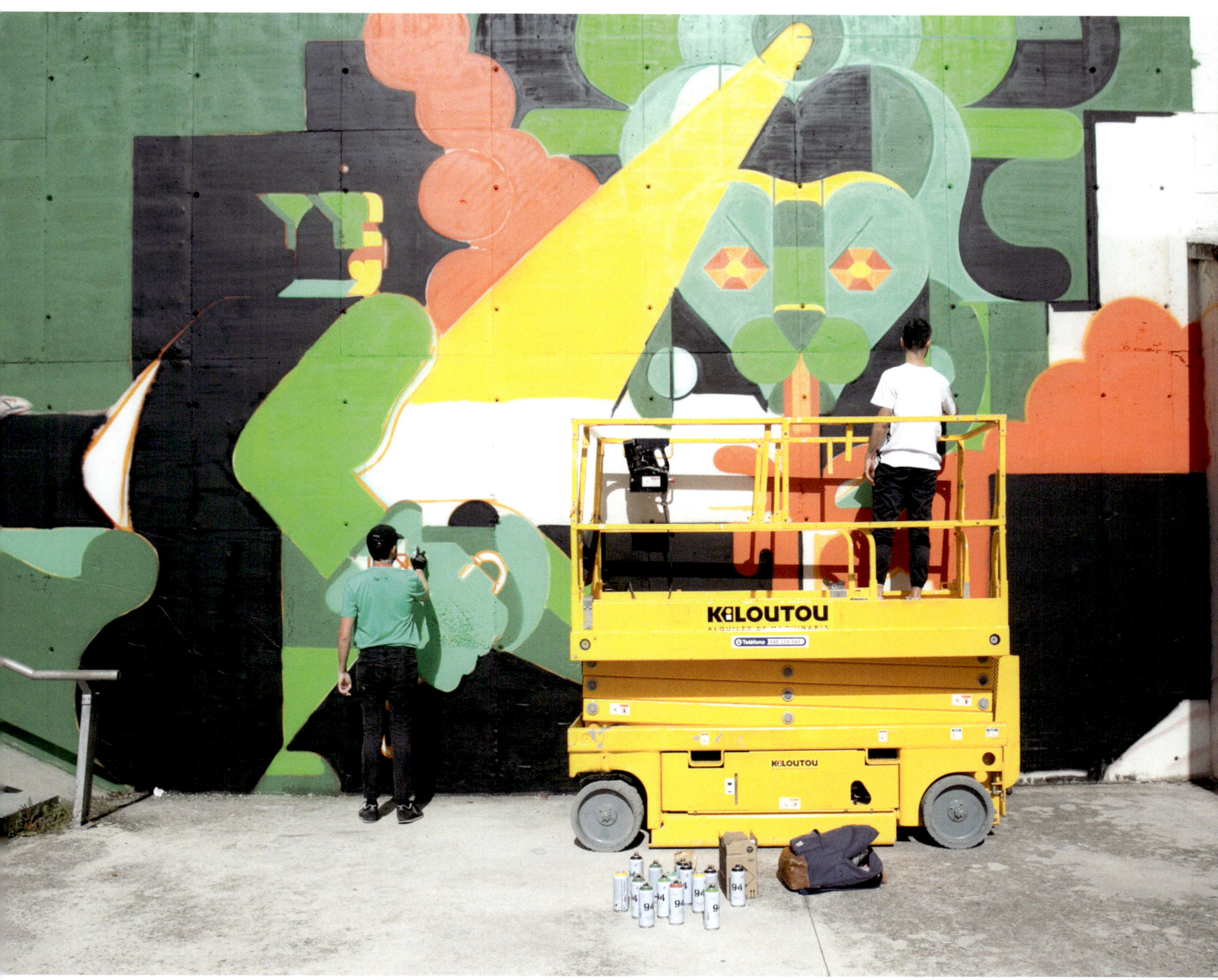

Fig. 33. Mural en el exterior del polideportivo José María Iribarren, edición 2021. Fuente: Ayuntamiento de Pamplona.

Según datos del Ayuntamiento de Pamplona, existen más de 50 murales repartidos por la ciudad, realizados por artistas locales e internacionales, que se encuentran incluidos en el registro municipal de artistas urbanos. Estos murales reflejan la diversidad cultural, social y artística de Pamplona, así como su compromiso con la innovación y la participación ciudadana.

En Villava a 5 kms del centro de Pamplona, se celebró en 2020 la primera edición del **Festival de Arte Urbano La Ortiga** del 26 al 28 de junio con el objetivo de restaurar muros en mal estado o edificios degradados por pintadas, mediante el arte del grafiti. Los artistas trabajan para recuperar espacios urbanos y embellecerlos. En su primera edición de 2020 se intervino con graffitis el edificio del Gazteleku

En 2021 durante el **II Festival de Arte Urbano La Ortiga**, ocho artistas de Navarra y Barcelona crearon un mural de casi 300 metros cuadrados, en la parte trasera del polideportivo Hermanos Induráin.

Más allá de los festivales de arte urbano el Consistorio se apoya en los murales urbanos para recuperar algunas zonas de la capital. La iniciativa se enmarca en los objetivos del Plan Estratégico de Turismo del Ayuntamiento de Pamplona. El objetivo es fomentar un turismo sostenible, evitando la concentración de personas en el centro histórico y diversificando las propuestas por el resto de la ciudad.

En una fachada del Club Náutico de Remo la empresa Arte y Naturalismo reprodujo en 2017 la imagen de la perspectiva tomada en 1902 por A. García Deán y que pertenece a los fondos fotográficos del Archivo Municipal de Pamplona. Este mural que está ubicado en un área que se ha peatonalizado junto al puente de Curtidores y muestra la antigua puerta de la Rochapea, (una de las puertas de entrada a la ciudad) construida en el siglo XVII y derribada en 1914 para permitir el acceso de vehículos.

En noviembre de 2021 se llevó a cabo un proyecto mural en el Parque de las Pioneras de Lezkairu en Pamplona. El objetivo era representar a lo largo de 140 metros lineales de muro de hormigón (con una altura de 1,5 metros), la imagen de 47 mujeres que tuvieron un papel relevante en diferentes países de los cinco continentes, a lo largo de la Historia, (desde el siglo IV a nuestros días), en los distintos campos del conocimiento y el arte; mujeres pioneras, pero poco reconocidas. El área de Cultura del ayuntamiento encargó el proyecto de "la senda de las pioneras" al colectivo de artistas «Variopintas» y organizó talleres para que las personas del barrio que quisieran participar en su configuración y realización lo pudieran hacer, siempre supervisados por miembros del colectivo de artistas.

En 2019 los artistas CORTE y PIN crearon un mural de casi 800 metros cuadrados en el exterior del polideportivo José María Iribarren como parte del proyecto municipal de arte urbano GRAFJAM, coordinado por el Ayuntamiento en colaboración con la empresa es-

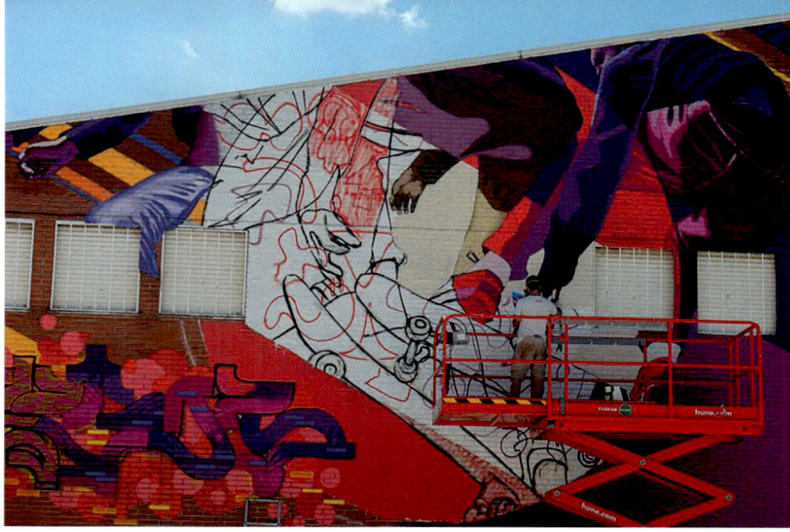

Fig. 34. Artistas trabajando en el edificio del Gazteleku. Fuente: Fotografía de Iñaki Porto para Noticias de Navarra.

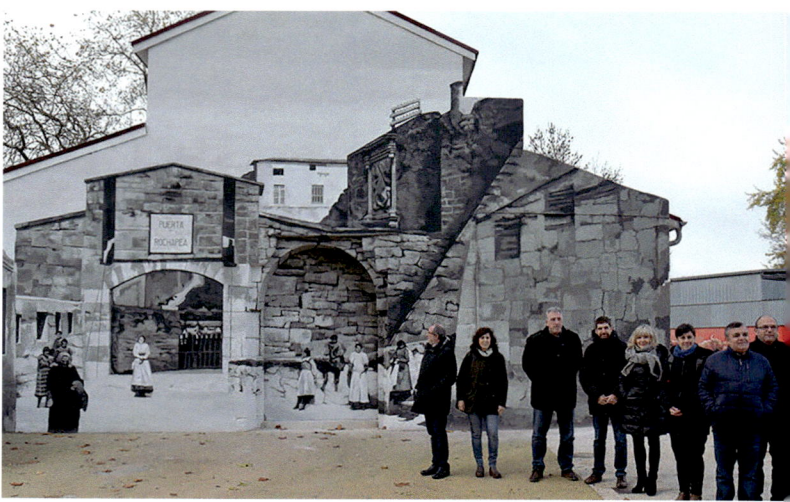

Fig. 35. Fachada del Club Náutico de Remo (Pamplona). Fuente: Ayuntamiento de Pamplona.
Abajo, Fig. 36. Mural "la senda de las pioneras". Fuente: Ayuntamiento de Pamplona.

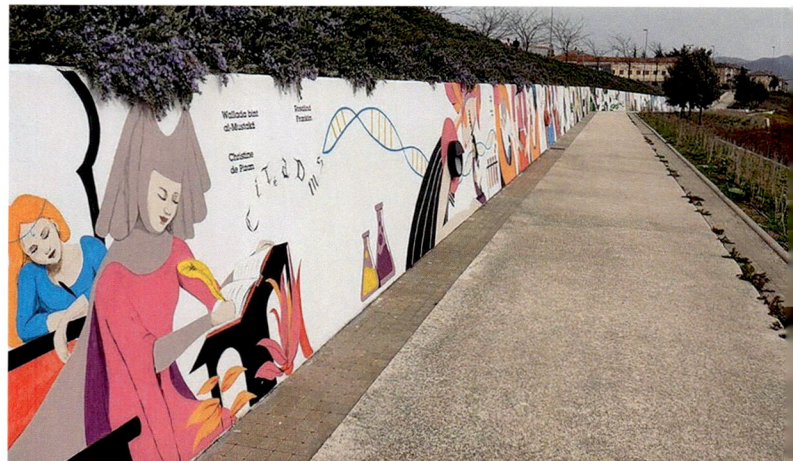

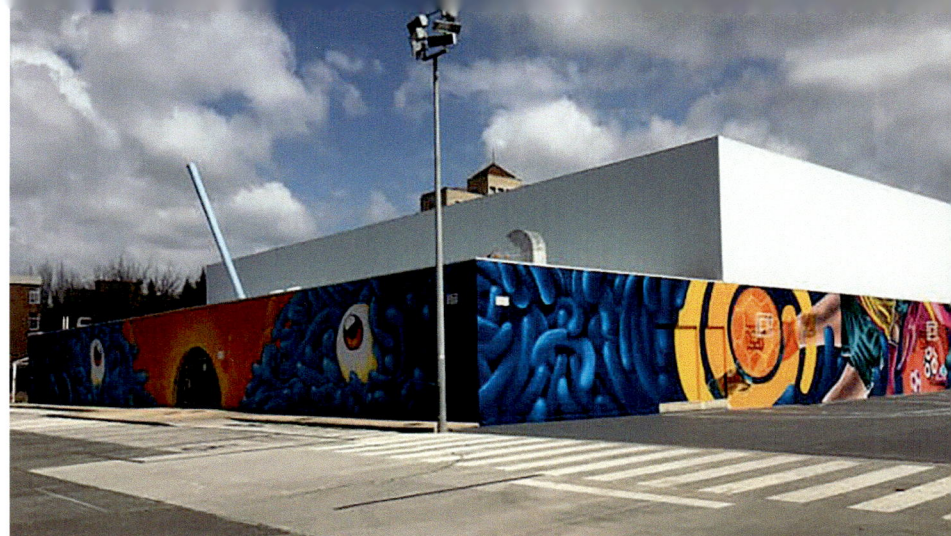

Fig. 37. Mural en el Polideportivo José María Iribarren.
Fuente: Ayuntamiento de Pamplona.

Fig. 38. Mural La senda de las pioneras. Fuente: Ayuntamiento de Pamplona.

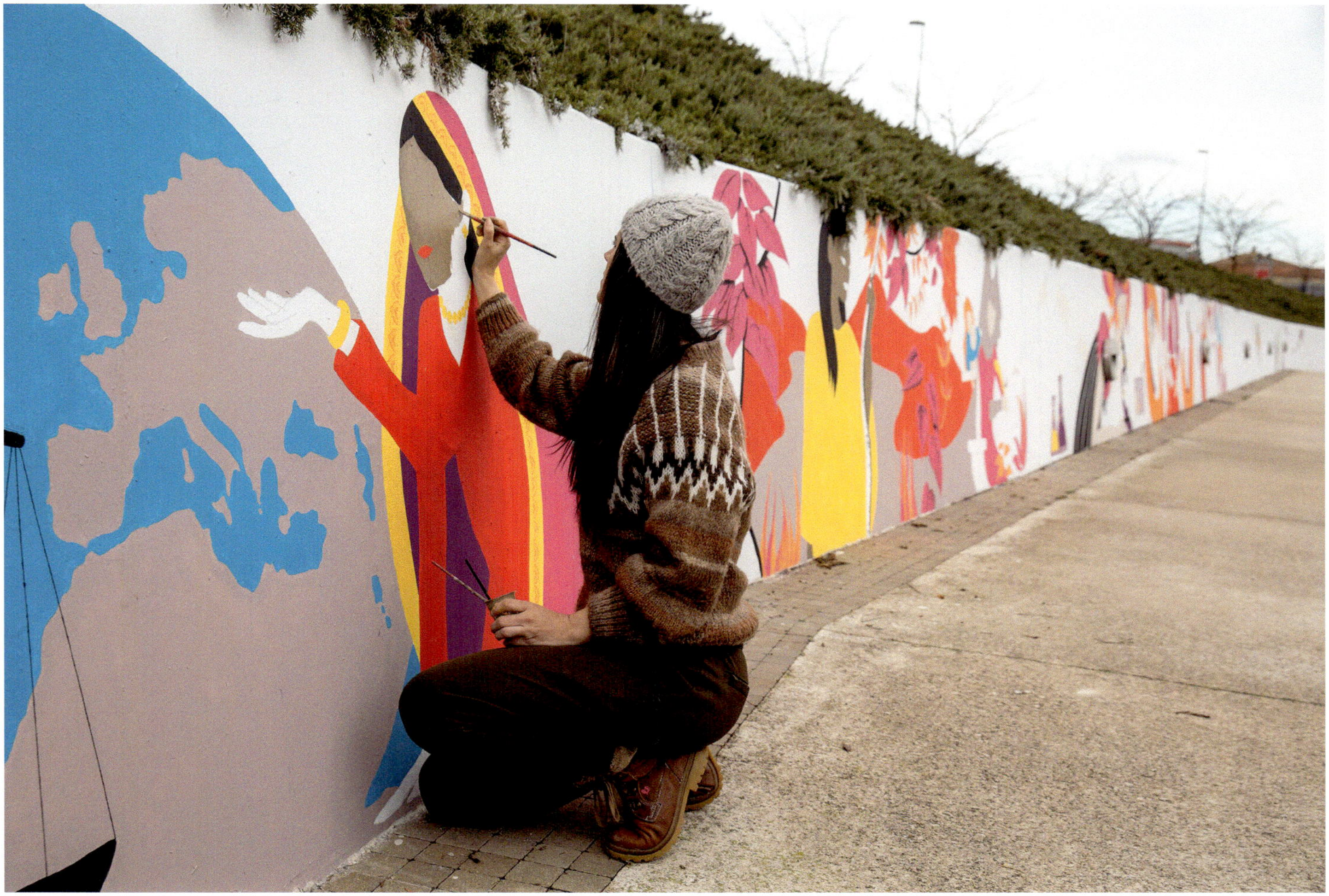

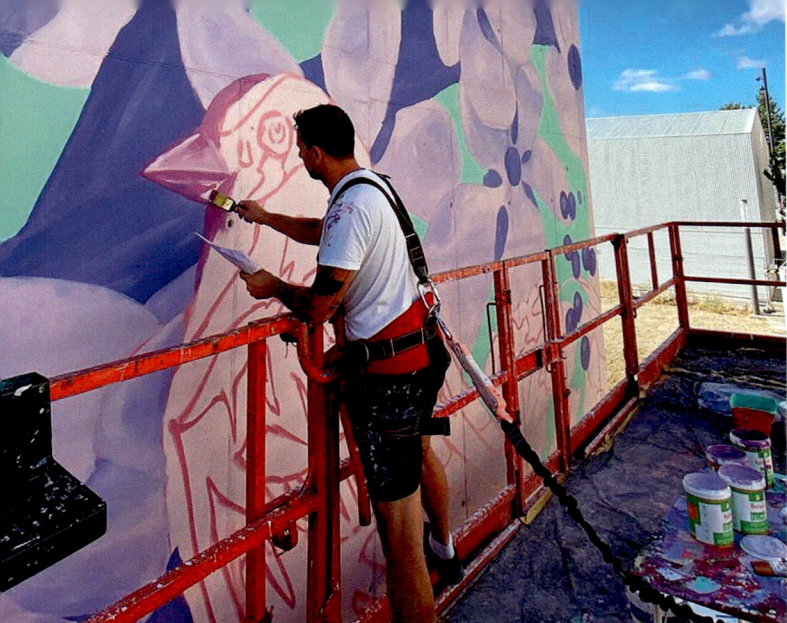

Fig. 39. Artista trabajando en el mural del frontón de Mendillorri. Fuente: Ayuntamiento de Pamplona.

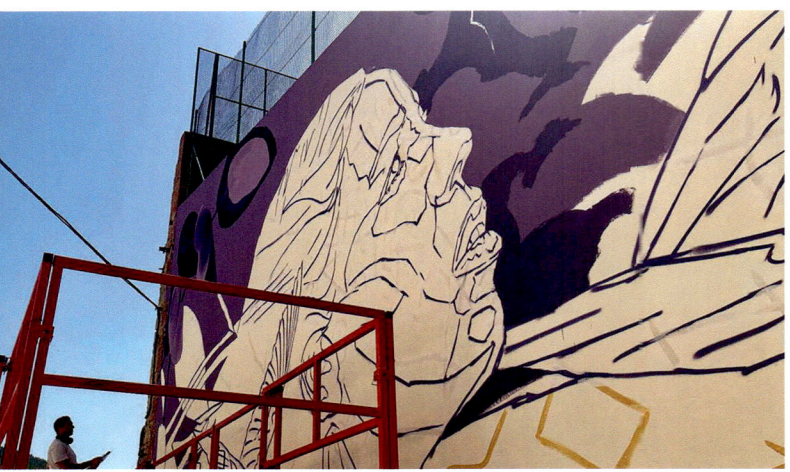

Fig. 40. Un mural por la igualdad en el frontón de Arce. Fuente: Diario de Navarra.

pecializada DELTADEC. El objetivo de este mural (el más grande de Pamplona) es terminar con las pintadas que, «sin ningún tipo de valor artístico, y con un alto y negativo impacto estético y de imagen en el vecindario, han sido objeto de quejas por parte de la ciudadanía». Con esta acción el Ayuntamiento trata de encontrar una «solución estable en el tiempo a esta problemática». La obra final pretende convertir el polideportivo en una obra de arte, dotarle de personalidad y otorgarle una identidad.

Algunos de los frontones de Pamplona también se han visto transformados por la acción arte, es el caso del Frontón Grupo Urdánoz – Etxabakoitz, promovido por el Área de Proyectos Estratégicos, Movilidad y Sostenibilidad del Ayuntamiento de Pamplona a petición de los vecinos. El proyecto forma parte del diseño y reordenación del espacio que han llevado a cabo los arquitectos Pablo Basterra, Raúl Roncal y Diego Ezcaray, del estudio de arquitectura Impar. Para completar las dotaciones deportivas se ha levantado un pequeño frontón que mide 9,5 metros de largo y 5 metros de altura en su parte más alta, decorado con un mural artístico en su cara exterior, que lleva por título 'Rainbowland' ('Tierra del arco iris'). En él, Urbeltz refleja los deseos manifestados por los vecinos de perpetuar la convivencia, la integración, la permanencia, la identidad y la historia de esta zona de Pamplona.

Un caso similar es del frontón infantil y juvenil construido en el barrio de Mendillorri y ubicado en la calle Concejo de Sarriguren, junto al Centro Comunitario Antzara, y muy próximo a otras dotaciones públicas como el centro Civivox o la biblioteca. La propuesta de la empresa Deltadec para el mural sobre una pared lateral de 25 metros de largo y con un frontis de 15 metros y una altura de 13 metros. La idea del diseño nace del nombre del barrio que significa "monte de endrinos". En la composición aparecen las hojas de estos árboles y gorriones, en una paleta de verdes, azules y lilas.

Siguiendo la misma línea de actuación, en junio de 2022 el alcalde de Ezcabarte (a 6kms del centro de Pamplona), encargó a la empresa Deltadec un mural colaborativo para dar visibilidad a la igualdad y a la mujer en el muro del frontón de Arce levantado en 1915 y con unas dimensiones de 16 x 8 metros.

Una vez analizado el caso de la ciudad de Pamplona, parece lógico pensar que la presencia del arte urbano en el espacio público, y el nivel de calidad de vida en una ciudad están más conectados de lo que podríamos imaginar.

¿Qué aporta el arte urbano a una ciudad y cómo podría repercutir en la calidad de vida de sus habitantes?

- El arte urbano tiene un poder transformador en nuestras ciudades. Las calles, plazas, edificios y espacios degradados se pueden revitalizar y crear un entorno más dinámico, estimulante y atractivo para residentes y visitantes, lo que mejora y enriquece su calidad de vida.

- Los proyectos de arte urbano participativos contribuyen a la construcción de la identidad colectiva, generan un sentimiento de orgullo y sentido de pertenencia a la comunidad, conectan a las personas con su entorno; favorecen el arraigo implicando a sus habitantes en un proyecto único y común que mejora su comunidad y por tanto la percepción del barrio en el que viven.
- El arte tiene el poder de unir a las personas y promover la diversidad y la inclusión. A través de él se pueden explorar diferentes culturas, identidades y experiencias. El arte puede ayudar a derribar barreras y estereotipos, fomentando la comprensión y el respeto mutuo.
- Las representaciones artísticas no muestran solo la creatividad de los autores, sino que pueden ser vehículo de trasmisión del sentir de una parte de la sociedad; una plataforma para dar voz también a las comunidades marginadas y subrepresentadas, permitiéndoles contar sus historias y luchar por la igualdad, la diversidad y la vitalidad de la ciudad. El arte puede ayudar a generar conciencia sobre problemas sociales y fomentar el activismo, movilizando personas a promover un cambio positivo, tomar medidas y luchar por un mundo mejor.
- El arte desempeña un papel fundamental en la educación, ya que fomenta la imaginación, la creatividad, el pensamiento crítico y la expresión individual. Su presencia en la ciudad tiene que ver con la evolución de una comunidad que, teniendo ya cubiertas sus primeras necesidades, busca otras fuentes de enriquecimiento cultural e intelectual.
- Las áreas urbanas con arte bien ejecutado se vuelven atractivas para los ciudadanos y visitantes, e invitan a la comunidad a disfrutar del espacio público. Estos lugares se convierten en puntos de encuentro, fomentando la interacción social y mejorando la calidad de vida.

Aunque no existen indicadores que analicen la relación directa que existe entre la presencia del arte en los espacios públicos y la calidad de vida en una ciudad, es fácil entender su impacto en la percepción de los ciudadanos. Las respuestas de los encuestados para calcular el índice de calidad de vida de sus ciudades son el resultado de responder a cuestiones como: "¿estoy satisfecho/a de vivir en mi ciudad?, ¿cómo de satisfecho estoy con el barrio en el que vivo?, ¿es un buen lugar para vivir para la gente en general?, ¿es un buen lugar para vivir para minorías raciales y étnicas?, ¿me siento seguro/a caminando solo/a por la noche en mi barrio?, ¿cómo de satisfecho estoy con los espacios públicos?, ¿cómo de satisfecho estoy con los espacios verdes?, ¿cómo de satisfecho estoy con los espacios culturales?"...

Numerosas ciudades de España y del mundo están aprovechando el atractivo turístico que representan las expresiones culturales como foco de atracción y motor de recuperación económica. Son varias las actuaciones en las que es posible comprobar que se ha producido una transformación positiva con impacto en el bienestar del ciudadano.

Es el caso de los proyectos **Crossroads** de Arte Urbano Participativo de Boa Mistura, finalistas en los World Habitat Awards 2018, un colectivo con base en Madrid que desde 2001 han desarrollado más de 40 proyectos en diferentes países, transformando comunidades marginales de todo el mundo a través de murales gigantes, de colores brillantes. En muchos casos, además, estos proyectos han sido realizados de manera colaborativa creando lazos que refuerzan el sentimiento de comunidad, orgullo y pertenencia entre los habitantes de estas áreas marginales. Con estas palabras explican ellos mismos qué es Boa Mistura: "Entendemos nuestro trabajo como una herramienta para transformar la calle y crear vínculos entre las personas. Sentimos una responsabilidad para con la ciudad y el tiempo en el que vivimos".

Otro caso singular en España es el de Fanzara, una localidad de trescientos veintitrés habitantes en la provincia de Castellón, con una media de edad muy elevada, que vivía de la agricultura y la cerámica y cuyos habitantes estaban enfrentados por el proyecto de un vertedero de residuos no sólidos que podía mejorar su economía, pero al que acompañaba un grave riesgo de contaminación del agua. Este panorama cambió radicalmente en 2014 gracias al colectivo Mur-Murs, que colaboró en la creación del **Museo Inacabado de Arte Urbano** (M.I.A.U.) que va transformando sus calles y casas, con más de cuarenta murales, a los que se pueden ir sumando nuevas obras o modificando las existentes. Este proyecto convirtió a Fanzara en un destino turístico, mejorando considerablemente su economía de manera sostenible, al tiempo que las relaciones entre sus habitantes.

Otro ejemplo de espacios revitalizados a través del arte es el proyecto **Titanes,** una iniciativa de la Asociación Laborvalía para apoyar la integración social y laboral de personas con discapacidad y que cuenta con el apoyo de la Diputación Provincial de Ciudad Real. Este proyecto tiene un doble objetivo: dar una nueva vida a antiguos silos verticales de cereal que son parte de nuestro patrimonio industrial, pero que en su mayoría se encuentran abandonados y promover la inclusión social a través del arte con la participación de más de 450 integrantes de Laborvalía. Hasta el momento el proyecto *Titanes* ha intervenido en silos de nueve municipios de la provincia de Ciudad Real, convertidos en un museo al aire libre con obras de artistas nacionales e internacionales.

Todos estos proyectos demuestran cómo el arte puede ser una herramienta poderosa para la regeneración urbana, mejorando la calidad de vida local, aumentando el valor de las propiedades circundantes, atrayendo inversores y fortaleciendo el mercado inmobiliario.

En este punto parece interesante dar un paso más y plantear el diseño integral de espacios urbanos desde el arte, con un enfoque que combine la creatividad artística con la planificación y el diseño urbano. Se trataría no solo de detectar las áreas necesitadas de regeneración y renovación urbana y de desarrollar planes para ellas, sino de localizar los "vacíos urbanos" de oportunidad que abundan incluso en los barrios consolidados, verificando si reúnen las condiciones suficientes para acoger espacios urbanos diseñados desde el arte, inclusivos, sostenibles y accesibles para todos, en un proceso que cuente con la participación ciudadana. Este enfoque podría transformar los espacios públicos y mejorar la calidad de vida en las ciudades incorporando la visión estética desde el punto de vista del paisaje urbano, que como hemos comprobado tiene un elevado impacto en la imagen de ciudad, tanto de las personas residentes como de las visitantes. Sería interesante a su vez, establecer una serie de parámetros e índices que permitieran cuantificar el impacto real que tiene el arte urbano sobre un entorno directo en términos económicos y sociales, y sobre los propios individuos disminuyendo los factores estresores del entorno que, como el hacinamiento, el ruido, la contaminación, y el propio diseño urbano pueden incidir en la salud mental.

En el caso específico del Plan estratégico Pamplona 2030, en el que se marcaba un horizonte a diez años desde 2020, trató de redefinir un modelo de ciudad identificando cuáles eran las necesidades urbanas, áreas de mejora y oportunidades e incluía 27 objetivos estratégicos divididos en cinco grandes dimensiones. De la DIMENSIÓN 4: PAMPLONA CREATIVA Y CULTURAL, CON UN TURISMO SOSTENIBLE, queremos remarcar su L10. PAMPLONA CON UNA VIDA CULTURAL RICA Y DIVERSA que contiene los siguientes objetivos para la ciudad de 2030:

DIMENSIÓN 4 Pamplona Creativa y Cultural, con un Turismo Sostenible	
L10. Pamplona con una vida cultural rica y diversa	
OE20. Adoptar un modelo de producción cultural innovador y competitivo	
OE20-I01	Subvenciones para la realización de proyectos artísticos (nro, euros)
OE20-I01	Subvenciones para la realización de actividades culturales y artísticas (nro, euros)
OE21. Garantizar una agenda cultural diversificada e inclusiva durante todas las temporadas del año	
OE21-I01	Programación cultural en Euskera (eventos y espectadores)
OE21-I02	Personas usuarias de la red CIVIVOX
OE22. Reforzar la identidad cultural de la ciudad en todas sus expresiones festivas y artísticas	
OE22-I01	Número de actos programados / presupuesto total destinado a la programación cultural en San Fermín
L11. Pamplona con un turismo sostenible	
OE23. Adoptar un modelo de gestión del turismo sostenible y coordinado entre todos los agentes del sector	
OE23-I01	Gasto medio diario por visitante
OE23-I02	Número de pernoctaciones y plazas totales
OE23-I03	Número de mesas de trabajo y empresas representadas
OE24. Poner en valor los atractivos turísticos históricos, culturales y emergentes de la ciudad	
OE24-I01	Turismo de congresos y ferias: nr eventos y participantes
OE24-I02	Proporción espacios turísticos accesibles

Fig. 41. Indicadores de impacto y metas de la AGENDA URBANA PAMPLONA 2030. Fuente: Memoria del Plan estratégico Pamplona 2030, (indicadores de impacto y metas de la AGENDA URBANA PAMPLONA 2030) Anexo I.

A continuación, adjuntamos la tabla correspondiente al anexo de la Memoria del Plan estratégico Pamplona 2030, (indicadores de impacto y metas de la AGENDA URBANA PAMPLONA 2030) que especifica el factor de impacto, número de proyectos y presupuesto destinado a cada uno de los objetivos, incluidos en la línea de actuación a la que nos hemos referido.

CÓDIGO	INDICADOR DE IMPACTO	ORIGEN DE DATOS IDENTIFICADO	BASELINE	Año BASELINE	OBJETIVO 2030	ESTRATEGIA ASOCIADA
DIMENSIÓN 4 Pamplona Creativa y Cultural, con un Turismo Sostenible						
L10. Pamplona con una vida cultural rica y diversa						
OE20. Adoptar un modelo de producción cultural innovador y competitivo						
OE20-I01	Subvenciones para la realización de proyectos artísticos (nro, euros)	Observatorio Urbano	10 proyectos, 218.000 €	2019	20 proyectos, 436.000 €	Agenda Urbana de Pamplona
OE20-I01	Subvenciones para la realización de actividades culturales y artísticas (nro, euros)	Observatorio Urbano	30 actividades, 150.144 €	2019	60 actividades, 300.000 €	Agenda Urbana de Pamplona
OE21. Garantizar una agenda cultural diversificada e inclusiva durante todas las temporadas del año						
OE21-I01	Programación cultural en Euskera (eventos y espectadores)	Programación cultural en Euskera (eventos y espectadores)	Memoria anual del Ayuntamiento de Pamplona	39 eventos, 4684 espectadores	2019	55 eventos, 7000 espectadores
OE21-I02	Personas usuarias de la red CIVIVOX	Observatorio Urbano	751.589	2019	900.000	Agenda Urbana de Pamplona
OE22. Reforzar la identidad cultural de la ciudad en todas sus expresiones festivas y artísticas						
OE22-I01	Número de actos programados / presupuesto total destinado a la programación cultural en San Fermín	Ayuntamiento de Pamplona	532 actos / 1.700.000 euros	2022	550 actos / 2.500.000	Agenda Urbana de Pamplona
L11. Pamplona con un turismo sostenible						
OE23. Adoptar un modelo de gestión del turismo sostenible y coordinado entre todos los agentes del sector						
OE23-I01	Gasto medio diario por visitante	Encuesta de gasto - Área de Gobierno Estratégico, Comercio y Turismo	115,97 €	2021	139,16 €	El indicador será revisado con el siguiente Plan Estratégico de Turismo
OE23-I02	Número de pernoctaciones y plazas totales	INE - Instituto Nacional de Estadística	858.229 pernoctaciones / 41.620 plazas	2019	945.000 pernoctaciones / 41.620 plazas	El indicador será revisado con el siguiente Plan Estratégico de Turismo
OE23-I03	Número de mesas de trabajo y empresas representadas	Área de Gobierno Estratégico, Comercio y Turismo	3 mesas, 40 empresas	2019	4 mesas, 60 empresas	El indicador será revisado con el siguiente Plan Estratégico de Turismo
OE24. Poner en valor los atractivos turísticos históricos, culturales y emergentes de la ciudad						
OE24-I01	Turismo de congresos y ferias: nr eventos y participantes	Área de Gobierno Estratégico, Comercio y Turismo	65 eventos, 21.313 personas	2019	90 eventos, 30.000 personas	El indicador será revisado con el siguiente Plan Estratégico de Turismo
OE24-I02	Proporción espacios turísticos accesibles	Área de Gobierno Estratégico, Comercio y Turismo	1 de 18	2021	15 de 18	El indicador será revisado con el siguiente Plan Estratégico de Turismo

Fig. 42. Indicadores de impacto y metas de la AGENDA URBANA PAMPLONA 2030.
Fuente: Memoria del Plan estratégico Pamplona 2030, (indicadores de impacto y metas de la AGENDA URBANA PAMPLONA 2030) Anexo I.

De entre los anteriores, entresacamos a continuación, los objetivos de la Memoria (y los proyectos que se plantean para conseguirlos), que en su desarrollo podrían afectar al aumento y mejora de la presencia del arte urbano en el espacio público y por tanto reflejan la conciencia que existe en la actualidad, sobre el impacto positivo que éste puede tener en el nivel de la calidad de vida de los ciudadanos:

OE20. ADOPTAR UN MODELO DE PRODUCCIÓN CULTURAL INNOVADOR Y COMPETITIVO

- Subvenciones para la realización de proyectos artísticos:
Año 2019: 258.000 €
OBJETIVO para 2030: 436.000 €
- Subvenciones para la realización de actividades culturales y artísticas
Año 2019: 137.278 €
OBJETIVO para 2030: 300.000 €

OE21. GARANTIZAR UNA AGENDA CULTURAL DIVERSIFICADA E INCLUSIVA DURANTE TODAS LAS TEMPORADAS DEL AÑO

OE24. PONER EN VALOR LOS ATRACTIVOS TURÍSTICOS HISTÓRICOS, CULTURALES Y EMERGENTES DE LA CIUDAD

- Turismo de congresos y ferias: nº de eventos y participantes
2019: Eventos: 65. Participantes: 21.313
OBJETIVO para 2030: Eventos: 90. Participantes: 30.000

- Proporción espacios turísticos accesibles
2021: 1 de 18
OBJETIVO para 2030: 15 de 18

Durante el proceso de definición de la AGENDA URBANA PAMPLONA 2030 se aprobó por unanimidad en el Pleno Municipal del 16 de diciembre de 2021 un documento con 57 proyectos estratégicos. Entre las propuestas relacionadas con la presencia del arte en la ciudad está, por ejemplo, la de rehabilitar algunos edificios municipales para solventar la falta de espacio residencial para estancias cortas de artistas. La intención es crear un polo de atracción para el talento de artistas urbanos, además de generar un foco de aprendizaje y de entrada de nuevas ideas.

A la vista de la Memoria presentada por el Ayuntamiento, podríamos establecer una correspondencia entre los Objetivos de Desarrollo Sostenible (ODS) de Naciones Unidas con los objetivos estratégicos (OE) de la AGENDA URBANA PAMPLONA 2030. DIMENSIÓN 4: PAMPLONA CREATIVA Y CULTURAL, CON UN TURISMO SOSTENIBLE. Esta categoría incluye la presencia del arte en el espacio urbano lo podríamos relacionar directamente con el **ODS4:** *Garantizar una educación inclusiva, equitativa y de calidad y promover oportunidades de aprendizaje durante toda la vida para todos:* **ODS8:** *Promover el crecimiento económico sostenido, inclusivo y sostenible, el empleo pleno y productivo y el trabajo decente para todos* **ODS11:** *Lograr que las ciudades y los asentamientos humanos sean inclusivos, seguros, resilientes y sostenibles* **ODS16:** *Promover sociedades pacíficas e inclusivas para el desarrollo sostenible.*

Analizados los beneficios que supondría la integración del arte urbano en la ciudad, observamos que todos ellos están alineados con los planes de acción y estrategias que propone la Agencia Urbana Española horizonte 2030, para mejorar la calidad de vida en nuestros pueblos y ciudades, al mismo tiempo que respetan los Objetivos de Desarrollo Sostenible (ODS) establecidos en 2015 por la Asamblea General de las Naciones Unidas para la Agenda 2030.

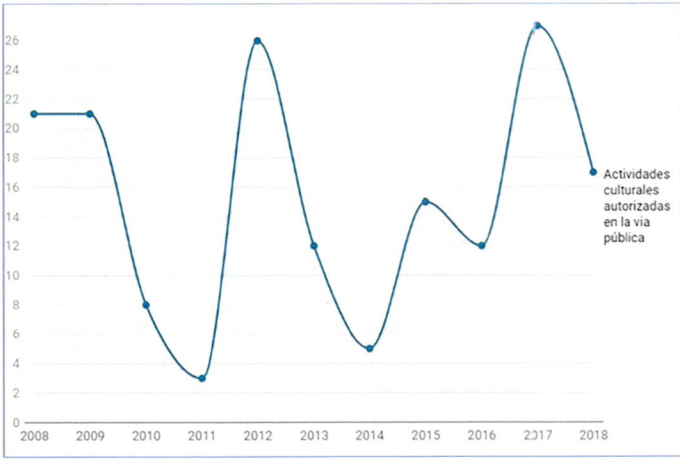

Fig. 43 Gráfico de actividades culturales autorizadas en vía pública. Fuente: Observatorio Urbano. Fuente: Ayuntamiento de Pamplona.

Fig. 44. Toldo de paraguas. Fotografía: FabrikaPhoto

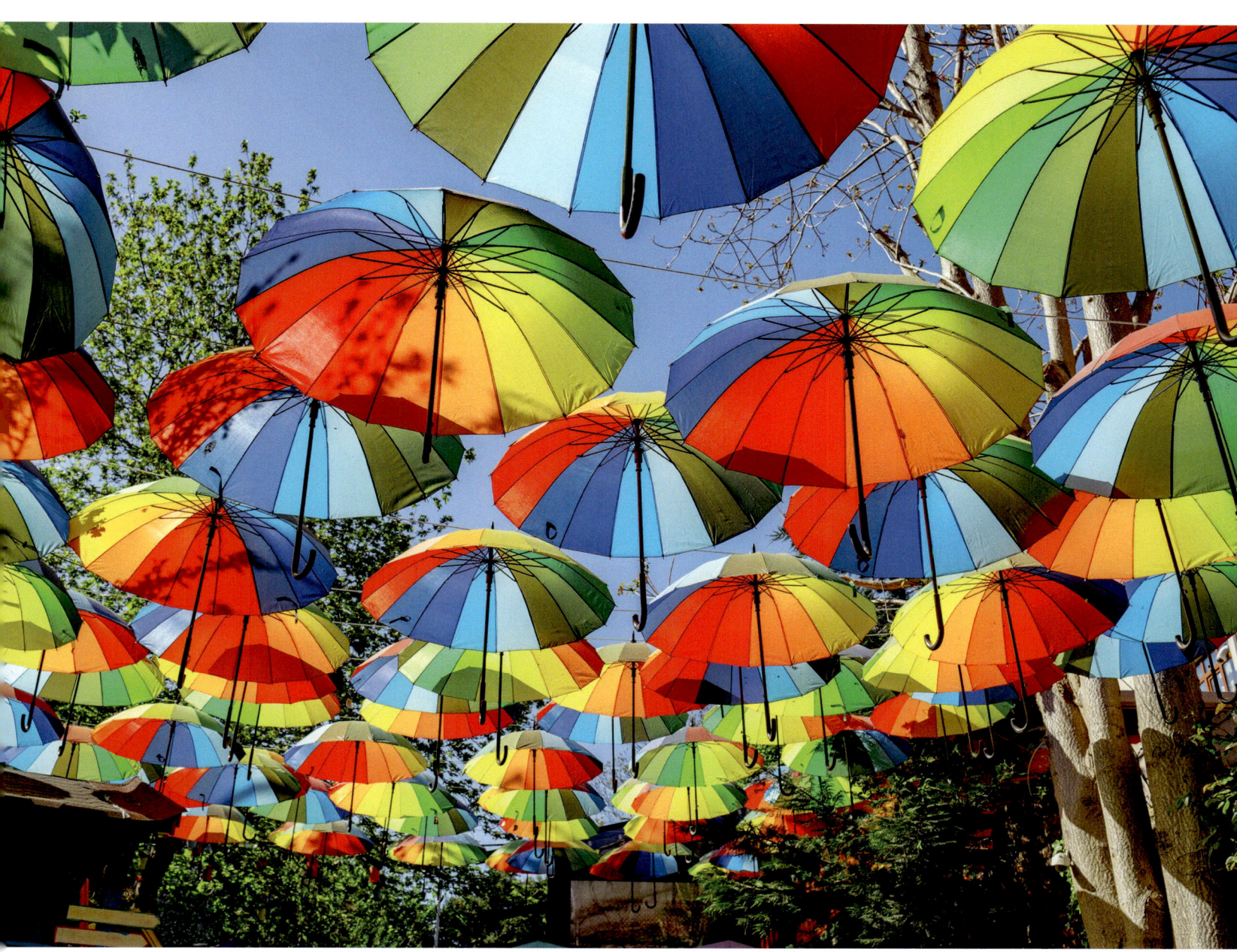

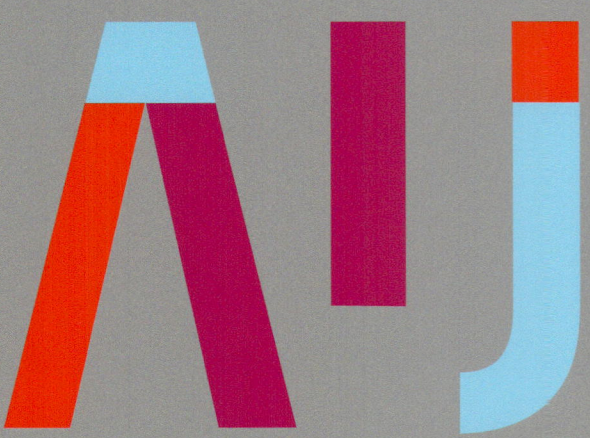

CAPÍTULO IV
CORRELACIÓN ENTRE ARTE URBANO Y SALUD

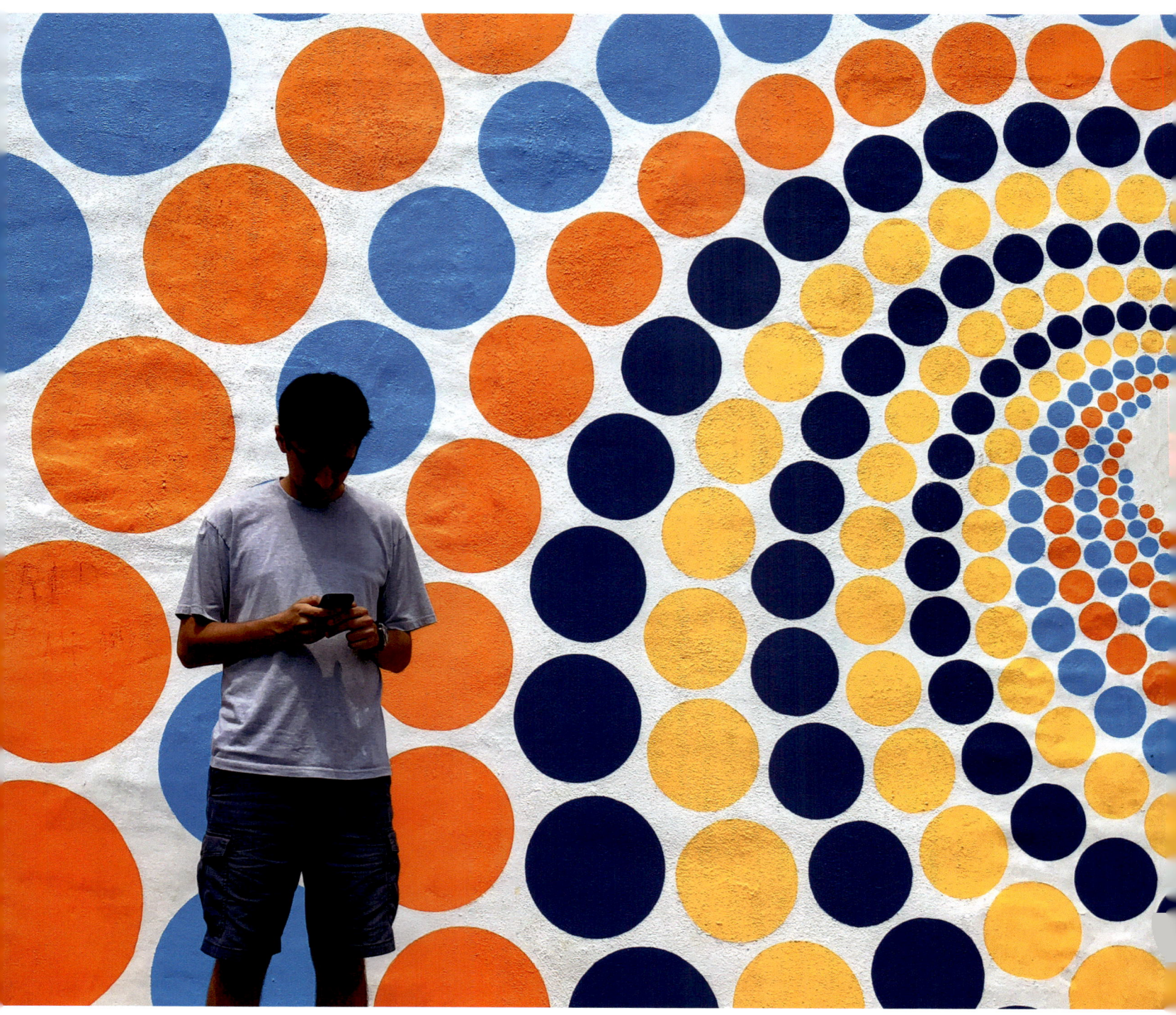

CORRELACIÓN ENTRE ARTE URBANO Y SALUD

La sobrecarga y posteriormente la progresiva vulnerabilidad de los límites de los ecosistemas naturales trajo consigo la declaración global de la pasada pandemia por COVID-19 (originada por el virus SARS-CoV-2 durante 2019-2022). A su vez, la conquistada cohesión social, como indicador reconocido de valor ante la mejora de la calidad de vida, se vio seriamente afectada. De una parte, la confirmación de las correctas recomendaciones hacia un desarrollo urbano sostenible de concentración, con marcada seguridad ambiental, se encontraría por otra parte en contradicción abierta respecto al espacio saludable de distanciamiento para la convivencia y desarrollo que aconsejaba la dispersión.

En tales circunstancias el espacio público urbano, como entorno construido, se declaró prioritario para alcanzar nuevas cotas seguras de inmunidad contextual de grupo, para la recuperación definitiva en el tiempo de una nueva normalidad. Surge de nuevo con fuerza la reivindicación general de los valores saludables de toda la comunidad, que buscan en el espacio público urbano la expresión de reciprocidad de un individuo solidario. El espacio público que resultó de las necesidades ocasionadas por la pandemia reaccionó positivamente como solución posible al alcance de todos ante la restricción, el desapego social y el consumo desmedido de movilidad, ofreciendo una renovada oportunidad de revisión.

A pesar de que se haya instalado la nueva cultura de descongestión social que reduce vínculos, se trata de hacer posible una ciudad que siga funcionando a base de una nueva selección de interconexiones[68], en la que haya que repensar las distancias y superficies mínimas de uso implicadas en el diseño del entorno vital. Curiosamente tras los sucesos acaecidos por la pandemia, se ha producido en el espacio público en la ciudad un fenómeno de sobreactuación, en el que han surgido frecuentemente manifestaciones desacordes con la comprensión de su propia escala y el propósito de intercambio social. Estas se pueden interpretar como iniciativas conscientes por parte de la ciudad para delimitar la atención social en tiempos extremos de riesgo agorafóbico por parte de la población, o para atenuar la ansiedad desmedida por los espacios abiertos[69]. Aparece el miedo urbano en toda su complejidad, de múltiples capas, que comprende varias dimensiones, como la psicológica, sociológica, cultural o político-económica[70,71].

Existe un concepto imprescindible que se ha instalado en la era post-COVID para enfrentar la emergencia sanitaria en cualquiera de

Fig. 45. Arte callejero. Fotografía: MyLove4Art

sus manifestaciones: frente a la posible lógica difusa de los pares dialécticos —público-privado, familiar-laboral— no hay otra opción más que aceptar la adaptabilidad neutral polivalente que permiten los espacios de transición para proponer áreas compatibles sin interferencias[72]. La pandemia ha enseñado a valorar especialmente los lugares intermedios de relación con calidad ambiental naturalizada, las terrazas en las viviendas o los parques en las calles. Satisfacer las expectativas y preferencias de los vecindarios urbanos se hace necesario para que la relación esencial de la ciudad con la prevalencia de una presencia natural y cercana en términos de prestaciones ambientales, de pequeños espacios verdes, pueda ser suficiente y ejercer así una función psicológica restauradora[73].

Vuelven a recobrar fuerza las teorías que avalan los beneficios potenciales de los entornos urbanos para la restauración de la atención dirigida[74], así como las que obtienen resultados desde la psicología ambiental, potenciando los factores propios de identidad de lugar conocida como continuidad de lugar congruente y referida a la adecuación de las ubicaciones a las certidumbres del individuo[75], la interacción entre el entorno físico donde vive la persona y la construcción mental del individuo como una realidad incuestionable.

Como en tantos otros aspectos, la pandemia COVID-19 alteró la mayor parte del orden conocido hasta la fecha y la concepción del espacio público urbano. El coronavirus hizo más evidente las problemáticas en las ciudades, evidenciando problemas de inequidad social

68. Schorn, M., Franz, Y., Gruber, E., & Humer, A. (2021). *The COVID-19 pandemic: impetus for place- and people-based infrastructure planning.* Town Planning Review, 92(3), 329-334. http://dx.doi.org/10.3828/tpr.2020.83
69. Sandstrom, I. (2020). *Learning to Care, Learning to Be Affected: Two Public Spaces Designed to Counter Segregation.* Urban Planning, 5(4S1), 171-183. https://doi.org/10.17645/up.v5i4.3296
70. Abu-Orf, H. (2013). *Fear of difference: 'Space of risk' and anxiety in violent settings.* SAGE journals, Planning Theory 12(2), 158-176. https://doi.org/10.1177/1473095212443355
71. Sandercock, L. (2002). *Difference, fear, and habitus: A political economy of urban fear.* Urbanistica. E. Rooksby y J. Hillier (Ed.), Habitus: A sense of place (pp. 8-19). Routledge.
72. Ros-Garcia, J. M. (2022). *Variables espaciales para la era de convivencia post-COVID: Proxemia, propiocepción y seclusión.* Bitácora Urbano Territorial, 32(III), 211-223. https://doi.org/10.15446/bitacora.v32n3.99615
73. Hadavi, S., Kaplan, R., & Hunter, M. (2015). *Environmental affordances: A practical approach for design of nearby outdoor settings in urban residential areas.* Landscape and Urban Planning, 134,19-32. https://doi.org/10.1016/j.landurbplan.2014.10.001
74. Stigsdotter, A. U. K., & Grahn, P. (2011). *Stressed individuals' preferences for activities and environmental characteristics in green spaces.* Urban Forestry & Urban Greening, 10(4), 295-304. https://doi.org/10.1016/j.ufug.2011.07.001
75. Wilkie, S., & Stavridou, A. (2013). *Influence of environmental preference and environment type congruence on judgments of restoration potential.* Urban Forestry and Urban Greening 12(2), 163–170. https://doi.org/10.1016/j.ufug.2013.01.004

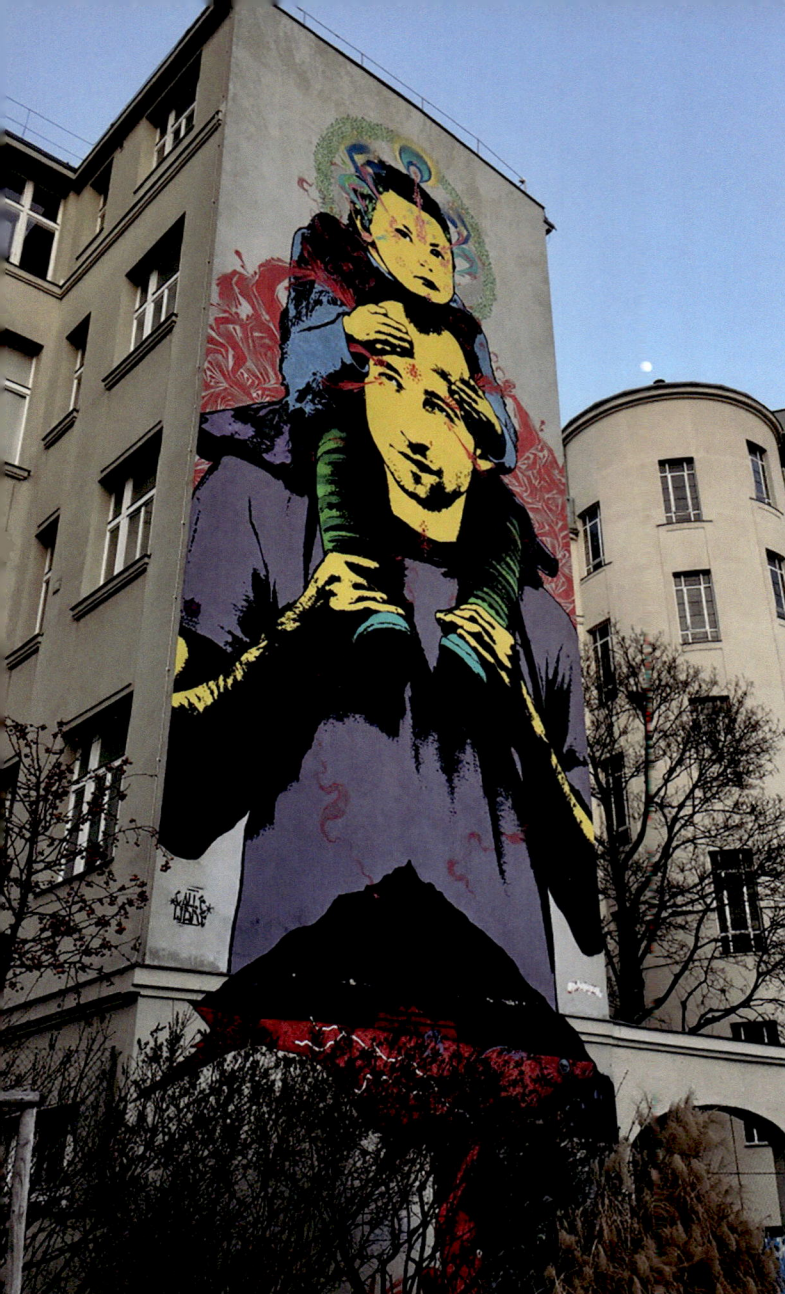

Fig. 46. Mural niño en hombros. Por Stinkfish. Fuente: https://alanxelmurdo.com/arte-urbano/

creciente, y manifestando la vulnerabilidad de algunos sectores de nuestras ciudades. La pandemia manifestó la necesidad de revalorización del espacio público de cercanía. La pandemia sería la resultante de la ruptura de un equilibrio inestable, que provocó la revalorización del espacio público, como bien que compensa las diferencias entre los modelos de viviendas, la calle, el parque y la plaza. Se ha vuelto a valorar el espacio público como el espacio por excelencia de las relaciones comunitarias con capacidad de promoción de la salud en su conjunto. La limitación de su acceso durante el confinamiento dificultó las acciones de los grupos vecinales de apoyo mutuo. El espacio público opera como un elemento que afecta la conducta humana y atañe a todos, es por ello que la crisis que se generó a raíz de COVID-19 configuró una oportunidad para repensar y redefinir qué relevancia se le debe otorgar al espacio público y su activación como motor de regeneración. Antecedentes e iniciativas promovidas en proyectos de vecindarios activos, como el desarrollado por 7 Senses Foundation[76], demuestran la importancia de la participación sensorial en la vida diaria y los beneficios del diseño centrado en los espacios públicos con un enfoque interdisciplinario para alcanzar avances en la calidad de vida.

El intercambio disciplinario entre la presencia del arte urbano y el entorno construido ha sido progresivamente aceptado como motor socioeconómico para hacer avanzar razonablemente en la agenda de la planificación urbana, actualmente una de las consecuencias directas que la pandemia COVID-19, originada por el virus SARS-CoV-2 ha presentado de forma particular y que todavía queda pendiente, es una oportunidad para implementar estrategias de promoción del espacio público, así como la adopción de hábitos para convivir en un nuevo orden urbano en transformación, donde la manifestación artística tiene un importante papel de sensibilización. Las nuevas normas de comportamiento social impuestas por las restricciones sanitarias durante la pandemia han planteado modificaciones en las relaciones espaciales de convivencia, con repercusiones directas en el entorno urbano[77]. Ahora más que nunca el término *affordance*, acuñado por el psicólogo de percepción ambiental Gibson (1979), y que hace referencia a las oportunidades y restricciones percibidas con respecto a las acciones de una persona en un entorno dado, puede ser revisado para incorporar también las oportunidades y restricciones emocionales, sociales y socioculturales que ofrece un entorno en transformación[78]. El espacio público urbano post-COVID, se presenta así a la espera de un proceso abierto de permanente reconfiguración en espacios construidos cotidianos para el reequilibrio emocional, en los que se supere la reacción agorafóbica, de algún modo explicable, estimulando la cercanía física de grupo, asumiendo para ello el compromiso de resolver los denominados 'paisajes temibles' y su papel en la fragmentación y erosión de la función cívica de muchos espacios urbanos actuales[79]. La regeneración urbana vinculada a la mejora del entorno habitable se asocia al cumplimiento de un conjunto de con-

76. http://www.7senses.org.au/our-vision-and-aims/
77. Frumkin H. (2021). *COVID-19, the built environment, and health*. Environ Health Perspect 129(7): 75001. PMID: 34288733, 10.1289/EHP8888.
78. Heft, H. (2001). *Ecological psychology in context: James Gibson, Roger Barker, and the Legacy of William James's Radical Empiricism*. Psychology Press.

diciones estratégicas sostenibles y cuantificables, de las que debe formar parte el arte urbano, que definen un efecto positivo sobre la calidad de vida[80]. El estudio de la regeneración urbana asociado a la calidad de vida es un tema de interés internacional que resulta clave para el desarrollo urbano sostenible, enfocado muy concretamente a la promoción de la salud (especialmente salud mental). El COVID-19 ha permitido implementar estrategias de promoción de la salud con la adopción de modificaciones en las relaciones espaciales de convivencia dirigidas a saber activar el espacio público con repercusiones directas en un entorno urbano en transformación hacia la conservación y mejora de la calidad de vida urbana.

El crecimiento continuo al que se ha venido sometiendo las ciudades no ha traído aparejado, necesariamente, una mejora en la calidad de vida y en la salud de sus habitantes. El proyecto aborda la conjunción entre espacio público, arte urbano y calidad de vida tras la pandemia. La calidad de vida como concepto estudiado, tasado y mensurable, además de otras muchas dimensiones, se encuentra estrechamente vinculado con las relaciones sociales, interpersonales y con la cohesión social, que se han visto afectadas por el desarrollo de las ciudades, especialmente tras la pandemia. De acuerdo con diversas investigaciones, los ciudadanos solitarios o con escasos contactos sociales manifiestan mayores índices de depresión o infelicidad[81].

La psicología ambiental considera respecto del estudio del espacio público de la ciudad que este posee un significado propio, que puede surgir desde las características físico-estructurales, de la funcionalidad que le otorga a las prácticas sociales, de las interacciones que se producen entre las personas a nivel simbólico o desde los niveles individuales —que le otorgan un significado personal y subjetivo, o social—, dotando al significado de elementos construidos mediante las intersubjetividades[82]. Se asume que las personas pueden elaborar construcciones simbólicas diferentes sobre lo que constituye su calidad de vida, así como sus imaginarios de felicidad y buena vida[83], y que estas son construidas también desde la interrelación con el espacio público y los componentes que se encuentran en él donde las personas se desenvuelven. En este sentido, resulta apropiada la noción de calidad de vida como un constructo multidimensional para aproximarnos a la comprensión y mejora del bienestar humano.

La relación entre el arte urbano y la salud mental ha sido investigada y revela una conexión positiva entre ambos[84]. El arte urbano, en particular, ha sido identificado como un factor clave en la promoción de la salud mental en entornos urbanos, donde el aumento del estrés y la ansiedad relacionados con la vida urbana son comunes[85].

Existen varias vías de posibles estudios para relacionar el arte urbano y la salud mental. Los expertos coinciden en que estos temas son áreas de estudio relativamente nuevas, con mucho por explorar[86]. Al profundizar nuestra comprensión de estas conexiones, podemos informar mejor la planificación urbana y las estrategias de diseño para crear entornos que fomenten la salud mental y el bienestar[87].

Ejemplos notables de proyectos de arte urbano (como el espectacular mural de Palma de Mallorca), demuestran el potencial de la expresión artística para transformar los espacios urbanos y contribuir a la salud emocional y el bienestar[88]. A medida que nuestra comprensión de la relación entre el arte urbano y la salud mental continúa creciendo, también crece la oportunidad de aprovechar este conocimiento en la creación de ciudades que fomenten y apoyen la salud mental de sus habitantes.[31]

El arte urbano abarca varias formas de expresión artística presente tanto en espacios públicos, esculturas, pinturas o edificios. Estas creaciones se distinguen por sus estilos y técnicas únicas, que van desde grafitis hasta arte con plantillas, murales e incluso intervenciones con hilo[89].

El arte urbano es una herramienta importante para abordar temas sociales, fomentar la autoexpresión y desafiar las normas establecidas. Asimismo, se ha comprobado que tiene un impacto positivo en la salud mental, dado que las actividades artísticas pueden reducir el estrés, aliviar la ansiedad y promover la sensación de bienestar.[90]

79. Tulumello, S. (2015). *From "spaces of fear" to "fearscapes": Mapping for reframing theories about the spatialization of fear in urban space.* Space and Culture: The Journal, 18(3), 257–272. https://doi.org/10.1177/1206331215579716
80. Ros-García, J. M. (2022). *Variables espaciales para la era de convivencia post-COVID: Proxemia, propiocepción y seclusión.* Bitácora Urbano Territorial,32(III):211-223. https://doi.org/10.15446/bitacora.v32n3.99615
81. Javaloy, F., Páez, D. & Rodríguez, Á. (2008). *Felicidad y relaciones interpersonales.* Emociones positivas. Fernández, E. (Coord.). Madrid: Pirámide. 277-305.
82. Valera, S. (1996). *Análisis de los aspectos simbólicos del espacio urbano. Perspectivas desde la psicología ambiental.* Revista de Psicología Universitas Tarraconensis 18: 63-84. En línea, disponible en: http://www.ub.edu/ dppss/valera/1996_Tarraconensis.pdf (visitado el 13 de marzo del 2014).
83. Rodríguez, M. J. (2012). *Representación social de la noción de felicidad: Un estudio transcultural en muestras calificadas de estudiantes y profesionales de las áreas de la educación y la salud en Chile e Italia.* Tesis doctorales 45. Revista Austral de Ciencias Sociales 28: 28: 29-46, 2015 en Psicología. Compendio 2011. Capella, C., Cavieres, H., Fernández, A. M., López, C., & Rodríguez, M. J. (Autores). Santiago: Universidad de Chile. 145-175.
84. https://scrippsamg.com/es/los-beneficios-del-arte-para-la-salud-mental/
85. https://theconversation.com/asi-impacta-el-diseno-de-las-ciudades-en-la-salud-mental-216447
86. https://portaluchile.uchile.cl/noticias/176358/medio-ambiente-y-salud-mental-cual-es-su-relacion
87. https://revistas.uni.edu.ni/index.php/Arquitectura/article/view/228
88. https://www.huffingtonpost.es/sociedad/salud-mental-arte-espectacular-mural-pared-palma-mallorca.html
89. https://psicologiaymente.com/cultura/tipos-arte-urbano
90. https://es.linkedin.com/pulse/conoces-la-relaci%C3%B3n-entre-el-arte-y-salud-mental-raquel-saez

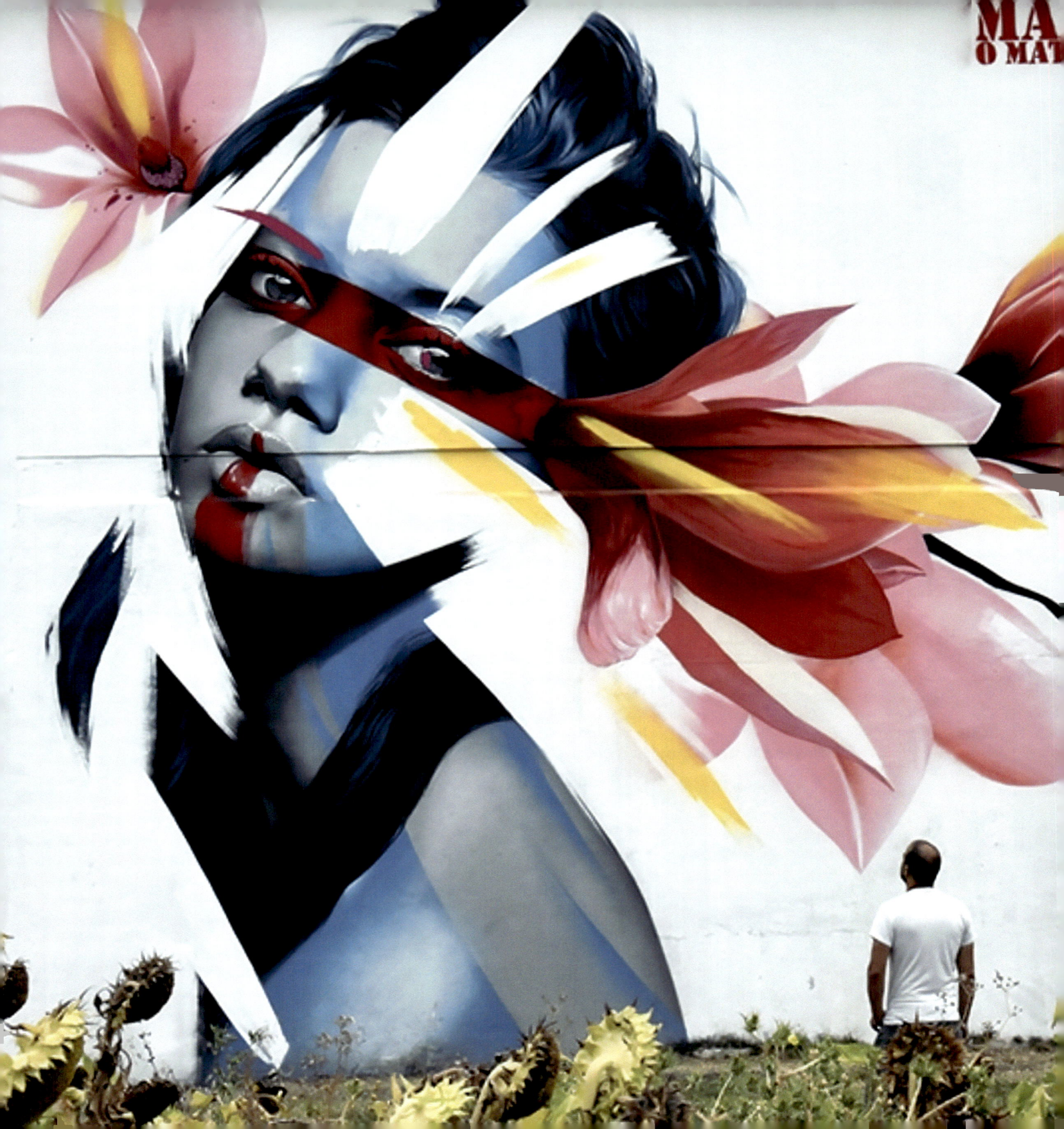

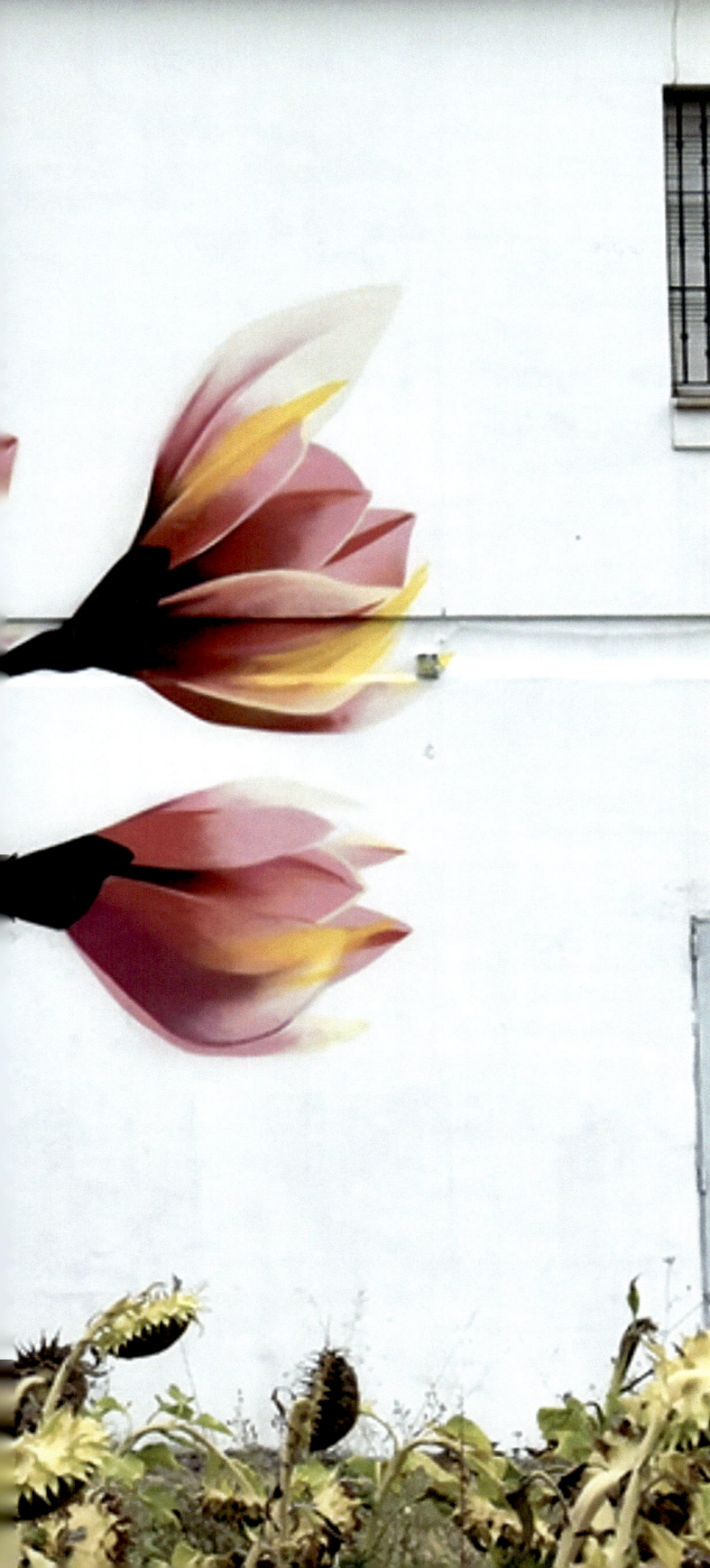

La salud mental constituye un aspecto fundamental del bienestar del ser humano que engloba la estabilidad emocional, psicológica y social[91]. Un estado mental equilibrado nos capacita para afrontar situaciones estresantes, mantener relaciones interpersonales y tomar decisiones acertadas. Sin embargo, los servicios de salud mental adolecen de financiación suficiente y son inaccesibles para muchas personas; esta situación empeora las disparidades existentes y contribuye a resultados desfavorables de las personas con menos medios económicos[92].

El Día Mundial de la Salud Mental tiene como objetivo abordar este tema promoviendo la igualdad en el acceso a los servicios de salud mental y resaltando la importancia de invertir en esta área tan importante[93]. La conexión entre el arte urbano y la salud mental es compleja y profunda, y a través de la expresión creativa, el arte urbano puede:

- Reducir el estigma asociado con los problemas de salud mental.
- Abordar el trauma y facilitar el proceso de curación.
- Mejorar el bienestar mental general y fortalecer la resiliencia.
- Fomentar conexiones sociales y promover un sentido de comunidad.

Además, el arte urbano puede actuar como mediador para prevenir la violencia, ofreciendo una vía alternativa para expresarse y una plataforma para un diálogo constructivo. Al integrar el arte en nuestros entornos urbanos, podemos impulsar la salud mental, fomentar interacciones sociales positivas y, en última instancia, construir comunidades más inclusivas y solidarias[94].

Según la Organización Mundial de la Salud (OMS), las artes son consideradas como una herramienta valiosa para comprender y comunicar ideas y emociones, fomentando la creatividad y el pensamiento crítico.

El arte urbano es visto como una actividad que fusiona lo estético y lo social, representando una expresión cultural libre apoyada por académicos, investigadores y artistas urbanos. Asimismo, se destaca

Fig. 47. Ciudad de los Niños en Huelva por Manomatic. Fuente: https://manomaticestudio.com/arte-urbano-como-arteterapia/

91. https://www.fundacionsoycomotu.org/el-arte-y-la-cultura-estrategia-de-lucha-contra-el-estigma-en-salud-mental/
92. https://uchile.cl/noticias/176358/medio-ambiente-y-salud-mental-cual-es-su-relacion
93. https://www.codigoqro.mx/salud/2023/06/23/la-conexion-entre-la-salud-mental-y-el-arte/
94. https://uchile.cl/noticias/176358/medio-ambiente-y-salud-mental-cual-es-su-relacion

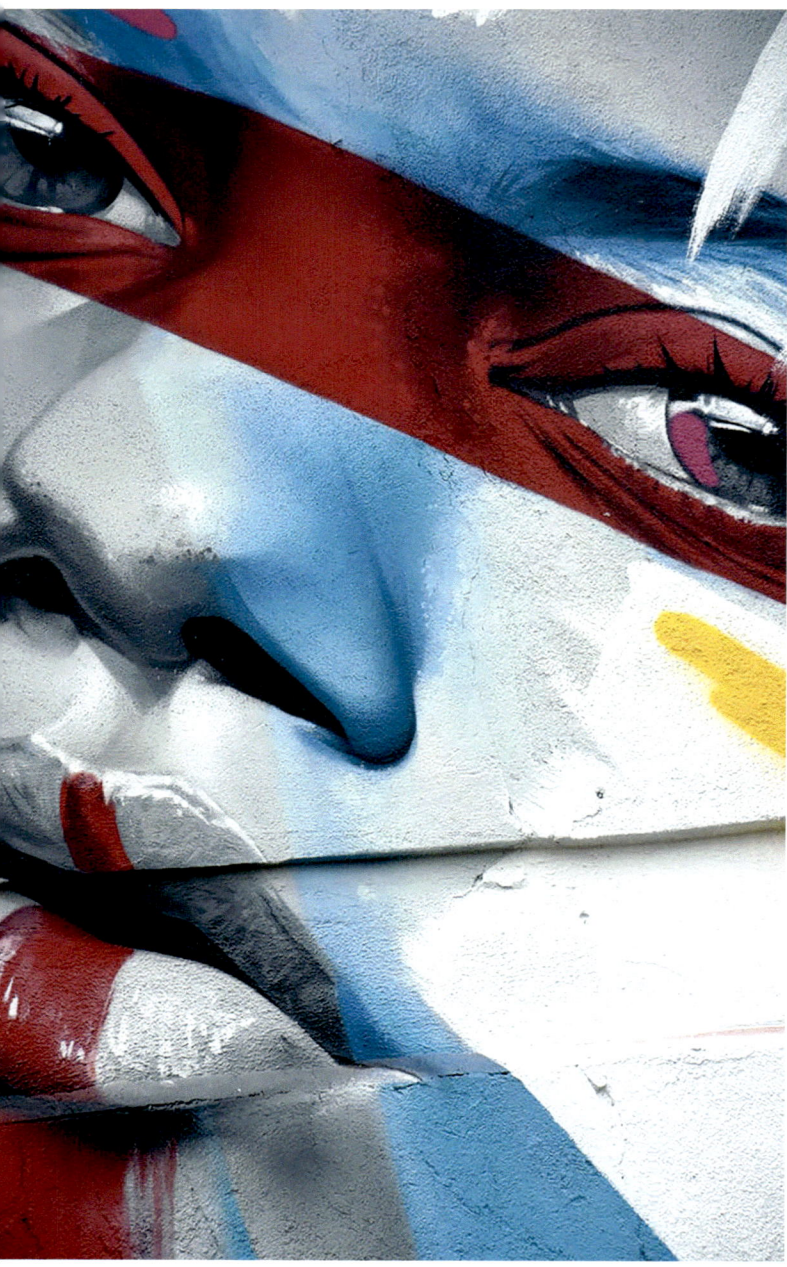

Fig. 48. Ciudad de los Niños en Huelva por Manomatic. Fuente: https://manomaticestudio.com/arte-urbano-como-arteterapia/

que el arte puede tener un impacto positivo en la salud al contribuir a la felicidad general y al bienestar mental[95]. Algunas formas en las que el arte puede influir de manera beneficiosa en la salud mental incluyen el fomento de la comunicación, expresión de emociones, estimulación de la creatividad y pensamiento crítico, así como el facilitar la comprensión y empatía hacia los demás.

Además de este valor, el arte se utiliza con propósitos terapéuticos dentro del campo de la arteterapia. Esta disciplina emplea diversas técnicas basadas en manifestaciones artísticas como las visuales, musicales o artísticas, para mejorar el bienestar emocional y mental de las personas. La arteterapia representa una especialización utilizada en psicología y psiquiatría que recurre al arte como medio para expresar sentimientos y emociones de forma segura y controlada[96].

A través de esta forma de terapia creativa basada en el arte y su expresión, se proporciona una herramienta valiosa para abordar temas como ansiedad o depresión. Algunos beneficios que podemos encontrar en la terapia artística son:

· Ayudar a expresar emociones y sentimientos complicados de comunicar verbalmente.
· Contribuir al autodescubrimiento y exploración personal.
· Mejorar las habilidades para resolver problemas y tomar decisiones.

La meta de este enfoque es enfatizar que la atención a la salud mental debería ser equitativa para todos, pero la falta de inversión en este campo a menudo dificulta el acceso a los recursos y tratamientos adecuados[97]. En algunos países como Australia se reconoce al arte como un factor importante para el bienestar y como una forma terapéutica para individuos con trastornos mentales[98]. También podemos comprobar cómo se estudian las categorías de "arte político" y "terapia artística" con el fin de analizar críticamente las diferentes formas de conexión que se están llevando a cabo en el ámbito del arte urbano y la salud mental[99].

Algunos aspectos clave incluidos en este enfoque son:

· Impulsar la visibilidad y conciencia sobre los problemas de salud mental.
· Promover el diálogo y debate sobre estigmas y discriminación.
· Facilitar el acceso a recursos y tratamientos para mejorar la salud mental.

95. https://www.fundacionunam.org.mx/unam-al-dia/el-arte-urbano-como-cultura-y-libertad-de-expresion/
96. https://www.mundoarti.com/magazine/noticia/el-arte-y-las-emociones/
97. https://www.fundacionsoycomotu.org/el-arte-y-la-cultura-estrategia-de-lucha-contra-el-estigma-en-salud-mental/
98. https://uchile.cl/noticias/176358/medio-ambiente-y-salud-mental-cual-es-su-relacion

El papel del arte urbano en la construcción de la comunidad es crucial. Al crear espacios influenciados por el arte se busca mejorar el bienestar emocional de la comunidad[100].

Un ejemplo concreto es la estrategia de involucrar a artistas en equipos de profesionales de salud comunitaria en la ciudad de Madrid[101]. Además, el arte urbano también puede ser un medio para dar visibilidad, como se evidencia en el Festival Asalto[102]. Estos ejemplos muestran cómo el arte urbano puede contribuir a una comunidad más unida y saludable.

Los impactos positivos del arte urbano en la salud mental se manifiestan de diversas formas, como reducir el estrés y aumentar la autoestima[103]. Se ha comprobado que actividades artísticas como escultura, pintura o música tienen una conexión favorable con la salud mental[2]. Además, el arte ayuda a disminuir estigmas sociales relacionados con problemas mentales, lo que resulta en una imagen social positiva y un cambio en percepciones públicas. El arte, al ser una forma de expresión, tiene un efecto liberador y relajante para quienes lo practican o disfrutan[104].

Estudios recientes han revelado que las actividades artísticas tienen impactos benéficos en el cerebro[105]. El arte urbano, al ser utilizado como una forma de influencia social y cambio, no solo beneficia la salud mental, sino que también plantea la posibilidad de ser reconocido como una herramienta efectiva para generar transformaciones sociales. El debate sobre la eficacia del arte urbano y el grafiti como instrumentos de cambio social resulta intrigante, ya que existen posturas que sugieren que pueden servir como medios para expresar reclamos y protestas sociales[106]. La configuración de las ciudades puede afectar la salud mental de sus habitantes; por lo tanto, incluir zonas verdes y espacios dedicados al arte urbano puede promover un entorno más sano y menos estresante[107]. Además, el arte urbano puede desempeñar un papel importante en la prevención de actos violentos, según se ha observado en diversas intervenciones comunitarias[108,109]. En síntesis, el arte urbano no solo influye positivamente en la salud mental, sino que también representa una poderosa herramienta para promover cambios sociales y prevenir situaciones violentas.

En conclusión y mirando hacia el futuro, la relación entre el arte urbano y la salud mental es compleja; sin embargo, numerosas investigaciones resaltan los beneficios concretos derivados de esta conexión positiva[110].

Las expresiones artísticas como la escultura, la pintura o incluso participar en el arte urbano pueden tener un impacto positivo en la salud mental de las personas. Por ejemplo, involucrarse o disfrutar de instalaciones de arte urbano puede ser una forma de terapia que ayude a manejar el estrés, la ansiedad y otros problemas de salud mental. Además, el arte urbano puede fomentar un sentido de comu-

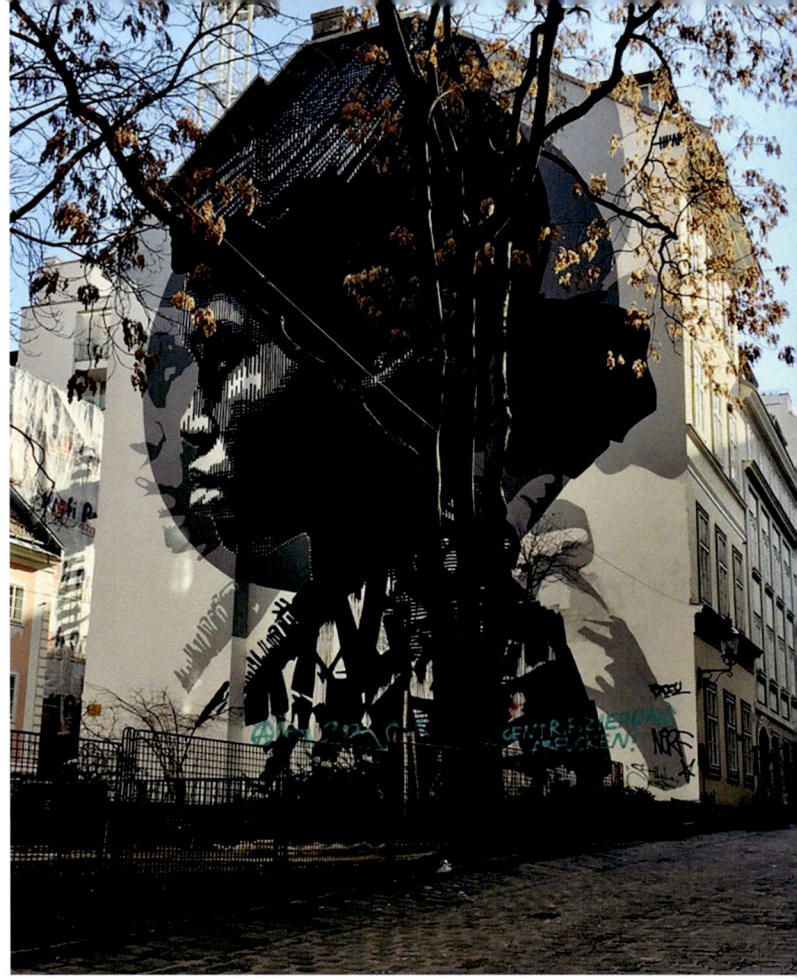

Fig. 49. Mural por Huariu en Viena. Fuente: https://alanxelmundo.com/arte-urbano/

99. https://www.aacademica.org/bautista.viera/2
100. https://arainfo.org/la-salud-mental-tambien-se-cuida-a-traves-del-arte-comunitario/
101. https://www.sciencedirect.com/science/article/pii/S0213911118300955
102. https://www.researchgate.net/publication/316840766_El_arte_urbano_como_instrumento_de_empoderamiento_y_visibilizacion_El_Festival_de_Asalto
103. https://www.latamarte.com/es/articles/R1gU/
104. https://www.artescondido.com/cual-es-la-importancia-del-arte
105. https://neuro-class.com/yayoi-kusama-la-relacion-entre-arte-y-salud-mental/
106. https://blogs.uoregon.edu/andresm/2018/02/27/el-arte-como-instrumento-de-cambio-social/
107. https://www.eleconomista.com.mx/arteseideas/Asi-impacta-el-diseno-de-las-ciudades-en-la-saludmental-20240106-0014.html
108. https://www.researchgate.net/publication/316840766_El_arte_urbano_como_instrumento_de_empoderamiento_y_visibilizacion_El_Festival_de_Asalto
109. https://www.researchgate.net/publication/366185149_El_arte_urbano_como_mediacion_para_la_prevencion_de_violencia_Un_analisis_de_las_intervenciones_sociales
110. https://es.linkedin.com/pulse/conoces-la-relaci%C3%B3n-entre-el-arte-y-salud-mental-raquel-saez

nidad y pertenencia, promoviendo la unión social y contribuyendo al bienestar general de los habitantes de una ciudad[111].

A medida que aumenta el interés en la relación entre el arte urbano y la salud mental, surgen nuevas posibilidades y áreas para investigar. Algunas áreas clave incluyen[112]:

- Evaluar cómo iniciativas específicas de arte urbano impactan en la salud mental.
- Explorar cómo el arte urbano promueve la unidad social y reduce la violencia.
- Investigar los beneficios terapéuticos de involucrarse con el arte urbano, ya sea como creadores o espectadores.
- Analizar cómo la planificación y diseño urbanos facilitan integrar el arte en el entorno urbano.

Al explorar estos temas en mayor profundidad, los expertos pueden adquirir un mayor entendimiento de la intricada relación entre el arte urbano y la salud mental, lo que les permitirá diseñar estrategias respaldadas por evidencias para fomentar el bienestar en las áreas urbanas[113].

No se puede subestimar la importancia del arte urbano en la promoción de la salud mental. A medida que las investigaciones continúan demostrando los beneficios de involucrarse con el arte urbano, debería ser fundamental que las ciudades y comunidades prioricen la integración del arte en sus paisajes urbanos y espacios públicos[114].

Como ya se ha comentado con anterioridad, en los últimos tiempos ha surgido un interés creciente en el posible efecto del arte urbano en diversos aspectos de la vida de las ciudades. Un área que ha sido poco explorada es la conexión entre el arte urbano y los índices de suicidio en la ciudad. El suicidio es un tema importante de salud pública y encontrar posibles acciones para disminuir estas tasas es una prioridad clave a desarrollar.

Este estudio tiene como propósito investigar la relación entre arte urbano e índices de suicidio en las ciudades a través de un análisis exploratorio. Se analizará cómo el arte urbano puede influir en los índices de suicidio: en España la última estadística publicada por el INE es de 4.227 personas fallecidas en España por suicidios en el año 2022.

El empleo de arte urbano en las ciudades contemporáneas se ha vuelto una estrategia popular para revitalizar espacios abandonados y fomentar la identidad y diversidad[115].

El análisis geográfico del suicidio revela una marcada correlación entre la urbanización y la tasa de suicidios, evidenciando incrementos en zonas urbanas densamente pobladas, como puede pasar en el barrio del Ensanche en la ciudad de Barcelona. El arte urbano, que comprende grafitis, murales e instalaciones callejeras, configura la identidad y ambiente de las ciudades y podría tener un impacto positivo en disminuir las tasas de intentos de suicidio. Sabiendo que hay una media de 20 intentos de suicidio por cada persona que fallece por este motivo, podríamos decir que se podría haber influido con ciertas técnicas pertenecientes al arte urbano en los aproximadamente 80.000 intentos de suicidio que hubo en España en el año 2022.

Desgraciadamente parece que la tendencia al suicidio ha aumentado en los últimos años, llegando a ser un problema tan importante que supone la primera causa de muerte en España entre jóvenes de 15 a 29 años.

La implementación de arte urbano en espacios públicos puede forjar un sentido de comunidad y pertenencia, contribuyendo a reducir los sentimientos de soledad y depresión. Asimismo, el uso de colores vibrantes y mensajes optimistas en murales y obras callejeras puede infundir esperanza y positividad entre los habitantes[116]. Aunque la relación entre el arte urbano y las tasas de suicidio es compleja y requiere más estudios, no se debe subestimar el potencial impacto del arte urbano para promover la salud mental y reducir los índices de suicidio.

Asimismo, el arte urbano se ha convertido en una forma popular de revitalizar espacios abandonados y fomentar la identidad y la diversidad. Moldea la identidad y el ambiente de las ciudades y puede tener un impacto potencial en la disminución de los índices de suicidio. No obstante, es fundamental tener en cuenta que este capítulo del libro tiene limitaciones y sesgos que deben ser considerados. Se requiere más investigación para comprender cómo el arte urbano puede influir en los índices de suicidio, pudiendo llegar este a ser un recurso valioso para promover el bienestar mental en las urbes. Las investigaciones futuras deberían seguir indagando sobre el posible papel del arte urbano en fortalecer vínculos sociales, fomentar la participación comunitaria y reducir el aislamiento social, aspectos todos ellos que podrían contribuir a mejorar la salud mental y disminuir los índices de suicidio en áreas urbanas.

La intersección entre el arte urbano y la conciencia sobre la salud mental ha sido evidente en diferentes manifestaciones artísticas.

111. https://www.nationalgeographic.com.es/ciencia/asi-impacta-diseno-ciudades-salud-mental_21299
112. https://www.researchgate.net/publication/337411150_El_grafti_como_estrategia_de_desarrollo_sostenible_de_la_imagen_del_espacio_urbano
113. http://www.scielo.org.ar/scielo.php?pid=S1851-16862011000100036&script=sci_abstract
114. https://scrippsamg.com/es/los-beneficios-del-arte-para-la-salud-mental/
115. https://attohh.com/el-impacto-del-arte-urbano/
116. https://tijuanametropolitana.com/urbanismo/el-impacto-del-arte-urbano-en-el-espacio-publico-y-su-contribucion-a-la-transformacion-de-las-ciudades/

Cada vez es más común el uso del arte callejero como herramienta para promover la salud mental en diversas comunidades alrededor del mundo. Esta forma de expresión artística trasciende las barreras convencionales y transmite mensajes de esperanza y fortaleza directamente al público.

Las iniciativas de arte urbano, como murales o grafitis, no solo representan creatividad, sino que también actúan como recordatorios vibrantes sobre la importancia del bienestar emocional. Diversos estudios han demostrado que involucrarse con el arte, ya sea participando en él o simplemente observándolo en las calles, puede tener efectos positivos significativos y duraderos en la salud emocional[117]. Este enfoque aprovecha la accesibilidad y visibilidad de los entornos urbanos para facilitar conversaciones abiertas sobre temas relacionados con la salud mental, una materia que a menudo se ve envuelta por el silencio y el estigma, en especial cuando se estudian los índices de suicidios en una comunidad.

La ruptura de estigmas y el fomento de diálogos acerca de la salud mental a través del arte urbano representan pasos fundamentales hacia la mejora de salud mental y la comprensión de la misma dentro de una comunidad.

Al abordar cuestiones relacionadas con la salud mental en espacios públicos, los artistas tienen la oportunidad de desafiar percepciones sociales preestablecidas e impulsar un mayor nivel de apertura.

Una campaña de arte urbano que busque concienciar sobre la salud mental podría convertir una bulliciosa plaza de una ciudad en un lienzo para el cambio, motivando a los transeúntes a reflexionar sobre su propia salud mental y el bienestar de quienes los rodean. Estas iniciativas no solo brindan información, sino que también normalizan las conversaciones sobre temas de salud mental, lo que facilita que las personas busquen ayuda y apoyo.

Podríamos asegurar que los proyectos artísticos comunitarios desempeñan un papel clave en la promoción del bienestar emocional al crear entornos inclusivos y solidarios. Iniciativas como BienestARTE tienen como objetivo mejorar el bienestar emocional de la comunidad a través del arte y la cultura, generando espacios públicos para el diálogo y la conexión[118]. Estas acciones fomentan la participación comunitaria, brindando a las personas la oportunidad de contribuir a obras artísticas colectivas, participar en talleres y compartir sus vivencias. Al promover un sentimiento de pertenencia e identidad grupal, los proyectos artísticos comunitarios ayudan a mitigar los sentimientos de soledad, contribuyendo al bienestar mental de la comunidad.

Uno de los proyectos a los que podemos hacer alusión es "Punto y Coma", en el que destaca cómo el arte urbano puede ser una herramienta poderosa para combatir el estigma asociado con la salud

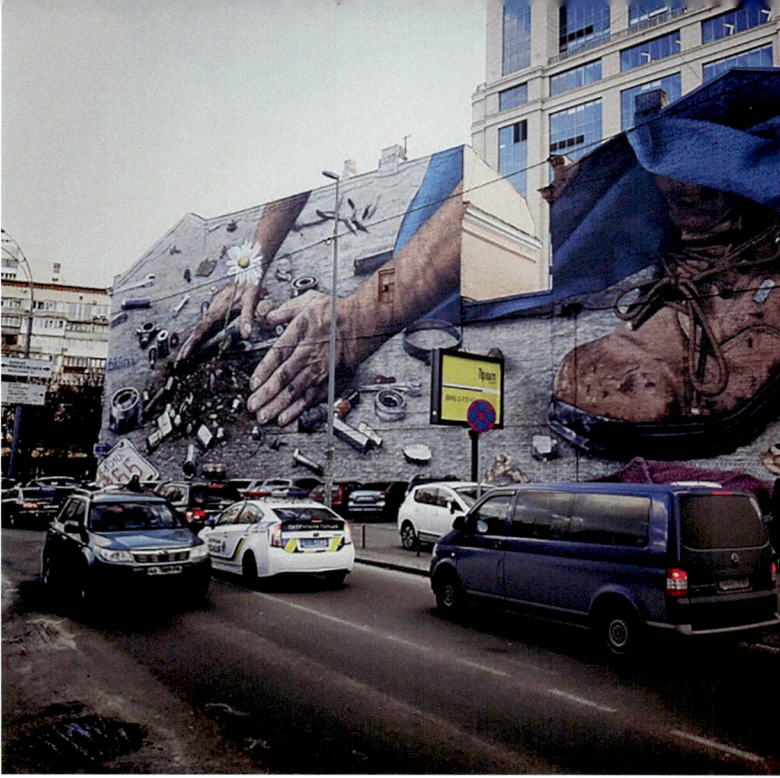

Fig. 50. Mural en Kiev. Fuente: https://alanxelmundo.com/arte-urbano/

mental. Utiliza el punto y coma como símbolo visual de la continuidad de la vida y la lucha contra problemas como la depresión y el suicidio. Estos símbolos representan una pausa en una frase que podría haber terminado, pero no lo hizo, alentando a las personas a seguir adelante a pesar de los desafíos de la vida. A través de murales y arte urbano, ofrece mensajes de esperanza y resiliencia mientras educa sobre la importancia de abordar abiertamente estos problemas[119].

Otra importante iniciativa fue la denominada "Calles Coloridas", cuyo proyecto transformador usa el arte urbano para mejorar el bienestar mental en las comunidades. Convertir espacios grises en explosiones de color y creatividad embellece los vecindarios e impacta positivamente en la salud mental de los residentes.

Los festivales de murales y las campañas para concienciar sobre la salud mental combinan arte y activismo de manera única. Estos eventos sirven como plataformas para que los artistas compartan sus

117. https://www.nationalgeographicla.com. ¿Cómo puede ayudar el arte a mejorar la salud mental?
118. https://elblogdezoe.es/post/bienestarte-hablar-sobre-nuestra-salud-animica-a-traves-del-arte-comunitario
119. https://www.janssen.com/es/neuroscience/science-and-art-can-help-us-end-stigma-about-mental-illness

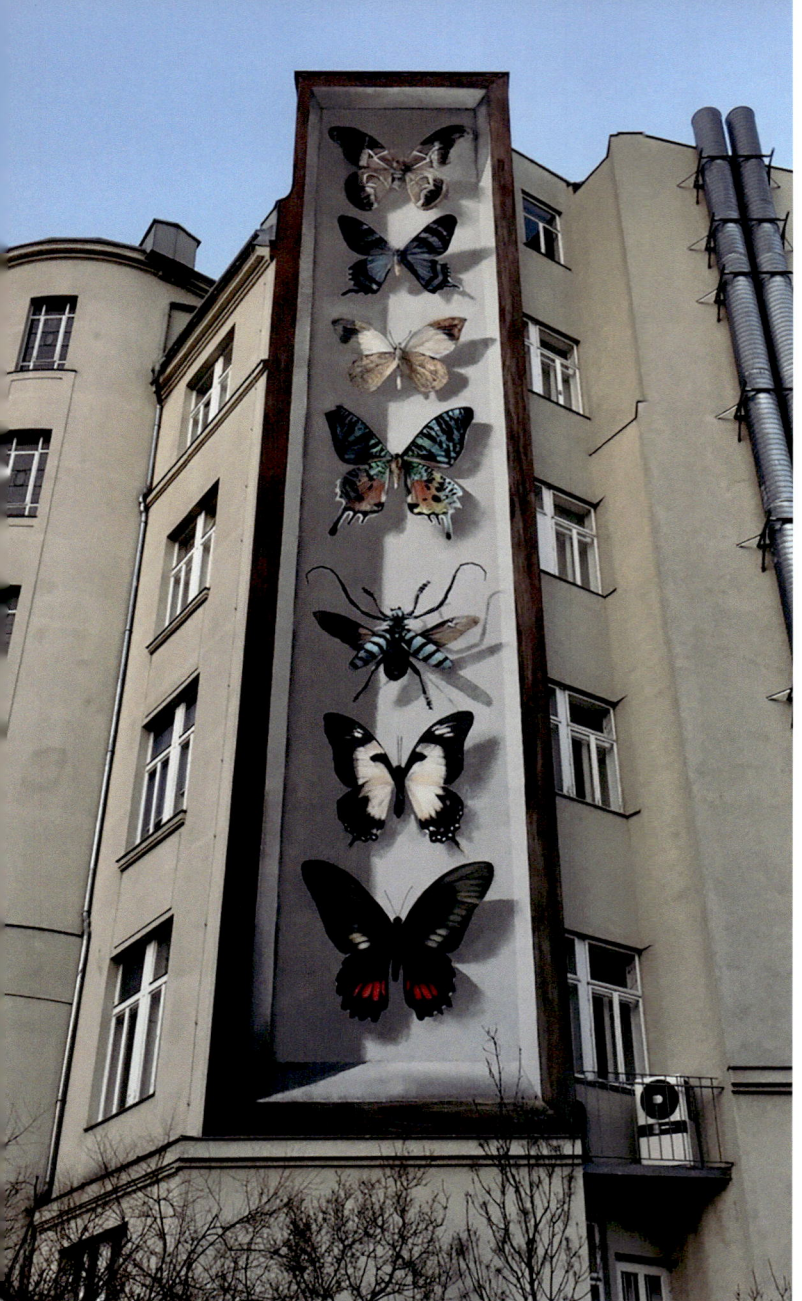

Fig. 51. Mariposas por Mantra en Viena. Fuente: https://alanxelmundo.com/arte-urbano/

vivencias y puntos de vista sobre la salud mental a través de grandes obras públicas. Además de embellecer espacios urbanos, los murales generan diálogos acerca del tema de la salud mental, contribuyendo a romper el silencio y eliminar el estigma que suele rodear estos temas. Por ejemplo, iniciativas como el "Proyecto de Arte Mural" en Nueva York, respaldado por la Oficina Estatal de Salud Mental, no solo crean magníficas obras artísticas, sino que también incluyen talleres educativos sobre concienciación en salud mental y otras actividades educativas[120,121].

La presencia del arte en espacios públicos enriquece el entorno urbano, haciéndolo accesible para todos y convirtiendo lugares cotidianos en puntos de encuentro terapéutico y cohesión social[122,123].

El arte urbano sirve como una poderosa plataforma para la autoexpresión y la liberación emocional, permitiendo tanto a los artistas como a los espectadores explorar sus sentimientos y vivencias de manera palpable. Esta forma artística, reconocida por su carácter público y a menudo espontáneo, ofrece una vía única para expresar narrativas personales y colectivas, actuando también como mediador para prevenir la violencia e intervenir socialmente; por lo que el arte urbano fomenta el diálogo y la comprensión dentro de las comunidades al abordar temas relevantes mediante la expresión creativa[124].

La experiencia catártica de participar en la creación o interacción con el arte urbano, puede llevar a un alivio psicológico y un empoderamiento significativos, enfatizando la importancia del arte como una herramienta crucial para el bienestar mental y la liberación emocional[125].

La inclusión de talleres de sensibilización sobre la salud mental liderados por artistas mejora aún más el impacto de este tipo de iniciativas, permitiendo a los participantes explorar los beneficios terapéuticos del arte y expresar su agradecimiento por los poderosos mensajes transmitidos a través de estas obras públicas.

Participar en actividades artísticas urbanas ofrece una serie de beneficios psicológicos y contribuye significativamente al bienestar mental de las personas. Heritage Archive-Psychological Art resalta la importancia del arte para estimular cognitivamente e interactuar socialmente, aspectos cruciales para una buena salud mental[126].

120. https://www.nyc.gov/site/doh/about/press/pr2019sp/two-new-mental-health-murals-sp.page
121. https://impactolatino.com/murales-la-salud-mental-la-ciudad-nueva-york/
122. https://manomaticestudio.com/arte-urbano-como-arteterapia/
123. https://fastcapital.com.

124. https://www.researchgate.net/publication/366185149_El_arte_urbano_como_mediacion_para_la_prevencion_de_violencia_Un_analisis_de_las_intervenciones_sociales
125. https://alanxelmundo.com/arte-urbano/
126. https://revistascientificas.us.es/index.php/ESAMEC/article/view/11770
127. https://fastercapital.com/es/tema/c%C3%B3mo-el-arte-callejero-inspira-y-conecta-a-las-comunidades-de-madrid.html
128. https://www.elperiodico.com/es/sant-boi/20190625/arte-urbano-eliminar-prejuicios-salud-mental-sant-boi-7521948

Esta dimensión terapéutica del arte permite a las personas canalizar su creatividad y emociones de manera constructiva, brindando una vía para la expresión que puede resultar curativa y fortalecedora. Los diversos estilos artísticos presentes en el arte urbano de Madrid, desde murales con contenido político hasta diseños detallados, conforman un rico mosaico de expresión que refleja la vitalidad y la complejidad cultural de la ciudad.

Fomentar conexiones sociales y construir comunidad a través de eventos artísticos es un pilar fundamental del impacto del arte urbano en la salud mental. La inauguración de la exposición *Arte y Salud Mental* en el Museo Nacional Thyssen-Bornemisza en Madrid ejemplifica el compromiso de la ciudad por utilizar el arte como herramienta para mejorar el bienestar mental. Estos eventos no solo son plataformas donde los artistas pueden mostrar su trabajo, sino también oportunidades para que los miembros de la comunidad se encuentren, compartan vivencias y se brinden apoyo mutuo[127].

La influencia del arte urbano en la estética y atmósfera de Barcelona es profunda y actúa como un impulsor para la conciencia social y la promoción de salud mental. Proyectos como el mural "Cal Perruca", que aborda el estigma relacionado con las enfermedades mentales, ilustran cómo el arte urbano puede utilizarse para intervenciones sociales más amplias y significativas[128].

Esta expresión artística contribuye a crear un entorno urbano más atractivo, lo cual es fundamental en una ciudad donde las condiciones de vida están relacionadas con niveles más altos de estrés y ansiedad debido a factores como la actividad de la amígdala. Al transformar espacios públicos y sorprender a los ciudadanos, el arte urbano desempeña un papel importante en mejorar la salud mental al proporcionar momentos de belleza y reflexión en medio del bullicio urbano. Este movimiento no solo embellece visualmente la ciudad, sino que también fomenta un sentido de comunidad y pertenencia entre sus habitantes, destacando la importancia de una planificación urbana adecuada y la preservación del patrimonio cultural.

Iniciativas en Barcelona que fomentan el bienestar mental a través del arte urbano tiene un enfoque innovador que Barcelona ha adoptado hacia la salud mental mediante programas de arteterapia. Estos programas utilizan el poder transformativo del arte para proporcionar beneficios terapéuticos a individuos que enfrentan diversas dificultades relacionadas con su salud mental. La terapia artística, tal como se lleva a cabo en Barcelona, va más allá de los métodos convencionales de tratamiento al ofrecer una vía creativa para la expresión y la exploración personal. Los participantes se involucran en actividades artísticas que promueven el crecimiento emocional, reducen el estrés y mejoran la salud general. Esta mezcla única de arte y terapia ha demostrado ser una herramienta efectiva para potenciar el bienestar mental, evidenciando el compromiso de la ciudad con enfoques innovadores y completos hacia el cuidado de la salud.

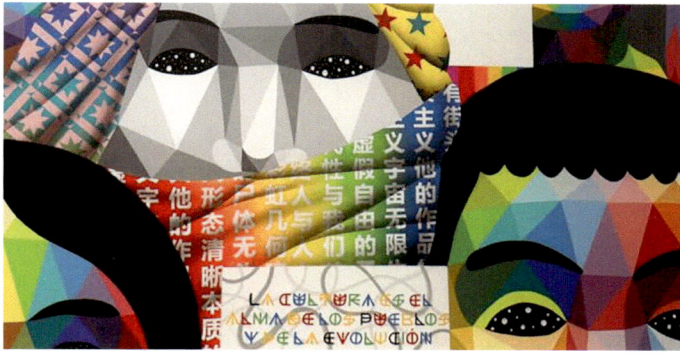

Fig. 52. Mural del artista Okuda San Miguel en Usera. Fuente: https://www.esmadrid.com/arte-urbano-madrid

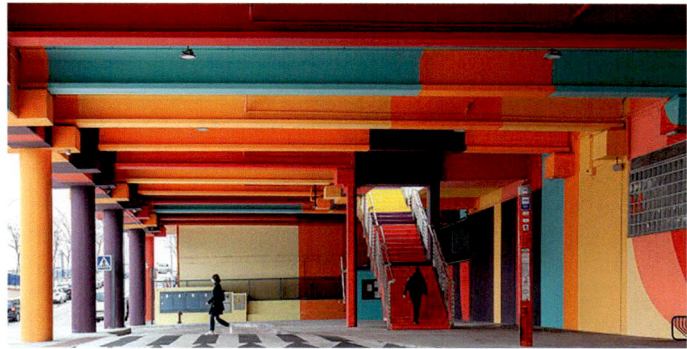

Fig. 53. Proyecto de Boa Mistura en frente a la estación de tren en Fuenlabrada. Fuente: https://www.esmadrid.com/arte-urbano-madrid

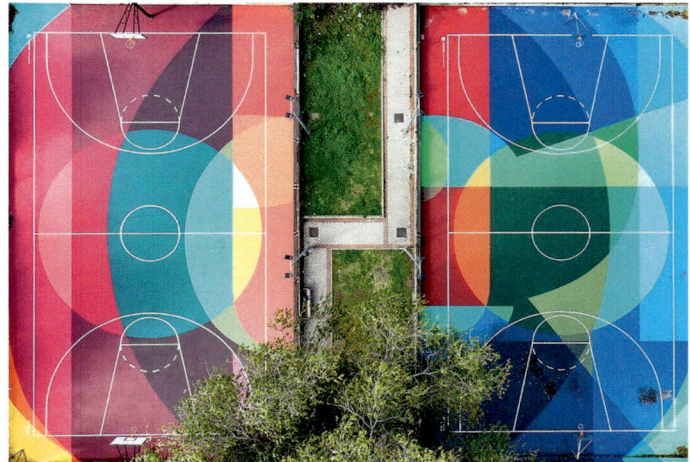

Fig. 54. Orgullo por Boa Mistura. Fuente: https://streetartcities.com/markers/3e617ec4-c558-44be-b3ea-af3f66352bcc?utm_source=awards&utm_medium=info

La colaboración en grupos de trabajo entre artistas y especialistas en salud mental en Barcelona representa una intersección innovadora entre creatividad y cuidado a la persona. Los proyectos que involucran a estos dos grupos han dado lugar a obras de arte significativas que exploran con profundidad y sensibilidad temas relacionados con la salud mental.

La conexión entre el arte urbano y la salud mental se reconoce cada vez más como un aspecto fundamental para el bienestar urbano. Proyectos como 'La Sombra' en Valencia destacan este vínculo al emplear el arte como herramienta para respaldar iniciativas relacionadas con la salud mental.

Este proyecto, cuyo propósito es recaudar fondos para la salud mental a través del arte urbano, destaca la capacidad terapéutica de las instalaciones artísticas en espacios públicos. Al proporcionar una vía visual y emocional, el arte urbano puede disminuir los niveles de estrés y ansiedad en los residentes urbanos. El enfoque de anonimato promovido por la iniciativa 'La Sombra' subraya aún más la naturaleza inclusiva de este tipo de expresión artística, permitiendo que las personas se conecten con las obras a un nivel personal sin estar condicionados por la fama o el reconocimiento. Esta aproximación no solo genera conciencia sobre los problemas relacionados con la salud mental, sino que también ofrece un respaldo tangible a aquellos que lo necesitan, evidenciando el impacto significativo que el arte urbano puede tener en el bienestar emocional de una comunidad.

Este lazo comunitario, construido sobre valores y vivencias compartidas, desempeña un papel fundamental en la mejora de la salud mental general y el bienestar de las personas dentro de la comunidad.

En Valencia cada vez es más común ver proyectos de arte urbano que incluyen temáticas relacionadas con la salud mental, siendo los artistas quienes introducen activamente estos temas en sus obras. Por ejemplo, el proyecto "Paredes con alma" cree en el poder transformador del arte para promover cambios sociales significativos y hace especial hincapié en la salud mental. Al incorporar aspectos relacionados con esta área en sus creaciones artísticas, estos proyectos ofrecen una visión única sobre las batallas que muchas personas enfrentan día a día, fomentando así un sentimiento de solidaridad y empatía dentro de la comunidad[63]. Este planteamiento no solo funciona como una herramienta educativa pública, también desafía y desestigmatiza los problemas vinculados a la salud mental al demostrar cómo el arte puede inspirar cambios positivos en nuestra sociedad.

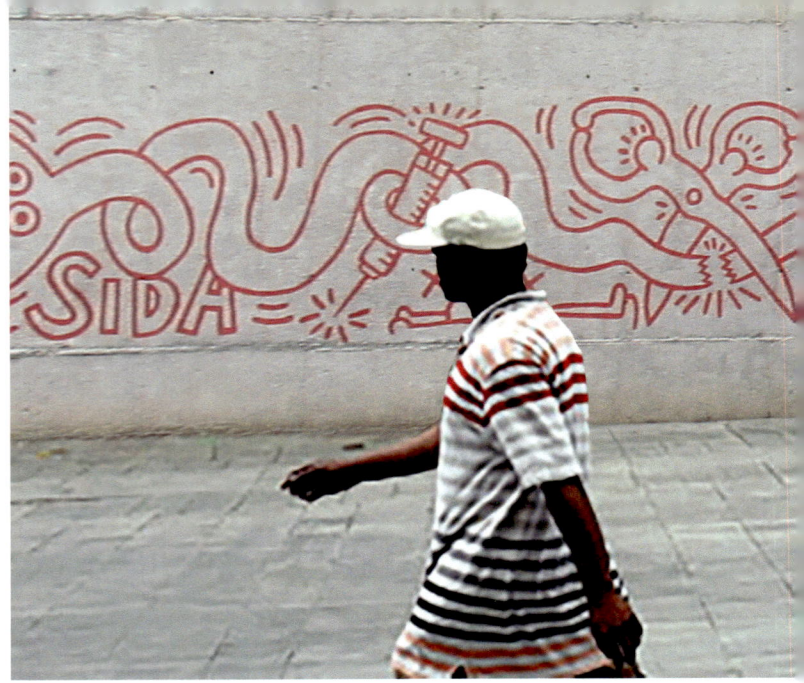

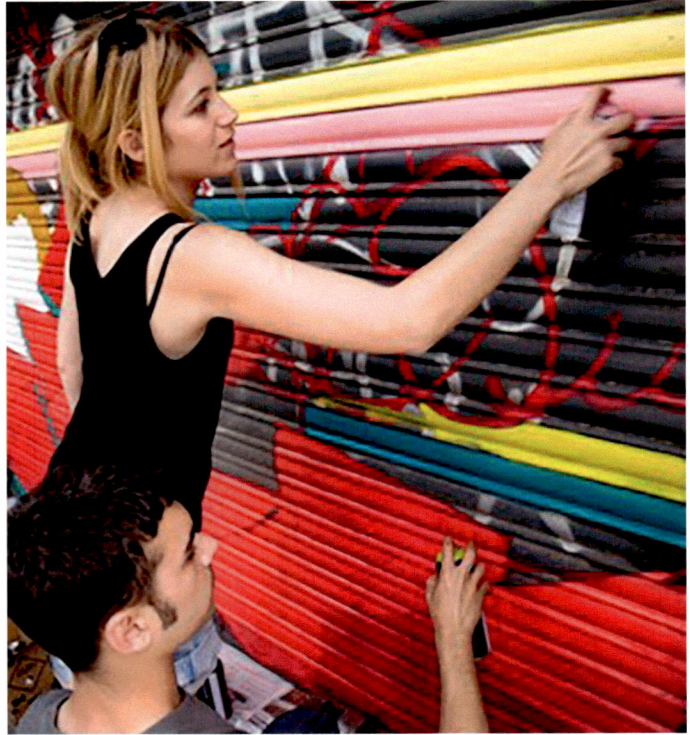

Fig. 55 Inauguración del proyecto Persianas Libres, el 9 de abril de 2010, en el barrio del Guinardó. Fuente: foto de Rebobinart.

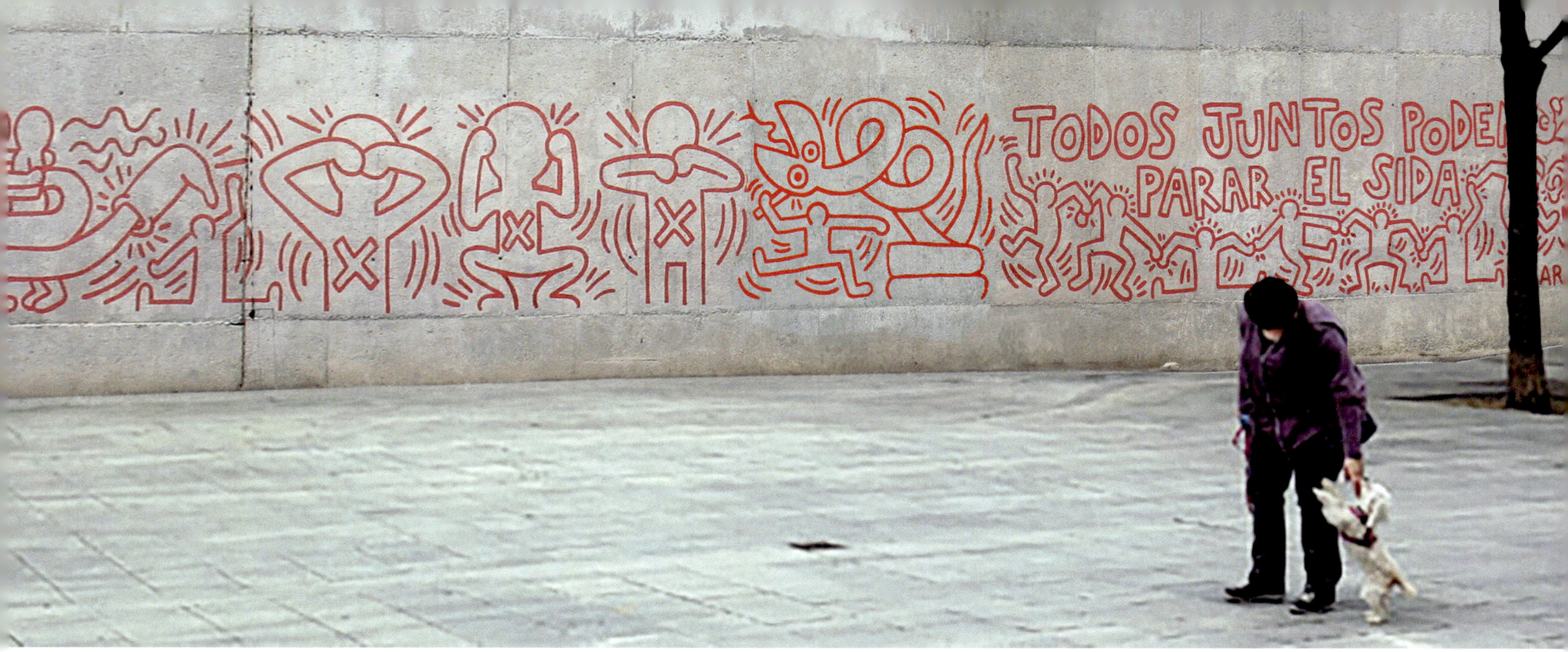

Fig. 56. Mural Todos Juntos podemos parar el sida, de Keith Haring situado originalmente en la plaza de Salvador Seguí en 1989, en una reproducción inaugurada en los muros del Macba en 2014. Fuente: foto de Vicente Zambrano.
Abajo, Fig. 57. Mural de Pichiavo, impulsado por el Ayuntamiento de València. Fuente: https://valenciaplaza.com/el-arte-urbano-en-valencia-deja-atras-su-juventud

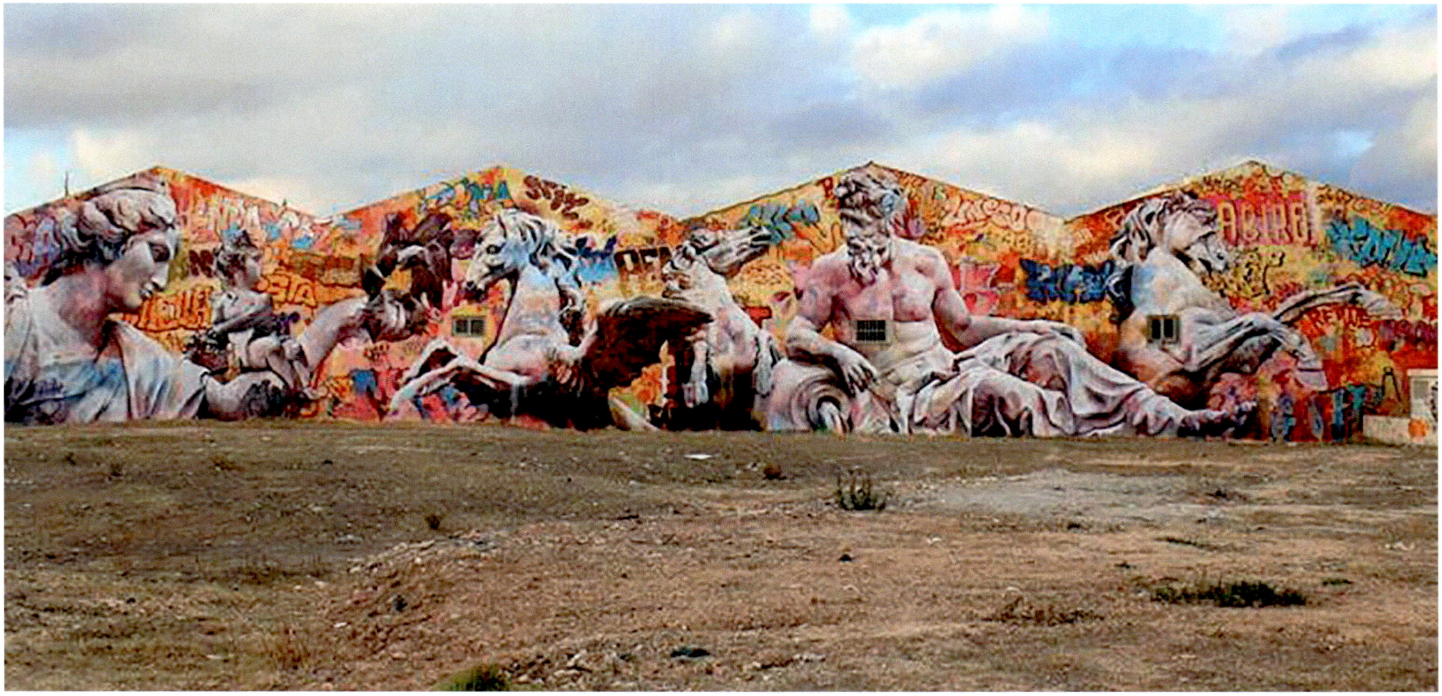

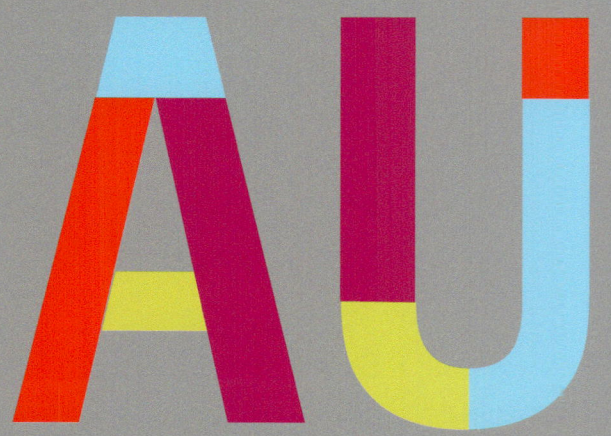

CAPÍTULO V
ARTE URBANO Y NUEVAS POLÍTICAS INTERNACIONALES. TALENTO, CREATIVIDAD Y COLOR: LA EXPERIENCIA DE QUITO CON EL PROYECTO CAMINARTE

John Dunn Insua, MCP, Arq.

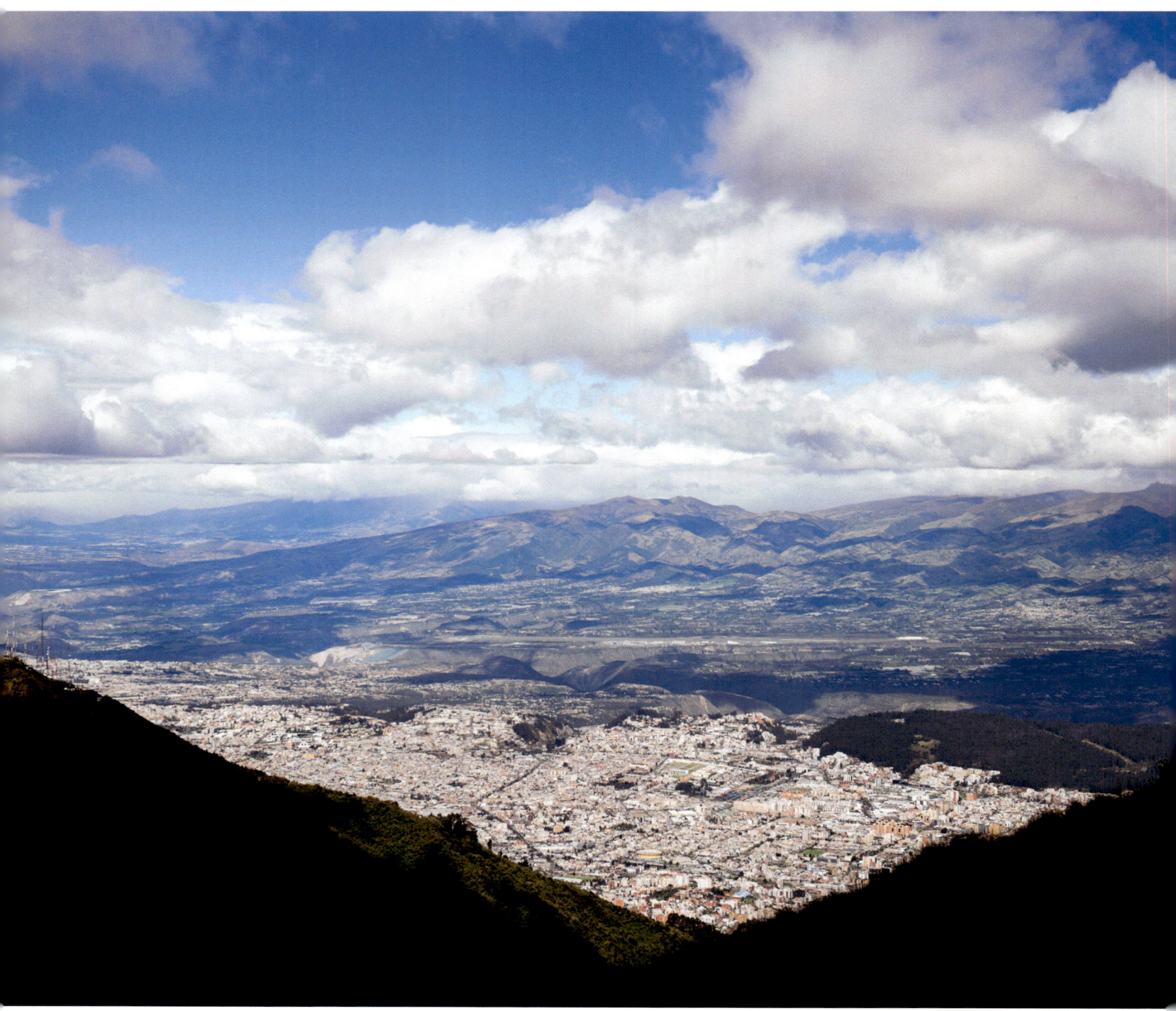

5.1
EL PROYECTO CAMINARTE Y EL BICENTENARIO DE LA BATALLA DEL PICHINCHA

El 24 de mayo del 2022 fue una fecha crucial para el Ecuador. Se cumplían doscientos años de la Batalla del Pichincha, aquella con la que se culmina la independencia de todo el territorio que conformó la Gran Colombia. Por su parte, el Ecuador de hoy considera al 24 de mayo como la fecha en la que se consolida su independencia; pues en dicha batalla participan de manera conjunta varios movimientos independentistas provenientes de los territorios que hoy conforman el país. Eso incluye las tropas de la Provincia Independiente de Guayaquil, que llevaba ya dos años gestionándose de manera autónoma. Todos, bajo el mando de Antonio José de Sucre, logran la capitulación de Quito por parte de Melchor de Aymerich, quien fungía como Jefe Político Superior de Quito por parte de la Corona Española.

Siendo Quito el lugar donde se llevó a cabo dicha batalla, El Municipio del Distrito Metropolitano de dicha ciudad comienza a elucubrar alternativas para poder rendir homenaje a aquella gesta histórica. Hay que considerar que, para entonces, el mundo entero llevaba poco tiempo de haber superado los riesgos y amenazas que significó el COVID. A nivel nacional, la pandemia frustró las celebraciones de la independencia de Guayaquil. El bicentenario de esta coincidió desafortunadamente con la tragedia que vivió dicha ciudad, como consecuencia del crítico número de fallecidos por el COVID. El homenaje a la independencia guayaquileña de 1820 se vio reducida a la implementación de un hospital bautizado como Hospital Bicentenario, donde se atendía a enfermos de COVID de escasos recursos.

Quito no tuvo que lidiar con una coincidencia tan fatídica como la de Guayaquil. Sin embargo, la ciudad no contaba con muchos recursos. Además, el ambiente político del país estaba aún candente. Se debía encontrar una forma sutil y efectiva para poder recordar el mencionado evento histórico. Dentro de la organización municipal, fue el Instituto Metropolitano de Patrimonio (IMP) quien tuvo a su cargo la concepción general para la celebración del bicentenario. El análisis realizado concluyó de manera evidente que el espacio más adecuado para dicha conmemoración debía hacerse en el eje vial que conforman la avenida 24 de Mayo, Cumandá, La Libertad, Aguarico, Topatauchi y Avenida de los Libertadores. La primera de estas, además te tener la fecha conmemorativa como nombre, es además

Fig. 58. Vista de Quito, Ecuador, desde el volcán Pichincha. Fotografía: MatthewWilliams-Ellis.

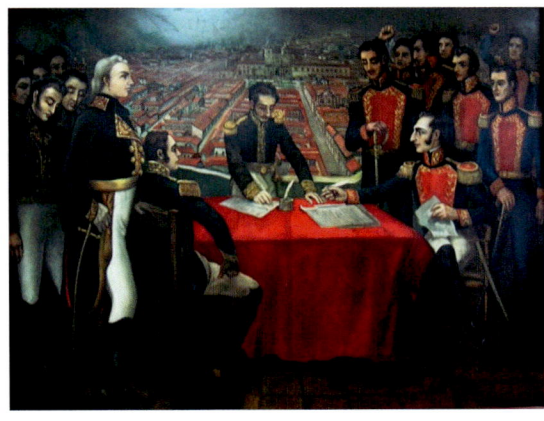

Fig. 59. "Capitulación de Quito", 1822. Fuente: Antonio Salas Avilés

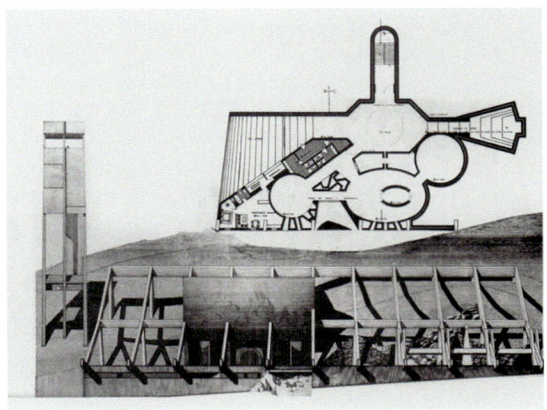

Fig. 60. Dibujo a mano y rapidógrafo. Templo de la Patria. Cima de la Libertad. Quito. Arquitecto Milton Barragán Doumet. Fuente: Revista Trama 31/32 1984.

un espacio relevante dentro del centro histórico de la ciudad, que lamentablemente ha caído en deterioro por el abandono y marginación que ha sufrido en las últimas décadas. Esta vía se conecta con las demás y conforman el camino de ascenso a ese sector de las faldas del volcán Pichincha, donde tuvo lugar el encuentro final entre las tropas colombianas y las españolas. En aquel sitio se levantó un hito conmemorativo, conocido como "La Cima de la Libertad y Templo de la Patria". Es una obra arquitectónica realizada por el arquitecto ecuatoriano Milton Barragán Doumet, personaje relevante de la arquitectura brutalista ecuatoriana.

5.2
RESEÑA HISTÓRICA DE LA AVENIDA 24 DE MAYO

Originalmente, donde hoy está la 24 de Mayo era la quebrada que demarcaba el límite sur de la ciudad, conocida como la quebrada Jerusalén. A finales del siglo XIX, las autoridades de la ciudad ordenaron la canalización y relleno de la quebrada, lo cual permitió la aparición de una avenida ancha, a modo de bulevar. En sus inicios, el sitio capta el interés de las clases media y media alta de la sociedad quiteña. Adicionalmente, la 24 de Mayo permite la extensión del trazado urbano del actual centro histórico quiteño, hacia las faldas del Panecillo, elevación topográfica que fuera usada como fuerte militar español durante la batalla del Pichincha[129].

Sin embargo, pasada la mitad del siglo XX se dan varios eventos que cambian las condiciones del bulevar[130]. La modernización del sistema vial quiteño requirió la implementación de un viaducto bajo el bulevar, que desconectó a varios de sus usuarios con el espacio público. Además, el deterioro del ferrocarril ecuatoriano conllevó a la popularización de este y al surgimiento del transporte interprovincial por buses. La terminal de buses de Cumandá se construyó al sur de la 24 de Mayo. Con eso, esta avenida deja de ser un espacio de clase media alta, y se convierte gradualmente en un conector entre lo urbano y lo rural. Si a esto sumamos el gradual proceso que desplazó a gran parte de las instituciones públicas y privadas hacia el norte de la ciudad, tenemos la "tormenta perfecta" que terminó transformando a la 24 de Mayo en un espacio deteriorado. Los establecimientos comerciales originales dieron paso a ferias populares; y cuando estas

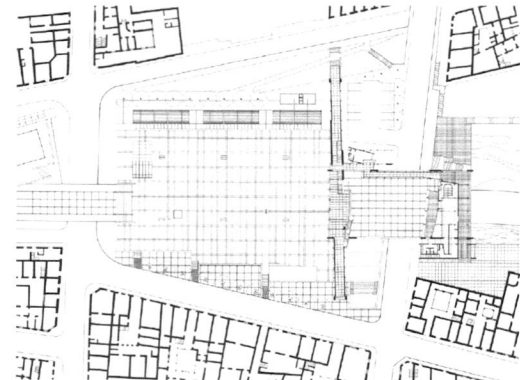
Fig. 61. Planta de la rehabilitación Avenida 24 de Mayo. Fuente: Oleas & Asociados Arquitectos.

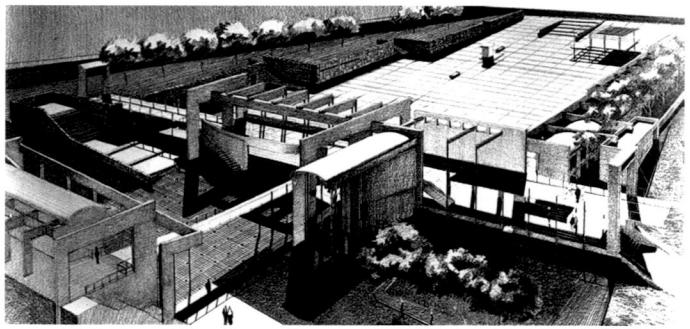
Fig. 62. Rehabilitación Avenida 24 de Mayo. Fuente: Oleas & Asociados Arquitectos.

129. *La avenida 24 de Mayo: un paseo del miedo al placer.* www.extra.ec. Retrieved Apr 26, 2024, de https://www.extra.ec/noticia/actualidad/avenida-24-mayo-paseo-miedo-placer-57697.html
130. Basantes, A. C. (2021). *¿Qué se celebra el 24 de Mayo?* https://gk.city/2021/05/23/24-mayo-ecuador/
131. Poblete, J. C., & Comercio, G. E. (2024). *La 24 de Mayo palpita en la memoria.* El Comercio. Retrieved Apr 27, 2024, de https://www.elcomercio.com/actualidad/quito/24-mayo-palpita-memoria.html
132. Carrera, M. (2022). *Pikachú, origen de un debate sobre arte urbano en pleno Bicentenario.* El Comercio. Retrieved Apr 26, 2024, de https://www.elcomercio.com/actualidad/quito/pikachu-origen-debate-arte-urbano.html
133. Vásquez-Vargas, K. (2024). *Entre lo concebido y lo vivido: arte en el bulevar 24 de Mayo en Quito (Ecuador).* Ciudad y Territorio Estudios Territoriales. 10.37230/cytet.2024.219.16
134. *Quito: En la 24 de Mayo, mural para las selfies.* www.extra.ec. Retrieved Apr 26, 2024, de https://www.extra.ec/noticia/actualidad/quito-24-mayo-mural-selfies-67704.html
135. Rehabilitación Av. 24 de Mayo Oleas y Asociados Arquitectos. http://arqoa.com/proyectos/rehabilitacion-av-24-de-mayo

también se fueron, actividades como el expendio de bebidas alcohólicas, la prostitución y el microtráfico de estupefacientes ocuparon el lugar[131].

Hubo varios intentos de rescatar a la 24 de Mayo como espacio público. En 1991 se culmina una intervención proyectada por los arquitectos Luis y Diego Oleas, junto con la participación del arquitecto colombiano Ricardo Daza. El proyecto definía de manera longitudinal una serie de espacios interconectados a lo largo del antiguo Bulevar, definidos por actividades culturales, comerciales y recreativas, enmarcados con una arquitectura contemporánea de rasgos firmes e integrada a la escala del contexto.

Desafortunadamente, de manera tácita se le asigna toda la responsabilidad de erradicar los problemas sociales del sector al proyecto de los arquitectos Oleas, sin ninguna intervención social efectiva en la realidad. Esto termina alzando voces en contra de este, las

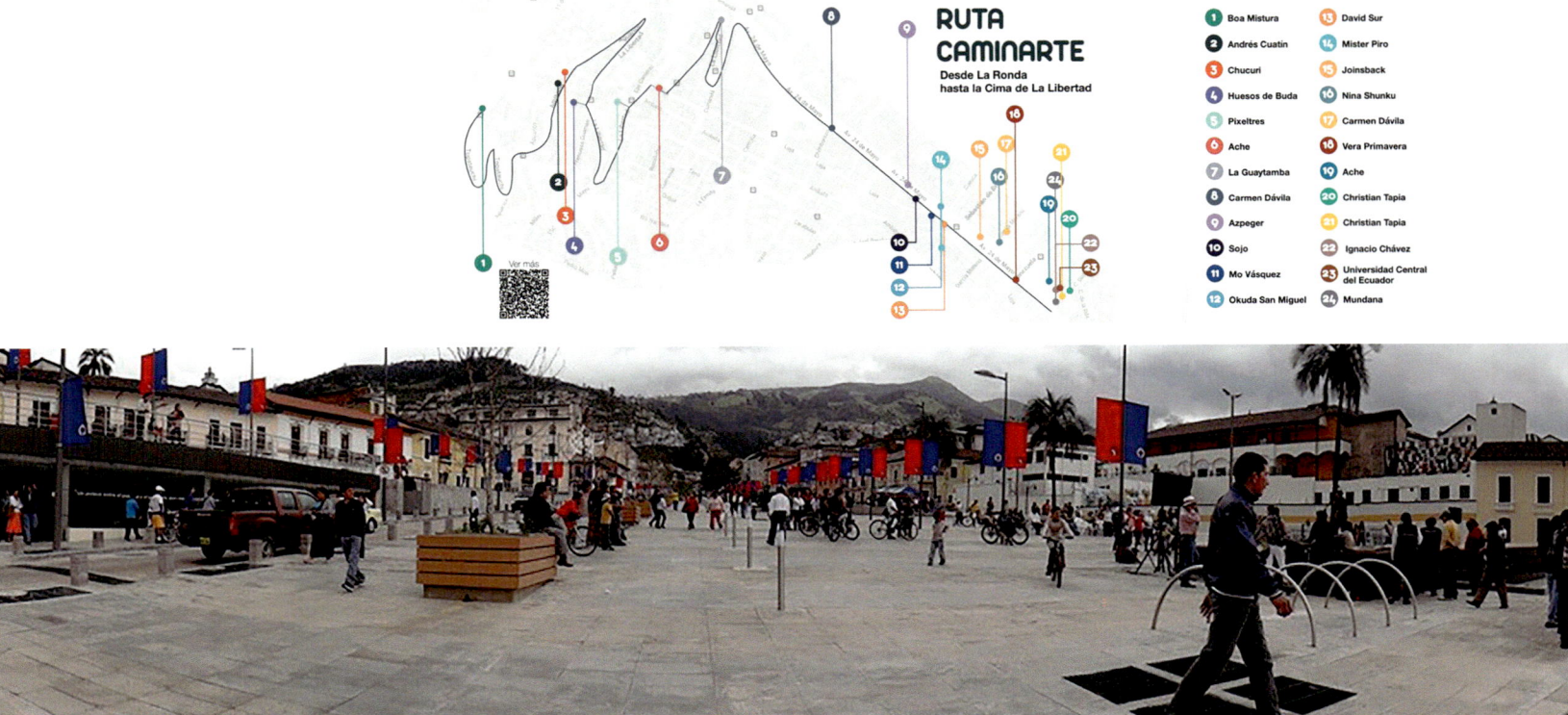

RUTA CAMINARTE
Desde La Ronda hasta la Cima de La Libertad

1. Boa Mistura
2. Andrés Cuatín
3. Chucuri
4. Huesos de Buda
5. Pixeltres
6. Ache
7. La Guaytamba
8. Carmen Dávila
9. Azpeger
10. Sojo
11. Mo Vásquez
12. Okuda San Miguel
13. David Sur
14. Mister Piro
15. Joinsback
16. Nina Shunku
17. Carmen Dávila
18. Vera Primavera
19. Ache
20. Christian Tapia
21. Christian Tapia
22. Ignacio Chávez
23. Universidad Central del Ecuador
24. Mundana

Figs. 63 y 64. Proyecto Rehabilitación de la avenida 24 de Mayo, Municipio Metropolitano de Quito y Enrique Tobar. Fuente: Archivo BAQ. Ruta Caminarte, Fuente: Instituto Metropolitano de Patrimonio.

cuales logran el derrocamiento del mismo y la implantación de una nueva propuesta en el 2012, mucho más conservadora y caracterizada por visuales panorámicas más abiertas. Esta propuesta se encuentra en pie hasta la fecha actual y será el escenario donde el IMP realizará la conmemoración del bicentenario de la Batalla del Pichincha.[132]

5.3
EL PROYECTO

El IMP realiza conversaciones con diferentes organizaciones —nacionales e internacionales— para poder materializar la manera más adecuada de realizar dicha conmemoración. De entre todas las voces, sobresale la propuesta realizada por la Embajada de España,

que propone intervenir el lugar seleccionado con varias obras de arte urbano. Estos trabajos serían realizados por artistas urbanos de Ecuador y de España; como un reflejo de la hermandad y reconciliación lograda entre los dos países, a lo largo de los dos siglos de relaciones bilaterales permanentes.

Al final, se logra una distribución de 24 intervenciones artísticas en el eje vial[133], realizadas por autores de ambos países; dispuestas de tal manera que establezcan un circuito de arte urbano, atractivo para los turistas que se mueven entre el Centro Histórico y el Templo de la Libertad[134].

Fue así como se constituyó el proyecto "Caminarte". Bajo la supervisión del IMP y la embajada de España, varias organizaciones de diferente índole se congregaron con el propósito común de darle una personalidad artística e interesante al eje que va de la 24 de Mayo a la Cima de la Libertad[135]. Entre las organizaciones que colaboraron destacan la Universidad San Francisco de Quito (USFQ) y Universidad Central del Ecuador. Otras organizaciones de índole cultural o barrial se unieron también al proyecto.

"LAS BORDADORAS", DE OKUDA SAN MIGUEL: EL INICIO DE CAMINARTE

El primero de estos trabajos en realizarse e inaugurarse es la obra del artista urbano español Okuda San Miguel[136]. La obra fue entregada el 16 de mayo del 2022. Por parte del Municipio Metropolitano de Quito participan en el evento inaugural Santiago Guarderas, alcalde; junto con Angélica Arias, directora del Instituto Metropolitano de Patrimonio. Asisten también a dicha ceremonia Helena Madrazo Hegewisch, embajadora de España en Ecuador; así como Pablo Pérez Guerreira, Primer Secretario de la embajada española en Ecuador, y quien estuvo colaborando de manera permanente con el proyecto Caminarte, junto con el personal del IMP. También se contó con la presencia del mismo Okuda San Miguel.

La obra de San Miguel se inspira en un grupo de tejedoras que pudo conocer, originarias de Llano Grande, en Calderón, una parroquia ubicada al norte de la ciudad. El artista declaró haber hecho con ellas una conexión especial, pues su propia madre era tejedora. Los habitantes del sector y los transeúntes contemplaban con curiosidad cómo el mural de Okuda iba adquiriendo formas definitivas.

Pero hubo un giro en la obra del artista, justo al finalizar la misma: el sombrero de la tejedora ubicada en el centro de la composición, que originalmente aparecía en los borradores del artista sin nada extraordinario, muestra al final el rostro de Pikachu, el personaje principal de la serie japonesa *Pokemon*.

Eso fue tomado como una ofensa por grupos políticos en oposición a la alcaldía y al gobierno nacional. Antes de terminar el día de la inauguración del mural, las redes sociales ecuatorianas estaban repletas de discusiones al respecto. Hubo incluso alguien que, a mediados de julio del mismo año, se filmó lanzando pintura contra el mural en cuestión y lo subió a las redes sociales. Dicho agravio fue restaurado de inmediato, y su autor recibió sanciones, acorde con las leyes ecuatorianas.

El paso del tiempo sirvió para calmar los ánimos políticos. Comenzó a prevalecer la intención original del artista, de plasmar las diversas formas en las que lo local se mezcla inevitablemente con la cultura genérica que nos caracteriza en Occidente.

"SOY RAÍZ", DE BOA MISTURA: UNA EXPERIENCIA OPUESTA

Si bien las reacciones provocadas por el Pikachu de Okuda San Miguel causaron temores e incertidumbres entre los organizadores del proyecto Caminarte, este siguió su curso. El segundo mural fue realizado por el colectivo español Boa Mistura. A diferencia de San Miguel, quien se caracteriza por trabajar con ideas propias casi preestablecidas, la obra artística de Boa Mistura suele ser el resultado de una intensa experiencia de integración dentro de la comunidad en la que realizan sus trabajos. Los miembros de este colectivo artístico permanecieron más de dos meses con los habitantes del sector cercano a la Cima de la Libertad, en la trayectoria final del eje vial planteado por el IMP para el proyecto Caminarte.

El colectivo intervino en un espacio ocupado por una cancha deportiva en muy mal estado, pero con una panorámica excepcional del centro y sur de Quito. Se le presentó a la comunidad tres alternativas para el mural; todas ellas con las leyendas características de la trayectoria artística de los Boa Mistura. Todas estas alternativas se enfocaban mucho más en la identidad de la comunidad, con un enfoque dirigido al encuentro entre los artistas como aprendices y los habitantes del barrio como maestros.

Dicho de otra forma, mientras San Miguel vino a enseñar lo suyo, los de Boa Mistura vinieron a aprender. Su obra, si bien sigue los rasgos de sus trabajos precedentes, muestra un proceso de asimilación cultural y vivencial por parte de los autores.

Al final, la alternativa con la que más se identificó la comunidad fue "Soy Raíz"[137]. Esa fue la que provocó las reacciones más positivas. Se convocó al barrio y a la ciudad a que colabore con la realización del mural. Luego de unos días, el mural quedó culminado, con un resultado positivo para el barrio y la comunidad.

136. En la 24 de Mayo se entregó mural que visibiliza a las bordadoras de Calderón. https://www.quitoinforma.gob.ec/2022/05/16/en-la-24-de-mayo-se-entrego-mural-que-visibiliza-a-las-bordadoras-de-calderon/
137. Pinchao, J. (2022). *Obra 'SOY RAÍZ' de Boa Mistura se pintó en la Cima de la Libertad de Quito.* El Comercio. Retrieved Apr 26, 2024, en https://www.elcomercio.com/tendencias/cultura/soy-raiz-boa-mistura-cima-quito.html

Fig. 65. Inauguración del Mural realizado por Okuda San Miguel. Fuente: Quito Informa.

Fig. 66. "Soy Raíz", de Boa Mistura. Fuente: Diario El Comercio.

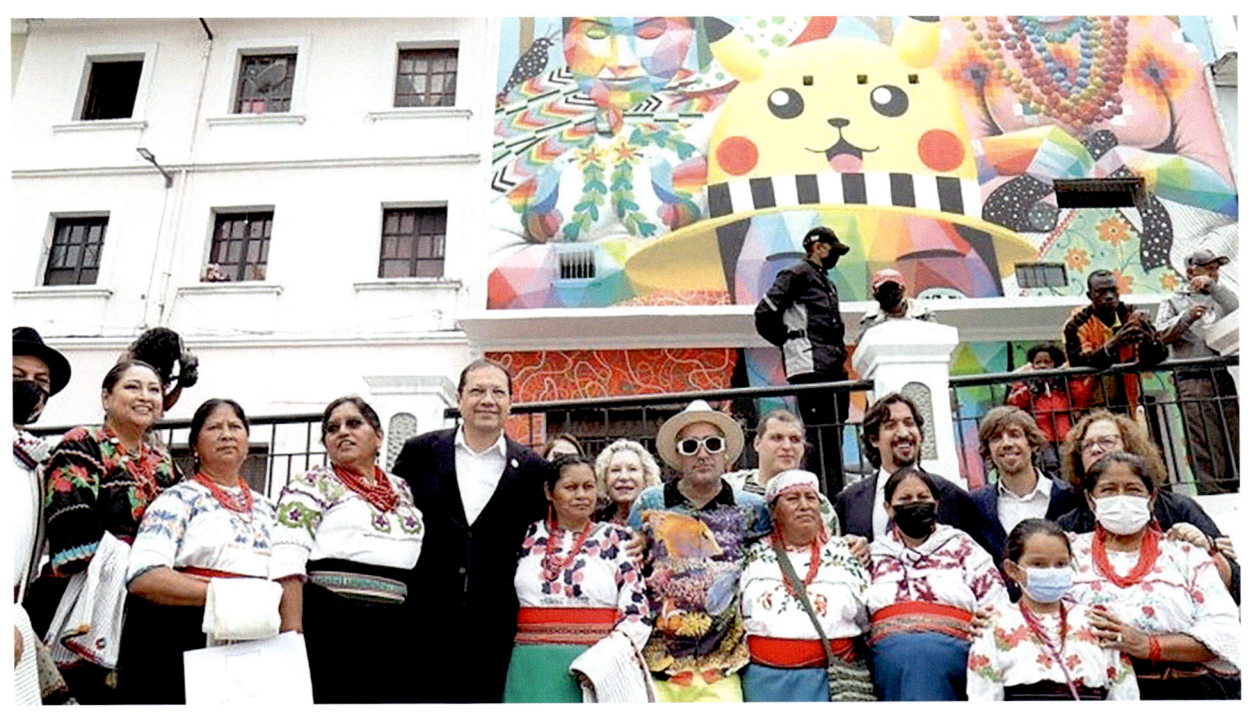

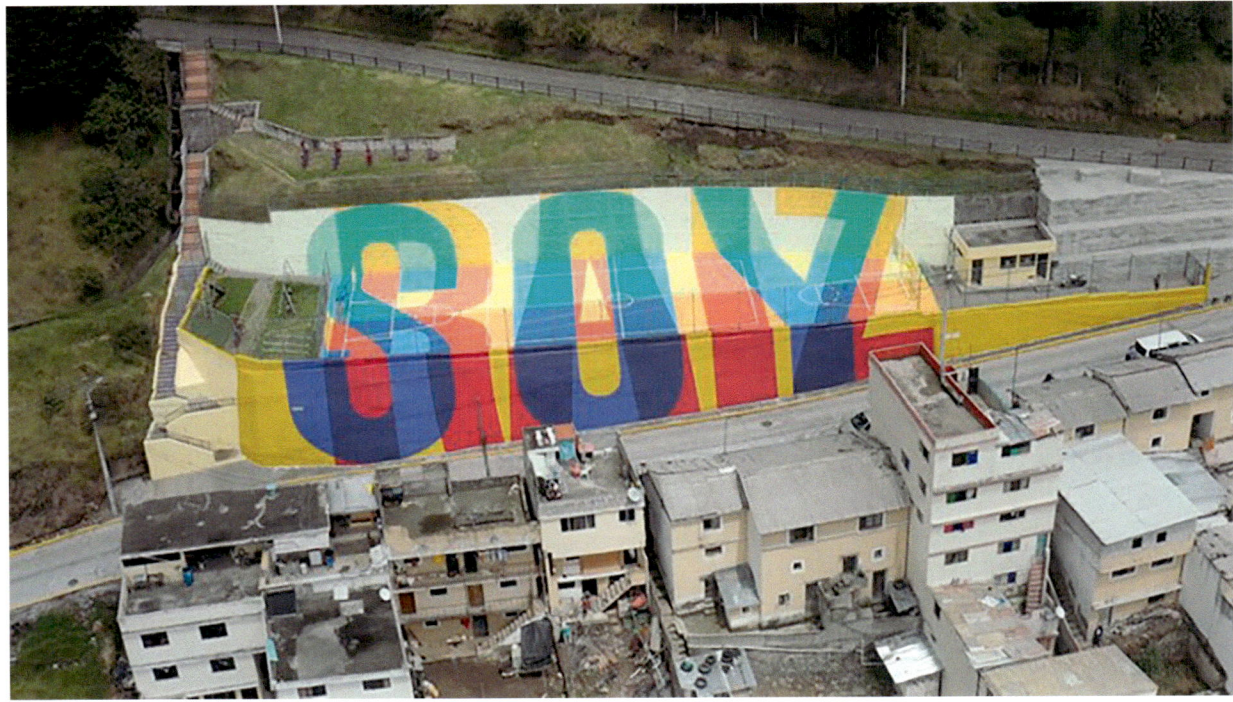

DOS ESPAÑOLES MÁS

La última intervención de artistas urbanos españoles en el proyecto Caminarte ocurrió de manera paralela con dos murales; que fueron hechos con una mayor discreción, comparados con sus predecesores. Uno fue pintado por Misterpiro y el otro fue realizado por Sojo.

A diferencia de las obras anteriores, la realización de estas dos fue mucho más discreta. Se caracterizaban por una escala mucho más humilde; y en el caso de Misterpiro, incluso involucraba una ubicación algo alejada del eje dispuesto por el proyecto Caminarte. También ya se habían realizado algunos de los trabajos asignados a los artistas urbanos ecuatorianos. Por ende, la inserción de sus trabajos en el sitio pasó a ser más en un contexto mosaico. Ya no eran las obras que se abrían paso en un lienzo vacío, como hicieron tanto Okuda San Miguel y los de Boa Mistura. El espacio iba adquiriendo la atmósfera deseada; y las obras de Sojo y Misterpiro entraban en escena, no para establecerlo, sino para reforzarlo.

Ambos comenzaron a recorrer el sitio de intervención para buscar motivos que inspiraran sus proyectos y lo encontraron en diferentes ámbitos. A Misterpiro le llamó la atención la cultura gastronómica quiteña. Le sedujo la diversidad de los colores de frutas y verduras locales que reinan en los mercados locales. Siendo su técnica caracterizada por una combinación abstracta de colores, Misterpiro emula los colores que vio mientras recorría los mercados de la ciudad. Su mural es una mezcla de colores, que evoca además a la mezcla de los sabores particulares de la gastronomía quiteña.

En contraparte, Sojo halló su inspiración en la cultura artesanal de la ciudad. Entró en el taller de un luthier de guitarras. Y más que los instrumentos, Sojo se vio cautivado por las herramientas que se usan para su construcción. De ahí que el componente principal de su mural sean los moldes que se usan para darle forma a los cuerpos de las guitarras. El instrumento se avizora en el vacío de las herramientas que le dan forma.

Fig. 67. "Sabores en Colores", de Misterpiro. Fuente: Fotografía de John Dunn Insua. Derecha, Fig. 68. "Guitarra Ecuatoriana", de Sojo. Fuente: Fotografía de John Dunn Insua.

Fig. 69. "Oficios y tradiciones 1", de Christian Tapia. Fuente: Fotografía de John Dunn Insua.

138. Ana Bermeo (la torera). (2021). http://enciclopediadequito.blogspot.com/2021/03/ana-bermeo-la-torera.html

5.4
LOS ARTISTAS URBANOS ECUATORIANOS

Las obras de los artistas ecuatorianos en el proyecto Caminarte se diferencian de las hechas por los artistas españoles tanto en aproximación como en propósito. El resultado de estas no es la reacción ante una cultura que, aunque cercana, les resultara desconocida. Ellos están sumergidos en la cotidianidad de ese entorno que tanto asombro y fascinación provocaron en los artistas urbanos españoles. Por ello, sus obras optan más por otros caminos. Se enfocan más en el rescate de tradiciones, en el reclamo por la igualdad de derechos y en resaltar las bondades de nuestra biodiversidad para fomentar su preservación.

Otro punto a favor que aprovecharon los artistas ecuatorianos es su conocimiento del sitio; sobre todo, de los recorridos que suelen hacer quienes visitan la avenida 24 de Mayo. Por eso, la ubicación de sus obras puede no ser tan paisajística, pero sí más estratégica. De cómo las consideraciones de estrategia le pueden ganar a las consideraciones de paisaje reflexionaremos más tarde, llegando a las conclusiones de este escrito.

A continuación, unas reseñas sobre las obras más relevantes, realizadas por artistas urbanos ecuatorianos.

"OFICIOS Y TRADICIONES 1 Y 2", DE CHRISTIAN TAPIA

Esta obra se encuentra estratégicamente ubicada junto a la salida peatonal del estacionamiento público del barrio la Ronda, contiguo a la 24 de Mayo. Tapia refleja un Quito contemporáneo, donde viejas tradiciones —algunas ya desaparecidas— coexisten con situaciones actuales. La legendaria Ana Bermeo, personaje tradicional del Quito de antaño, más conocida como "la Torera"[138], asoma como disfrutando de una banda de pueblo, que toca junto a un ilusionista que asombra a un par de niños. Todo esto mientras el volcán Pichincha erupciona a la distancia.

La obra salta a otro muro y sigue narrando el Quito lúdico que el artista plasma de manera caricaturesca. Vemos al tradicional vendedor de "Avena Polaca" mientras unas personas recurren al uso de máscaras, algo muy tradicional en la ciudad durante las celebraciones del fin de año. El amor por la naturaleza lo expresa una anciana cuidando unas flores; y la fraternidad existente entre vecinos se ve reflejada entre dos amigos abrazándose.

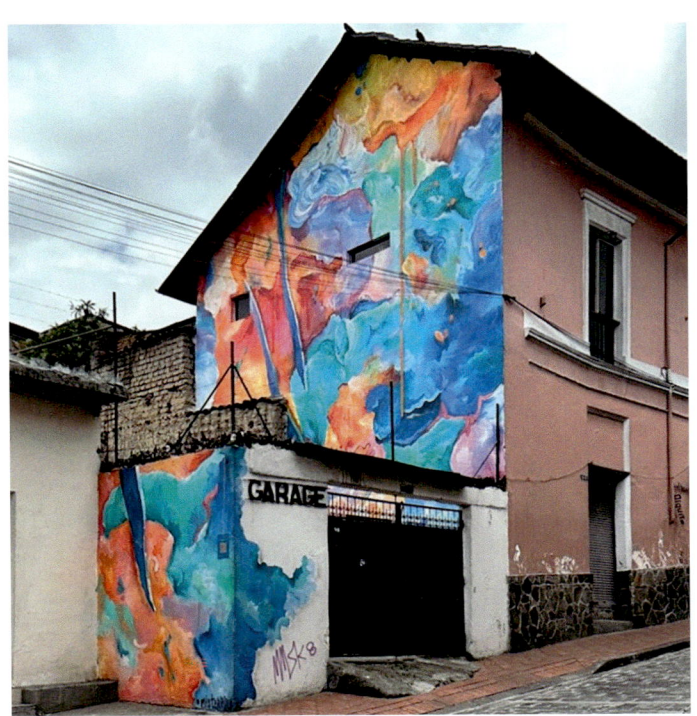

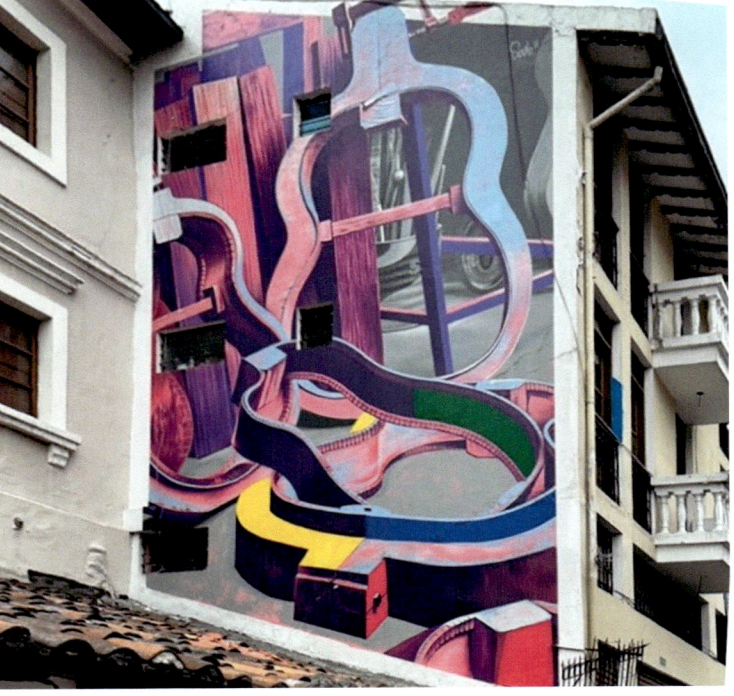

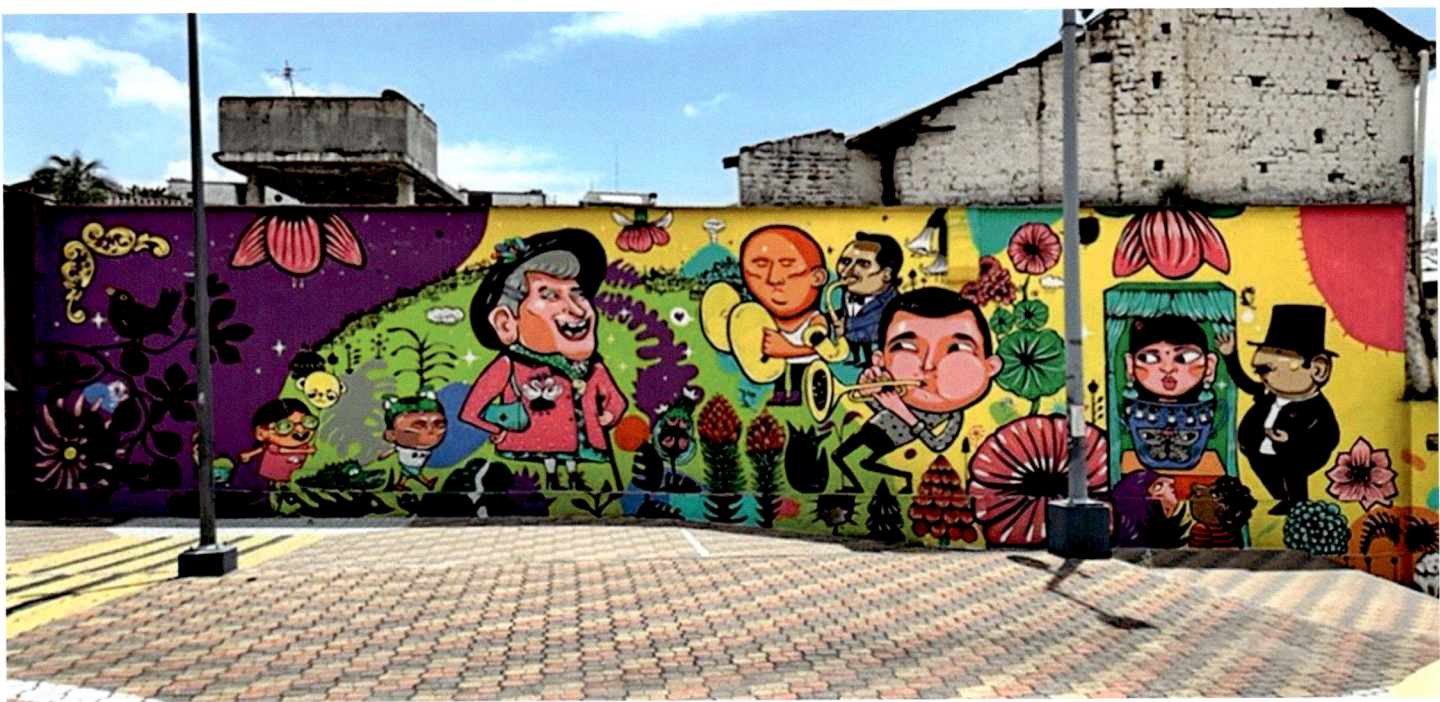

En esta obra de Tapia está presente de manera discreta un personaje vinculado a las tradiciones y mitos locales: el diablo quiteño. Lo vemos repetido varias veces, camuflado entre la multitud de detalles del mural. Brinca y salta entre los personajes, como queriendo persuadir a sus compañeros de cuadro a dejar por un instante su alegre formalidad, y entregarse a las travesuras que él les tiene preparadas, a modo de tentación. Quizá sea aquel diablito quiteño quien le pone esos rasgos caricaturescos y alegres a los demás personajes presentes en estas dos obras de Tapia.

"LA ESPERA", DE VERA PRIMAVERA

Un bonito juego de planos sobrepuestos, con llenos y vacíos. La artista aprovechó una fachada hueca y un muro de fondo para mostrarnos un sencillo trabajo: una mujer sentada, esperando. Ella representa la espera de todas las mujeres que forman parte de la cotidianidad del barrio: vendedoras de flores, sanadoras, vendedoras de hierbas y especies, trabajadoras sexuales, brujas y cartománticas.

Todas ellas esperan el futuro mejor que asoma a través de los orificios de esa fachada falsa, que nos permite escudriñar de manera tan particular la obra de Vera Primavera.

"PINGULLEROS", DE LA FACULTAD DE ARTES DE LA UCE

Un trabajo colectivo realizado por los estudiantes de la Facultad de Artes de la Universidad Central del Ecuador. Evoca a los pingulleros, que en la jerga local es como se conoce a los músicos que tocan los instrumentos tradicionales de viento. El término proviene del quichua: "pingullo" es como se le llama a la tradicional flauta indígena.

Se podría decir, sin temor a equivocarnos, que este mural está ubicado con consideraciones escénicas. El muro en el que se encuentra puesto inspira a la contemplación del mismo. Sirve además como fondo de una puesta en escena de música en vivo. El mural invita a músicos tradicionales de carne y hueso a unírseles para llenar de música el espacio público. El mural creado por la Facultad de Artes de la UCE deja plasmada una invitación a ocupar la calle para la inserción de un ambiente distinto, a través de la difusión del arte.

"EL REY DEL TROMPO", DE MUNDANA

Un trabajo que puede ser apreciado cuando uno baja del Panecillo, en sentido sur-norte, por la calle Guayaquil. De hecho, este es uno de los trabajos que mejor se puede apreciar cuando se recorre el sector en un automóvil, pues está ubicado junto a la entrada del viaducto que pasa bajo la 24 de Mayo. Por ende, no existen construcciones u objetos que lo bloqueen visualmente.

Es un mural que le rinde un justo homenaje a Don Jorge Rivadeneira, un artesano que dedicó su vida entera a la fabricación de trompos de madera. En el Ecuador, el trompo tiene un valor tradicional. Se le considera un juguete característico de la cultura local.

Don Jorge también es recordado por ser capaz de realizar varias acrobacias con los trompos. De ahí que en el mural de Mundana se le retrate con el trompo girando sobre una cuchara que él sostiene con la boca.

El contraste entre el fondo colorido de azules y violetas, versus el retrato en blanco y negro del Rey del Trompo, resalta —casi que denuncia— cómo la tradición de este juego se convierte más y más en un recuerdo desconectado de nuestra realidad.

"ESTAS SON NUESTRAS VOCES", DE DAVID SUR

Este artista urbano ecuatoriano escogió evocar la relevancia que tuvo en el barrio la famosa Radio Cosmopolita, un medio de comunicación que sirvió como voz para las voces marginadas del barrio durante décadas. Aún a pesar de haber sido una radio popular, de amplitud modulada y de corto alcance (apenas cubría la ciudad y sus periferias), Radio Cosmopolita fue una de las tantas frecuencias cuya concesión fue terminada de manera unilateral durante la presidencia de Rafael Correa, cuyo gobierno comenzó una revisión a las concesiones de frecuencias de radio. Sobrevivían solo aquellas estaciones que —a modo de coincidencia— expresaban sus simpatías con el gobierno[139].

David sur opta por darle fuerza al mensaje textual. La parte gráfica aparece para reforzar lo escrito. Entre textos y gráficos se conforma una piel geométrica, donde lo prioritario para el artista grita reclamando espacio sobre la fachada en la que fue pintada.

139. Radio que operaba desde hace 59 años se convierte en el sexto medio cerrado en dos semanas. https://www.fundamedios.org.ec/alertas/radio-que-operaba-desde-hace-59-anos-se-convierte-en-el-sexto-medio-cerrado-en-dos-semanas/

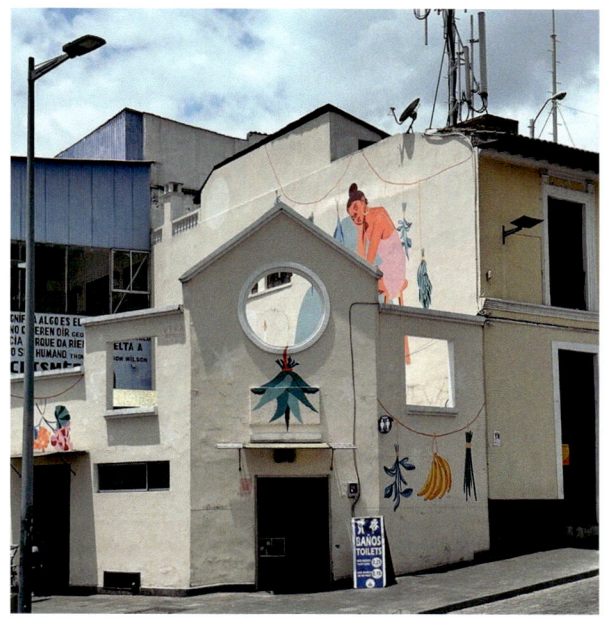

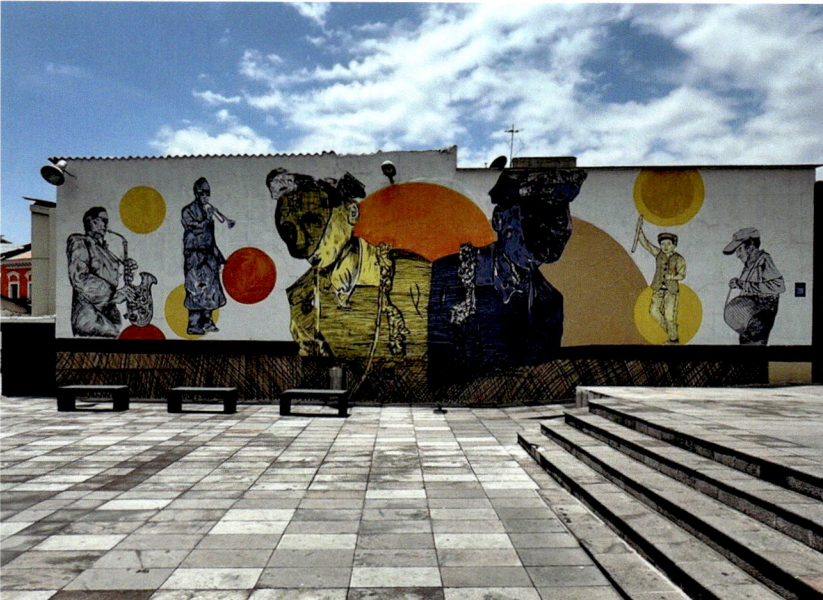

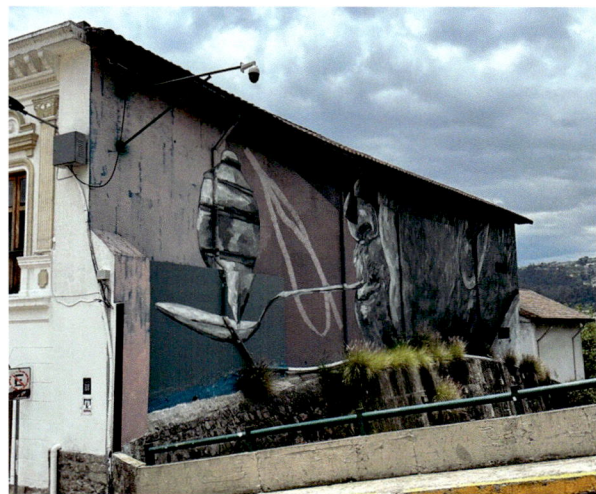

Fig. 70. "La Espera", de Vera Primavera. Fuente: Fotografía de John Dunn Insua.

Fig. 71. "Pingulleros", Facultad de Artes, UCE. Fuente: Fotografía de John Dunn Insua.

Fig. 72. "El Rey del Trompo", de Mundana. Fuente: Fotografía de John Dunn Insua.

Fig. 73. "Estas son nuestras voces", de David Sur. Fuente: Fotografía de John Dunn Insua.

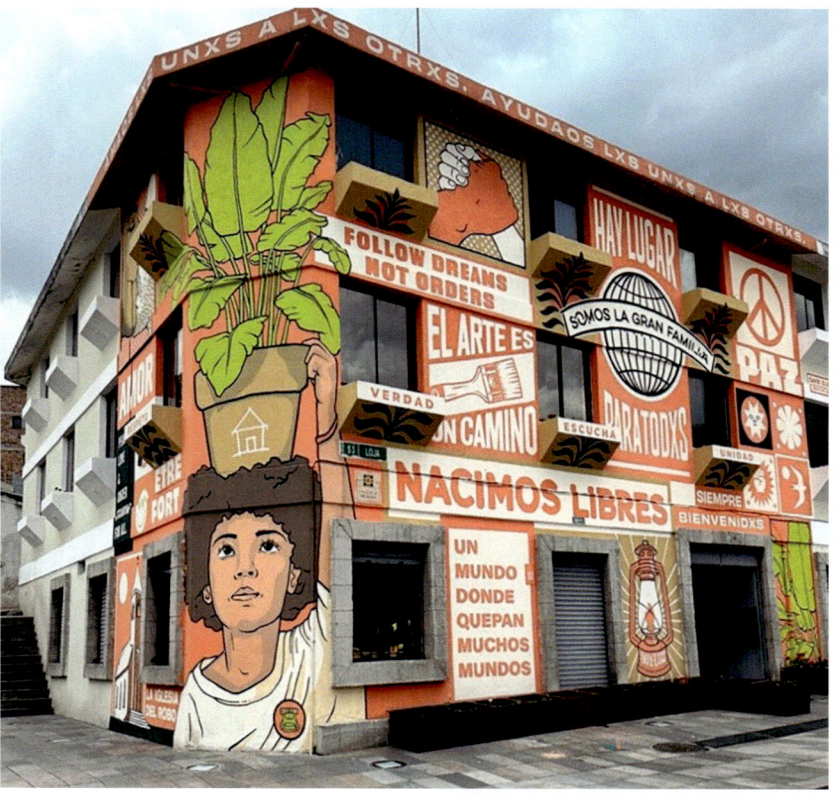

"ALTAR AZUL", DE MO VÁSQUEZ

En el mundo artístico de Mo Vásquez predominan los azules y los verdes. Son los colores que ella relaciona con esa intersección creativa, creadora y mágica entre la feminidad y la naturaleza. En su trabajo en el proyecto Caminarte predominan los azules, celestes y blancos. Genera una tensión equilibrada, entre lo racional y lo orgánico, realidad y magia.

Una criatura de ensueño —entre pavorreal y venado— gobierna el centro del mural. En los extremos se aprecian juegos geométricos que evocan los azulejos, que adornaban las casas y patios de antaño. Las flores se mueven libremente sobre la composición, convirtiéndose en una síntesis entre la racionalidad rectilínea y la sensualidad curvilínea de lo orgánico y femenino.

Mo Vásquez usa sus criaturas fantásticas para resaltar la magia de la arquitectura tradicional sobre la que habitan. La ambigüedad entre la seducción de la magia y la magia de la seducción cautivan al espectador un poco más allá de su control.

LAS DEMÁS INTERVENCIONES

Quedan en el tintero comentarios de 14 obras de arte urbano. Si no se las menciona en este trabajo no es porque su calidad sea deficiente. Ellas ayudan a consolidar el espíritu que el proyecto buscaba, pero lo hacen generando una atmósfera de textura urbana, más que de atractivo icónico. Sin embargo, es justo que su nombre conste como parte del presente trabajo, así como los títulos de sus obras:

Artista	Obra
Andrés Cuatín	Memorias
Chucuri	El Tiempo
Huesos de Buda	La Libertad, un lugar mágico
Pixeltres	Añoranza de los Coches de Madera
Ache	Somos Semilla
	Soy Semilla
La Guaytamba	Cuidadora de la Libertad
Carmen Dávila Falconí	El Futuro es Ahora

La mayoría de las obras son de menor escala. Algunos tuvieron que lidiar con algunas condiciones adversas del contexto, pero es mejor no revisar aquello desde la escala de cada intervención artística, sino en el espectro del proyecto Caminarte como un todo.

RESULTADOS FINALES

Si bien no se puede negar que —en general— el proyecto Caminarte ha traído mejoras a la calidad del espacio público, no es posible llegar a conclusiones generales cuando el análisis se hace en escalas o temas específicos. Esto se debe principalmente a que los cambios producidos por este no se han dado de manera equitativa en toda el área intervenida.

Existe un fortísimo desequilibrio en la distribución de las obras; lo cual perjudica en gran parte a los artistas urbanos ecuatorianos que ubicaron sus trabajos más allá de la Avenida 24 de Mayo, ya en el ascenso hacia el Templo de la Patria.

En teoría, quien debería hacer una suerte de balance y salvarse de este desequilibrio debería ser el trabajo de Boa Mistura, por la gran escala de su intervención. Sin embargo, un factor que no fue previsto le jugó en contra: el mural no puede ser apreciado desde la 24 de Mayo. Por ende, no se integra visualmente con el resto del proyecto, no funge de hito y no demarca la totalidad del recorrido.

A eso debemos agregar que el ascenso a la Cima de la Libertad ya es otro barrio, con otras condiciones: más aislado, con menos atractivos complementarios al arte urbano y menos seguro. Puede ser que en la 24 de Mayo tengamos también situaciones de abandono y deterioro, pero al menos esta se nutre de los beneficios que implica estar en la periferia del Centro Histórico.

Estos inconvenientes tienen un mismo origen que pudo haberse previsto si el proyecto Caminarte no se hubiera hecho contrarreloj: el recorrido se definió en un mapa, sin consideraciones de visuales panorámicas o de paisaje. En las dos dimensiones de un papel, la conexión simbólica entre la calle homónima a la fecha a conmemorar y el sitio donde se dio esa batalla histórica parece más que evidente. Pero en esta ocasión, la topografía —aquel factor que amplifica la particular belleza del paisaje quiteño— les jugó en contra.

En contraparte, la principal ganadora con todo esto fue la 24 de Mayo. Ahora se puede ver un grupo de turistas que —aunque aún escaso— visita el sector y toma fotos a las obras de arte urbano implementadas en el sitio. Por ello, la Policía Nacional y la Policía Metropolitana de Quito han aumentado su presencia en el sector. Sin embargo, los problemas del bulevar no han desaparecido. Existen aún actividades de microtráfico de estupefacientes. No se han atendido los problemas sociales que derivan en la indigencia de muchos ciudadanos en los alrededores, y la actividad económica sigue al mínimo de sus capacidades. La práctica de la prostitución informal (en Ecuador la prostitución es legal, siempre y cuando quienes la ejerzan tengan un carné sanitario) se ha disminuido, pero de manera marginal.

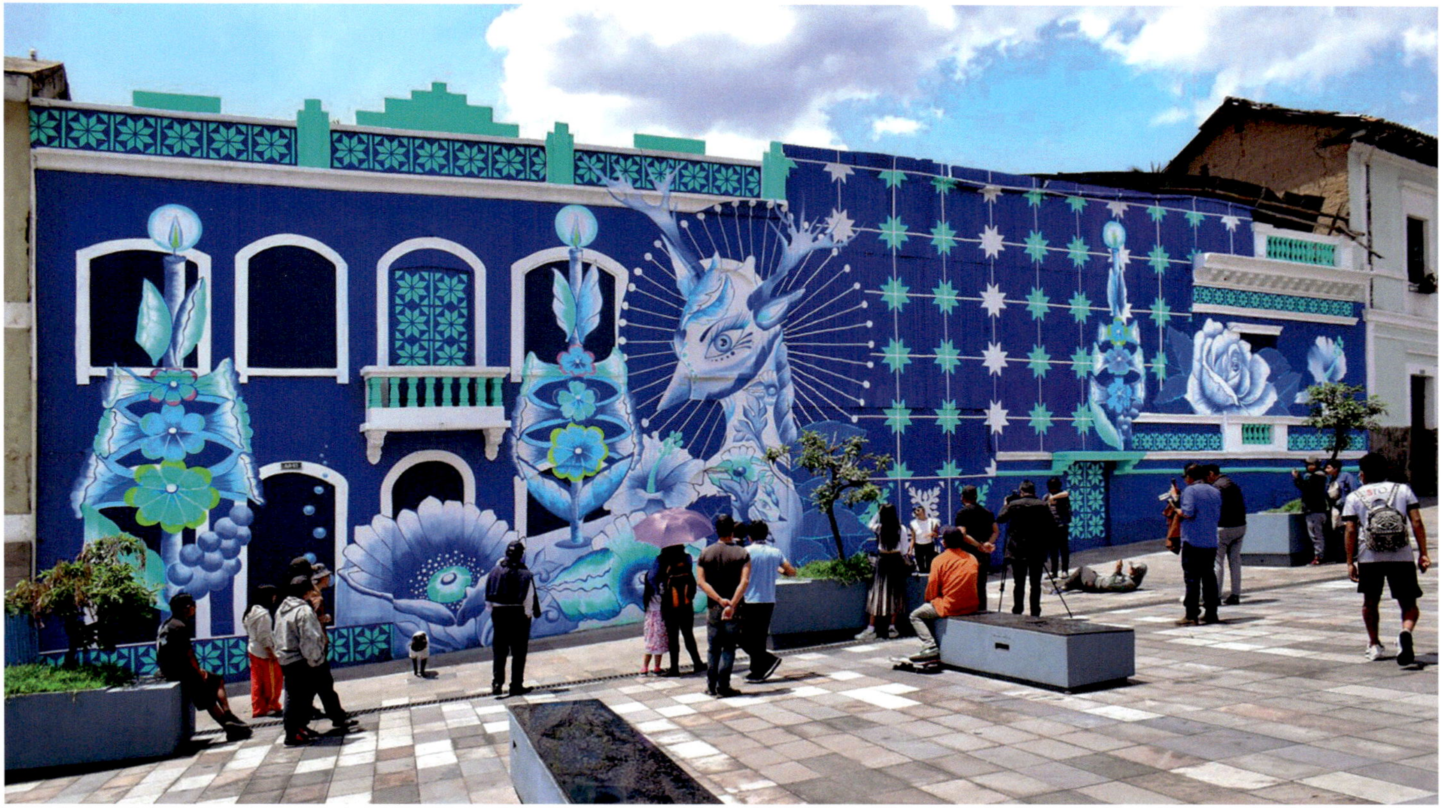

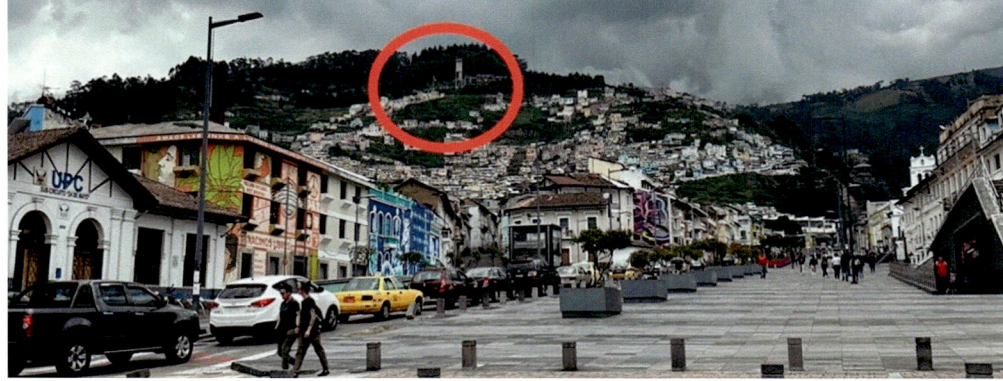

Fig. 74. "Altar Azul", de Mo Vásquez. Fuente: Instituto Metropolitano de Patrimonio.

Fig. 75. Foto panorámica de la Avenida 24 de Mayo. Se puede apreciar al fondo el Templo de la Libertad. El Mural de Boa Mistura también se encuentra dónde está el círculo rojo; pero los edificios circundantes lo bloquean visualmente. Fuente: Fotografía de John Dunn Insua

Las edificaciones alrededor del bulevar siguen siendo subutilizadas o en estado de abandono. Pretender que el proyecto Caminarte resuelva todos los problemas del sector sería tan injusto como pretender que el proyecto de Luis y Diego Oleas rescatara al barrio sin gestiones complementarias, solo con su construcción.

Como suele ocurrir en donde se implementa, el arte urbano es un gran incentivo para el rescate de barrios venidos a menos. Sin embargo, una patada inicial no define un partido completo. Para lograr un rescate exitoso y duradero del sector se debe complementar lo realizado con otras gestiones; como promover el uso de edificaciones y locales en desuso, insertar actividades complementarias vinculadas con el turismo, o bien dinamizar la economía barrial de la comunidad y promover espacios de capacitación artesanal.

Viendo las obras de manera individual, la gran ganadora como atractivo es —sin lugar a duda— "Las Bordadoras", de Okuda San Miguel. El escándalo producido originalmente por el Pikachu en el sombrero, que hasta en algún momento se pensó que podría perjudicar a todo el proyecto Caminarte, le terminó jugando a favor[140].

La obra de Boa Mistura fue un gran ejercicio de participación comunitaria. Tal como suele ocurrir con sus trabajos en otras partes del mundo, lo ocurrido en Quito demostró una preocupación que va más allá de la generación de una pintura. El arte es para ellos una forma de aprender y de congregar. Con esas consideraciones sobre la mesa, su trabajo fue otro éxito a su haber.

Finalmente, debe atenderse el problema de la escasez de residentes; no solamente en la 24 de Mayo, sino en todo el Centro Histórico. El centro debe volver a ser un espacio habitable. Gran parte del deterioro en este se da porque muchas de sus construcciones, si no están destinadas al turismo o a las instituciones públicas, suelen ser ocupadas por comercios en la planta baja y sus pisos superiores se usan solo como bodegas.

El arte urbano ya está sembrado en el sitio, y las miradas de muchos ya están en este sector de la capital quiteña, que pide a gritos que se le dé una mano para poder mejorar. Debe complementarse con gestiones en otros campos lo iniciado por el proyecto Caminarte. Caso contrario, y tal como ocurrió con la rehabilitación construida por los arquitectos Oleas, veremos cómo estas grandes obras se deteriorarán de manera similar a lo ocurrido con el barrio. O peor aún, que la indiferencia termine pintando de blanco los muros que el proyecto Caminarte logró rescatar con talento, creatividad y color.

140. Holguin, J. C. (2022). *AMC inició procedimiento sancionador por ataque contra mural de Pikachu*. El Comercio. Retrieved Apr 26, 2024, de https://www.elcomercio.com/actualidad/amc-procedimiento-sancionador-ataque-mural.html

ANEXOS

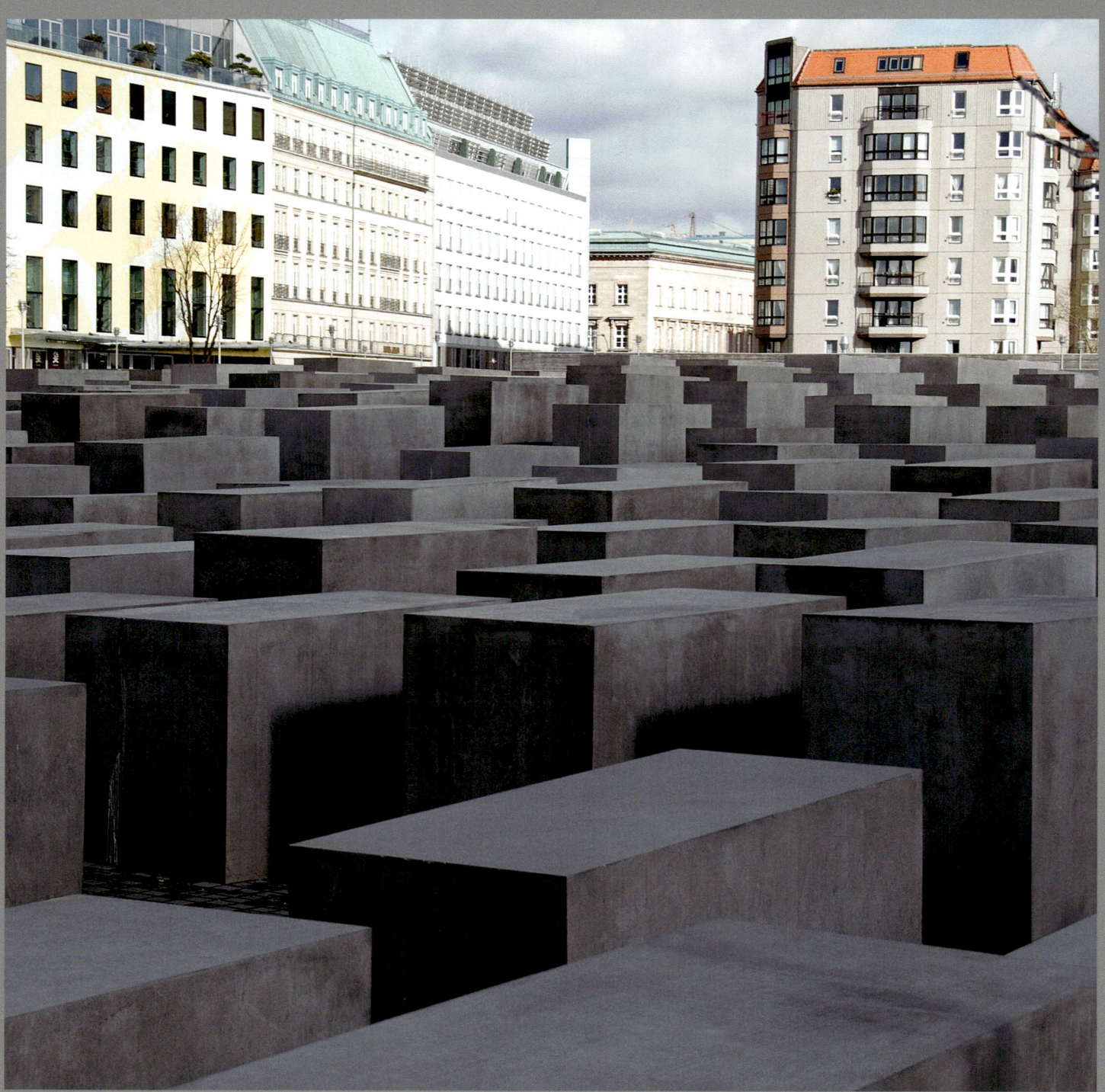

A.1
RESEÑA HISTÓRICA PARTICULAR. MONUMENTO VÍCTIMAS ATENTADO 31 MAYO 1906. ARTE URBANO ARQUITECTÓNICO

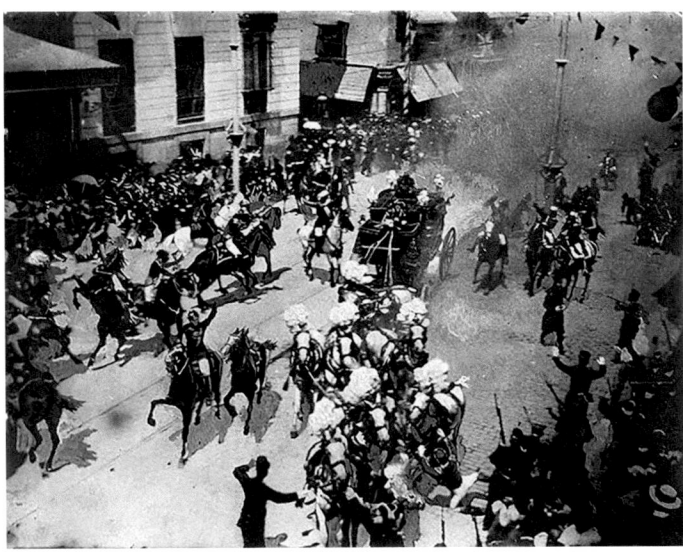

Fig. 77. Fuente: Archivo histórico.

La historia de España a finales del siglo XIX y principios del siglo XX estuvo marcada por una sucesión de atentados, la mayoría de índole anarquista. La familia real fue un objetivo recurrente, de tal forma que tanto Alfonso XII como su hijo Alfonso XIII sufrieron diversos ataques sin que ninguno de ellos consiguiera la muerte del monarca. De entre todos ellos, el ocurrido el 31 de mayo de 1906 en la calle Mayor de Madrid fue uno de los más terribles debido al extenso número de víctimas que causó.

El atentado estaba dirigido al cortejo nupcial de Alfonso XIII y Victoria Eugenia que, tras haber celebrado la ceremonia de su boda en la iglesia de los Jerónimos, regresaba al Palacio Real. En los días anteriores al enlace ya circulaban rumores acerca de un posible ata-

Fig. 76. Memorial del Holocausto (2004), por Peter Eisenman. Fotografía: Chris_Willemsen

que al Rey aprovechando los actos de celebración, lo que motivó la creación de un despliegue de medidas para intentar evitar el éxito de un posible ataque. Sin embargo, el anarquista Mateo Morral, desde un balcón de la casa número 88 de la calle Mayor, consiguió arrojar sobre el séquito una bomba camuflada entre un ramo de flores. Tanto el Rey como la Reina salieron ilesos, pero ocasionó un verdadero magnicidio debido a la cuantía de muertos y heridos ocasionados, no solo de la comitiva real, sino también entre el público que aclamaba a los recién casados.[141]

Un año más tarde, en 1907, se constituyó una "Junta de Damas" integrada esencialmente por aristócratas y presidida por la condesa viuda de Torrejón y la duquesa de la Conquista. El principal objetivo de la junta era la de recaudar fondos a fin de poder levantar frente al lugar del terrible suceso, un monumento conmemorativo a las víctimas del atentado. Se cuenta la anécdota de que uno de los soldados moribundos, cuando estaba siendo atendido por una ilustre dama, dijo: "Señora, si cuando se comete un asesinato en el campo se marca el sitio con una cruz para pedir a los caminantes recuerdo y oraciones, ¿no se hará lo mismo con nosotros?".[142]

De este modo, con el fin de "tributar una acción de gracias al cielo por la milagrosa salvación de los reyes..." y "... de consignar de manera permanente los nombres de las víctimas, señalando el sitio en que cayeron herida",[143] la Junta encarga un boceto para un monumento conmemorativo al arquitecto madrileño Enrique Mª Repullés y Vargas.[144]

El proyecto se presenta para su aprobación al Ayuntamiento de Madrid con fecha del 31 de mayo de 1907, esto es, justo cuando se

141. Bravo Morata relata de la siguiente forma el suceso: "... por el suelo, en un instante, y por las puertas y balcones próximos, empezaron a brotar los lamentos de los heridos y los casi aullidos de los agonizantes. En poco tiempo fueron contados, solo entre las personas que se hallaban presenciando el paso de la comitiva en los balcones inferiores de la misma casa, los siguientes: don José Sola, don Luis Fonseca, los marqueses de Tolosa, María del Carmen Ulloa, don Antonio Prieto Calvo, su hija María, todos ellos muertos; y heridos tantos que la sangre chorreaba por el todo de una sastrería situada en el entresuelo. En la calzada, en un enorme charco de sangre, yacían los oficiales Rasilla, Reinlein y Prendergast, el cabo Lorenzo Navalón, el tambor Gregorio Sánchez, el soldado Hilario García y los educando de bando Isaac Romanillos y José Martínez. Aparte de éstos, así treinta heridos más del regimiento Had – Ras y casi cincuenta paisanos de los que presenciaban el desfile". Bravo Morata, F.: *Historia de Madrid*, vol. III, Madrid 1985, quinta edición (pp. 188-191).
142. Archivo de la Secretaría del Ayuntamiento de Madrid. Legajo número 19-49-73. De la memoria presentada a la Junta de Damas por Enrique Mª Repullés y Vargas con fecha 31 de mayo de 1907. Impresa por Nicolás Moya. p. 2.
143. Archivo de la Secretaría del Ayuntamiento de Madrid. Legajo número 19-49-73. Memoria presentada por Enrique Mª Repullés y Vargas al Ayuntamiento de Madrid. p. 1.
144. En 1985 el nieto de Enrique Mª Repullés y Vargas, el escultor José Luis Martínez Repullés, conservaba aún un boceto de escayola del monumento de unos 50 cm de altura.

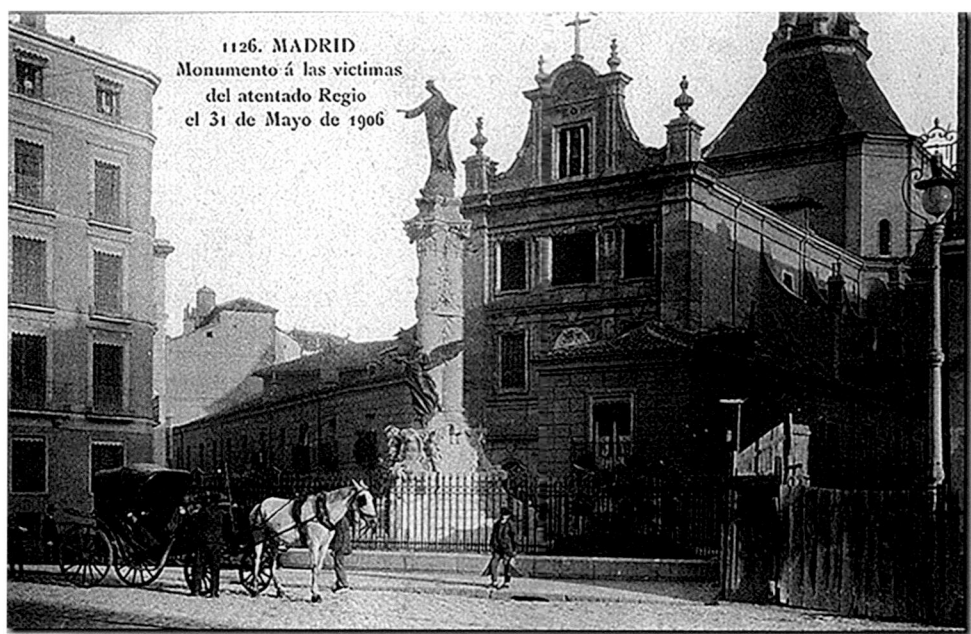

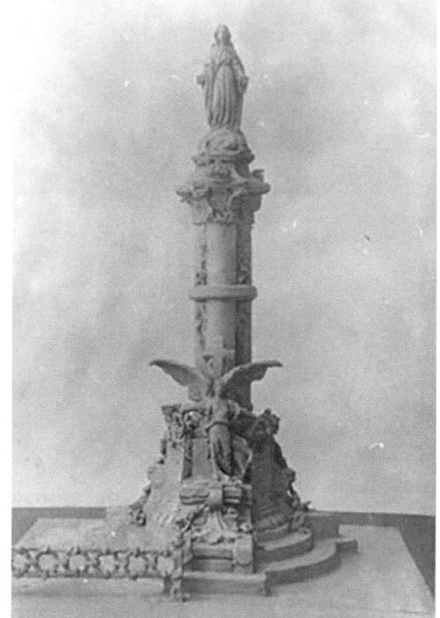

Fig. 78. Fuente: Archivo histórico.

Fig. 79. Fuente: Archivo histórico.

cumplía el primer aniversario del atentado. El Ayuntamiento accede y aprueba el proyecto presentado, dando comienzo a las obras. Su financiación se haría por suscripción pública.

El lugar elegido para su instalación fue la plazuela situada delante de la iglesia del Sacramento, al final de la calle Mayor, frente a la casa desde la que Mateo Morral arrojó la bomba. Era necesario reformar la plazuela para la colocación del monumento. En primer lugar, porque plazuela se hallaba desnivelada respecto a la calle, siendo necesario terraplenar el solar; en segundo lugar, porque había una fuente de escaso uso que ya prácticamente la ocupaba entera; y, en tercer lugar y no menos importante, porque resultaba insalubre debido a que los rincones cercanos al Pretil de los Consejos eran utilizados como basureros y retretes públicos. Repullés acometió la reforma construyendo un muro de contención en ladrillo con un zócalo de cantería granítica de medio metro más una cornisa se piedra blanca, dejando a los lados la bajada a través de una rampa y de una pequeña escalinata.

145. Archivo de la Secretaría del Ayuntamiento de Madrid. Legajo número 19-49-73.

Según cuenta en su memoria Repullés, tuvo que hacer numerosos tanteos y croquis hasta encontrar la forma más adecuada para la planta debido a la extraña disposición del solar. El Pretil de los Consejo no estaba paralelo al eje de la calle ni a las fachadas de los números pares de la calle[145] y, si se hubiese adoptado tal alineación, su frente no habría quedado paralelo al eje principal, sino girado respecto al mismo. Este fue el motivo determinante por el que Repullés eligió la elipse como forma determinante. Su eje mayor se encuadraría entre la rampa y la escalinata, paralelo a las fechadas de las casas pares, con lo que el frente del monumento resultaría más coherente.

El monumento, de unos ocho metros de altura, se alzaría en el centro de la elipse. Debía cumplir una doble misión: por un lado, agradecer la salvación de los Reyes, motivo por el cual el monumento estaría dedicado a la "Reina de Todos los Santos y Madre del Amor Hermoso", cuya fiesta se celebraba el día en el que ocurrió el atentado; y por otro lado y principalmente, recordar a las víctimas del atentado haciendo destacar su diferente procedencia social.

Repullés resolvió plantear el monumento en clave alegórico-historicista. El núcleo central lo formaría tres grandes columnas debido a que "la columna es siempre reveladora de ideas de elevación y de nobleza" y, por tanto, el símbolo arquitectónico más adecuado

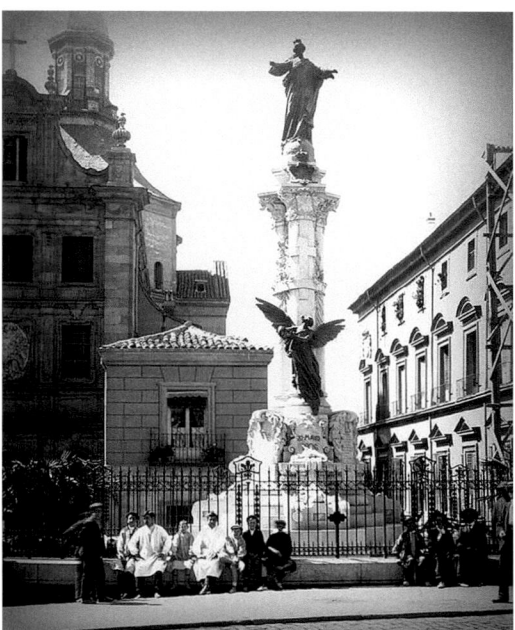

Fig. 80. Fuente: Archivo histórico.

para la ocasión. Cada columna representaría a una de las clases sociales víctimas del atentado: el pueblo, el ejército y la aristocracia. En los capiteles se remarcarían estas ideas. En el capitel de la columna de la aristocracia aparecerían escudos con coronas de duque, marqués, conde, vizconde y barón; a su derecha estaría la columna del ejército, con los emblemas de trofeos de armas, destacando el ros del regimiento de Wad-Ras al que pertenecían un considerable número de heridos y damnificados, además del casco representativo de la escolta real.

En el capitel de la columna de la izquierda, la que representaba al pueblo, los símbolos harían referencia a la agricultura, el comercio, la industria, los oficios y las bellas artes.

Las tres columnas se unían en la parte intermedia de sus fustes por una banda que las rodeaba y en donde aparecía la inscripción "la oración nos une". Dicha banda servía de separación de otros motivos alegóricos. Hacia la parte superior irían subiendo flores hasta los pies de la Virgen que simbolizarían las oraciones de gratitud, mientras que hacia abajo descendería palmas y laureles referidas al concepto de martirio y gloria.

Hacia la mitad de la columna central se adosaría una cruz expiatoria pedida por el soldado moribundo.

Las columnas servían de soporte a una imagen de Nuestra Señora del Amor Hermoso con los brazos extendidos y sus pies se apoyarían en una esfera celeste en la que se situaría el blasón real y los nombres de los monarcas.

El basamento hexagonal se dedicaba por entero a las víctimas con tres cuerpos salientes en los que se colocarían los escudos de la nación y de la villa de Madrid, rodeados de guirnaldas, palmas y coronas "como ofrenda de los vivos a los muertos"[146]. En otro lado se mostrarían tres lápidas. En la central se inscribiría la fecha del suceso y su dedicación[147], mientras que en las laterales, enmarcadas por coronas de laurel, aparecían los nombres de las víctimas: en la de la derecho los fallecidos en acto de servicio y en la de la izquierda los nombres de los asistentes al cortejo que fueron sorprendidos en el momento de la explosión, sobre los que la figura de un ángel sostendría una corona de flores. En la parte inferior del basamento aparecían siemprevivas[148].

Al dividir de este modo el monumento, Repullés dedicaba la parte superior del monumento al requisito de agradecer la salvación de los monarcas, mientras que la parte inferior recordaba a las víctimas.

La parte arquitectónica del monumento se construiría con mármol blanco de Novelda y las esculturas de gran tamaño en bronce.

El monumento se completaba mediante un pequeño jardín con flores y arbustos de escasa altura y se cerraría con una verja de hierro, con zócalo y pedestales de unos dos metros de altura rematados por flameros.

Las esculturas de la Virgen y del ángel[149] fueron realizadas por el escultor Aniceto Marinas, amigo y colaborador de Repullés, mientras que la labor de ornamentación y labra corrió a cargo de Algueró el hijos, también colaboradores habituales del arquitecto y para los que había realizado sus talleres.

146. Memoria presentada a la Junta de Damas. Opus cit. Nota 2, p. 3.
147. En la inscripción se leía: "Erigido en 1908 por suscripción nacional, en memoria de las víctimas del atentado, que tuvo lugar en este sitio, el 31 de Mayo de 1906, al regresa a Palacio, SS.MM. D. Alfonso XIII y Dña. Victoria, después de celebrar su boda en la iglesia de San Jerónimo".
148. En la obra de Enrique Mª Repullés y Vargas se ve su interés por la alegoría simbólica de los elementos decorativos. Así lo muestra en varios artículos que escribe sobre el simbolismo en la arquitectura cristiana, la simbología de las flores, etc.
149. La escultura de la Virgen fue costeada por el conde de Guaqui y la del ángel por la marquesa de Esquilache. Las dos figuras aparecen en el boceto de Repullés como vemos en la reproducción que hay en su memoria del 31 de mayo de 1907, por lo que podemos pensar que dio al menos unas líneas generales al escultor Aniceto Marinas, si bien las esculturas definitivas se realizaron con mayor movimiento, menos rígidas que en el boceto inicial, sobre todo la figura de la Virgen, que aparecía con las manos a lo largo del cuerpo.

La obra sufrió ligeras modificaciones, sobre todo en la parte escultórica, desde su proyecto a su realización final y fue inaugurada a principios de 1908. Se realizó de una sencilla ceremonia, en la que el obispo de la diócesis de Madrid-Alcalá bendijo el monumento y se hizo entrega de este al ayuntamiento.

La inauguración fue escuetamente recorrida por las publicaciones de la época. No se había obtenido la esperada respuesta popular para conseguir financiación. Fue objeto de críticas y discusión en círculos y tertulias. El motivo de la polémica fue al parecer el mismo motor del monumento. Muchos no estaban de acuerdo en rememorar ese derramamiento de sangre. Podemos ver esta idea expuesta en uno de los artículos más duros publicados en esos días en el que se decía:

"... el monumento no ha sido reclamado por un movimiento unánime de opinión; nadie mostró anhelo porque acto tan lamentable tuviera a perpetuidad quien lo recordara en toda su fatalidad trágica, fueron unas cuantas personas las que guiadas por una noble convicción —así lo creemos—, pero por una idea equivocada, descubrieron anhelos que no existían, advirtieron aquel movimiento de opinión, que nadie más advirtió, y celeridad de ejecución de quién tiene medios sobrados para realizar sus ideas, dieron forma plástica a sus entusiasmos piadosos.

La opinión general fue más aguda; creyó que, por una catástrofe tan odiosa, par un insulto y un atentado tan arteros a nuestros reyes, para un peligro tan enorme corrido por todos y una desgracia tan maña fortuna, no cabían sino un piadoso olvido del acto repugnante, y en os creyentes, un piadoso rogar por el alma de los que perecieron.

Pero lo que se ha hecho es peligroso, indiscreto y expuesto al equívoco; por todo lo cual debiera haberse evitado la construcción del monumento"[150].

No se criticaba directamente a las personas que conformaban la Junta, sino lo que habían querido "glorificar". Según esta idea, la obra se habría comprendido mejor si en ella solo apareciese una de las características antes mencionadas, puesto que la doble idea de dar gracias por la salvación de los reyes y el recuerdo de a víctimas casi entraba en contradicción y dio lugar a comentarios irónicos al respecto afirmando en alguna otra publicación en la que al hablar de la escultura de la Virgen expresa que "salvó milagrosamente la preciosa vida de los monarcas mientras que las víctimas no obtuvieron tal beneficio"[151].

Tampoco Repullés se salvó de las críticas. Se le acusaba de no haber sabido mostrar con un lenguaje sencillo lo que se pretendía. Había hecho un monumento demasiado emblemático y a la vez más escultórico pictórico que arquitectónico debido a la profusión de elementos decorativo. Salvador y Carreras le critica por el uso que hacía de las columnas y su agrupación ya que a su entender "... la columna no se puede tratar de la forma que él la ha tratado ... sino que la columna es un elemento que tiene que emplearse totalmente aislado"[152].

Realmente hubo opiniones para todos los gustos, y el debate estaba servido. Actualmente no podemos apreciar directamente quién se acercaba más a la verdad, el monumento fue desmontado y llevado a los Depósitos de escultura de Ayuntamiento. De Repullés solo queda la urbanización de la zona y en sustitución del antiguo monumento hoy vemos un pequeño recuerdo consistente en una pilastra de granito y un ángel de bronce que sostiene una cartela en donde se lee: "Madrid 1906 – 1963. En memora de las Víctimas del atentado contra SS. MM. D. Alfonso XIII y Dña. Victoria Eugenia el 31 de mayo de 1906"[153].

Sus nombres han sido olvidados.

150. Salvador y Carreras, M. (1908). *El Monumento del 31 de Mayo de 1906*. Pequeñas Monografías de Arte, año 11, n° 16, Madrid Agosto 1908, pp. 129-136.
151. Ibidem, p. 132.
152. Ibidem. p. 134.
153. Arquitectura y construcción, Octubre 1908, pp. 344-345.

A.2
ENTREVISTAS A ARTISTAS URBANOS

CUESTIONARIO:

[1] Pequeña biografía y breve presentación de tu trayectoria

[2] ¿Qué destacarías del panorama actual del Arte Público Urbano en España?

[3] ¿Qué crees que aporta tu obra dentro del Arte Público Urbano actual que lo diferencia?

[4] ¿Qué opinas sobre la necesidad e importancia del proceso participativo en tu obra?

[5] ¿Qué tipo de modalidad y fuentes de encargo han sido más frecuentes en tu trayectoria?

[6] ¿Qué características crees que diferencian al muralismo de otras manifestaciones urbanas?

[7] ¿Cómo aportas identidad a tus intervenciones en el lugar concreto? Elección de los lugares específicos, la importancia del espacio urbano circundante, ámbitos de intervención...

[8] ¿De qué forma crees que el Arte Público Urbano puede contribuir a la calidad de vida de la población?

[9] ¿Cómo has tenido noticia, en algún caso concreto, del éxito posterior a tus intervenciones?

[10] ¿Crees que es importante plantear un seguimiento en el tiempo posterior a tus intervenciones? Seguimiento de la vida útil de la obra, mantenimiento, reparaciones...

A continuación, se transcriben las entrevistas llevadas a cabo a artistas urbanos de prestigio reconocido: Boa Mistura, Eneko Azpiroz, Michelangelo Marra, Misterpiro y Sojo. El objetivo es contrastar las diferentes opiniones de cada una de las personalidades artísticas para presentar un documento de innegable valor para la investigación, que venga a relacionar la obra de arte urbano con su repercusión en la sociedad y su posible grado de influencia respecto a la calidad de vida.

BOA MISTURA

[1]: Somos un colectivo artístico nacido en Madrid a finales de 2001. Crecimos a mediados de los 90 pintando graffiti en nuestro barrio, la Alameda de Osuna, en la periferia de Madrid.

Pintar murales era nuestra manera de relacionarnos. No solo entre nosotros, también con vecinas y vecinos del barrio.

El graffiti fue la base, una raíz común que nos permitió desenvolvernos en el contexto urbano, y sirvió como plataforma sobre la que aprender, probar, descubrir y experimentar.

En 2010 nos instalamos en el centro de Madrid, y comenzamos nuestro camino profesional. En 2011 realizamos una residencia artística en Ciudad del Cabo que, de una forma por completo casual, modifica nuestra perspectiva sobre las implicaciones y responsabilidades de trabajar en el espacio público. Descubrimos la participación, el poder de involucrar al público como parte activa del proceso de creación de un proyecto.

A partir de entonces, hemos realizado proyectos colaborativos en todo el mundo, siempre aprendiendo y enriqueciendo una metodología que coloca al ciudadano como protagonista, lo convierte en parte activa desde el proceso de conceptualización del proyecto, hasta la ejecución del mismo. Esta metodología de trabajo ha sido galardonada con la medalla de bronce en el World Habitat Awards de la ONU Habitat + World Habitat 2018.

[3]: Entendemos nuestra obra como un elemento transformador, creando o alterando las relaciones de las personas con el lugar en el que viven, así como los lazos que existen entre ellas. El arte público es para nosotros una manera de relacionarnos con un contexto específico y sus agentes: vecinos y vecinas que participan en el mural, ya sea respondiendo una encuesta, pintando unos pocos metros cuadrados, u ofreciendo una taza de café.

Nuestro trabajo como artistas consiste en inspirar, transformar o provocar una reflexión. Tratamos de dar voz al barrio para traducir sus anhelos, críticas, virtudes e historias en una obra que modifique un espacio urbano particular. Y emplear esta expresión cultural para conectar personas y generar sentimiento de pertenencia.

[4]: La participación es un elemento clave en nuestros proyectos. Son ellos quienes deben hacer propio el mural. Por este motivo es clave su colaboración: la obra debe partir de ellos, y terminar con su validación, pues son ellos quienes van a convivir día a día con la pieza.

Nuestras intervenciones ocupan un espacio común, patrimonio de todos y todas. Por eso, para que un proyecto tenga el calado necesario, debe contar en todo momento con un consenso mayoritario que apruebe la obra. Esto sólo se puede conseguir activando a los miembros de la comunidad, otorgándoles la co-autoría de la obra.

[5]: En nuestro caso, las fuentes de encargo y naturaleza de los proyectos que acometemos son tremendamente variadas. Organizamos nuestro calendario entre proyectos de encargo externo y proyectos auto impulsados por nosotros.

Somos personas con tiempo y energía finita, y nuestra capacidad de acometer proyectos, asegurando un cariño y una calidad satisfactoria, es limitada. Podemos encajar entre ocho y diez proyectos grandes al año.

Tratamos de equilibrar la naturaleza de los mismos, barajando proyectos con mayor exigencia física y mental, que implican estar lejos de casa en contextos complejos, cono otros más ligeros, ágiles y sencillos de acometer.

Proyectos de gran escala, que implican intervenciones con mayor calado en un territorio, suelen estar impulsadas por municipalidades y organismos gubernamentales, que son quienes tienen la capacidad de decisión sobre los territorios, y responder a demandas y necesidades.

Otras veces son eventos como bienales y ferias de arte, que buscan obras con otro tipo de impactos en el lugar en el que acontecen, con un carácter más permanente que la propia muestra.

Los festivales de muralismo son una fuente de encargo recurrente también, aunque entendemos que a veces, nuestra condición de colectivo dificulta nuestra presencia.

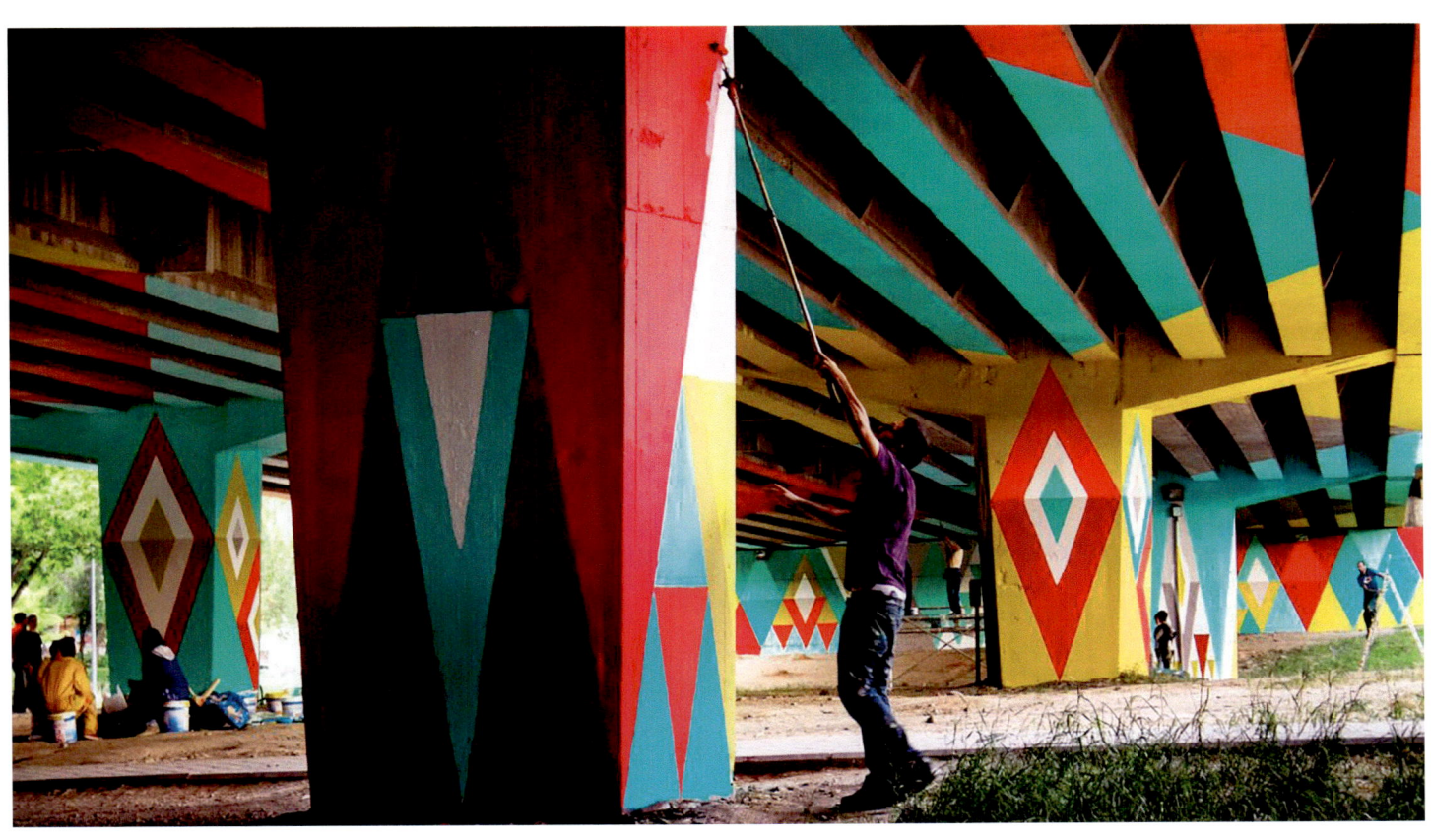

Fig. 81. San Cris de colores. Puente de la Avenida de Andalucía, Calle Burjasot,
San Cristóbal de los Ángeles, Madrid. Fuente: tiwel.es

Y, luego están los proyectos que nacen de las entrañas del estudio, que responden a intuiciones e investigaciones propias.

De estos solemos hacer uno o dos cada año, autofinanciándolos con recursos propios del Estudio, que vamos apartando de proyectos que cuentan con una bolsa de recursos más holgada (generalmente, de financiación privada).

[6]: La pintura mural vive fija al muro, por ello es una manifestación artística con un carácter contextual importante. El muro preexistente viene siempre acompañado de una historia que condiciona la obra.

Al contrario que una obra exhibida en un espacio expositivo de interior, el arte público carece de filtros y la comunicación entre artista y público es directa y sin filtros. Este hecho particular hace del arte urbano un potente vehículo transmisor de relatos, capaz de significar o re-significar espacios.

Dada esta condición de inamovilidad, el disfrute de las intervenciones artísticas murales es de obligatoria presencialidad. Quizás sea ese uno de los principales factores por los que ha florecido toda una industria en torno al arte público a base de subvenciones, concursos, becas, festivales e incluso políticas públicas, que han facilitado el camino a las últimas generaciones de Artistas jóvenes.

[7]: Para nosotros, el lugar en el que se emplaza nuestra obra tiene una importancia capital a la hora de desarrollarla.

Entendemos que el arte urbano está anclado a los lugares, les pertenece de forma intrínseca desde el momento en que nadie puede extraer la obra de su contexto.

A veces, la obra en el espacio público completa o se apoya en un relato ya existente, y otras sirve para generar una nueva memoria en un lugar.

En cualquiera de los casos, tratamos siempre de tener una comprensión del territorio lo más amplia posible, descodificarlo y entenderlo, tanto a través de los ojos de quienes lo habitan mediante encuentros vecinales y dinámicas, como a través de nuestra propia experiencia (paseos, acercamiento a la historia y cultura del lugar).

Toda esa información la filtramos y traducimos en una propuesta artística.

A veces el vínculo con el lugar es más explícito, y la obra responde de forma directa a alguno de los estímulos del lugar, y otras es de una forma más sutil, menos evidente, pero la obra nunca es preconcebida ni ideada al margen del lugar en el que va a cohabitar.

En cuanto a los lugares, cuando no vienen dados por imposición de la contraparte, surgen de la misma manera que el concepto, comprendiendo el territorio y buscando el tipo de intervención que genere un impacto más adecuado y armónico en este.

Generalmente, trabajamos el territorio con dos estrategias; lo que llamamos acupuntura urbana, que es hacer una serie de pequeñas intervenciones, discretas y diseminadas por un territorio que generan varios puntos de impacto, creando un tejido, y el "hito", que es lo opuesto, a la acupuntura urbana; intervenir en un espacio definitorio del territorio, por su escala o por su presencia en el día a día del lugar, creando un impacto contundente en un punto concreto, que revera en todo el tejido urbano que lo rodea.

[8]: Tratamos de despojar a nuestro trabajo de cualquier presión, asumiendo que la capacidad transformadora del arte queda acotada a la dermis de los territorios.

Dentro de estos límites, qué duda cabe de que el arte público hace una pequeña aportación a la mejora de la calidad de vida.

Desarrollando un proyecto en la ciudad de Antofagasta, al norte de Chile, Yamilett, una de las vecinas de la comunidad con quien contamos para que nos asistiera durante la ejecución de la obra, dijo; "tú pintas, y la belleza de lo que estás pintando, es lo que sientes dentro".

Estas palabras creemos que no sólo tienen sentido en quienes participan o participamos de forma activa en esa transformación del entorno urbano, sino también en quienes lo habitan.

Cuando el proceso de un proyecto incorpora la participación de los vecinos y vecinas del lugar, genera una serie de conexiones e interacciones; Primero de ellos con nosotros como agentes externos a su día a día, y después con la obra y entre ellos mismos, relacionándose en su contexto, pero desde un lugar diferente, como es el de la transformación de su espacio público.

Como seres sociales, la relación con nuestros vecinos, así como la relación con nuestro entorno determina en parte la calidad de vida.

Si el proceso del proyecto ha ayudado a fortalecer los lazos vecinales, y a generar un nuevo vínculo con el lugar que habitamos, es que ha cumplido con su pequeña aportación a la calidad de vida.

[9]: Es difícil para nosotros medir el éxito de una intervención.

Como decíamos antes, no le imprimimos a nuestro trabajo mucha más presión que la de que sea honesto, con nosotros mismos y con el lugar al que pasa a pertenecer y quienes lo habitan.

Más allá de esto, podemos considerar un éxito cualquier gesto de transformación, inspiración o reflexión generado ya sea por la intervención per se, o por el proceso que la rodea.

Éxito para nosotros es el caso de Cleophas, vecino del slum de Kibera (Nairobi), que inspirado por la obra que hicimos allí y en la que participó activamente, creó una plataforma online para dar trabajo a las personas del slum con un oficio, pero sin titulación académica, en otras áreas de la ciudad, o Yamilett, que sin haber tenido nunca un vínculo con el arte ni la pintura, comenzó a ganarse la vida pintando sus propios murales tras formar parte de nuestro equipo de trabajo en varios proyectos en la ciudad de Antofagasta.

También lo sería para nosotros el caso de Nierika, proyecto que realizamos en 2017 en la Colonia Unidad Habitacional Infonavit Estadio (Guadalajara, México).

El proyecto incorporaba unas pistas deportivas y los cuatro edificios adyacentes. Por persistente solicitud vecinal, que demandaban que la intervención se extendiese más allá de los cuatro bloques elegidos, la alcaldía termino accediendo a pintar los 62 bloques restantes que componen la totalidad de la colonia.

Son algunos casos en los que la obra ha provocado cambios, a escala humana y personal y a escala comunitaria y territorial, pero no siempre es así.

El impacto de nuestro trabajo se escapa a nuestro control, por eso, dormimos mejor desde que la única presión que tenemos con nuestro trabajo es en lo que está en nuestra mano, que es la honestidad.

[10]: Uno de los aprendizajes que nos llevamos de los años del graffiti, es que nuestro trabajo es efímero.

Entonces era la acción de otros graffiteros o las brigadas de limpieza del ayuntamiento quien amenazaba la durabilidad de tu trabajo.

Hoy, se le suman también el propio paso del tiempo o la naturaleza de los materiales (en el mejor de los casos, los fabricantes de pintura dan una estabilidad de unos siete años).

Hemos crecido con ese desapego por lo eterno de la obra, porque ni siquiera nosotros somos eternos.

Vemos algo romántico, e incluso positivo en que las obras en el espacio público desaparezcan. Trabajamos tratando de dar respuesta, o reaccionando a lugares y momentos concretos. Cuando estos lugares mutan, o el momento vital (incluso el nuestro) cambian, las obras dejan de tener pleno sentido.

Por otro lado, entendemos que quienes encargan estas obras, quieran mantenerlas en las mejores condiciones.

Nuestras obras empiezan a cumplir esos ciclos, y en estos dos últimos años hemos restaurado obras nuestras en Madrid, la isla de La Palma, Lleida, Akron (EE.UU.) o Esche (Luxemburgo).

Ante estas demandas, siempre hemos planteado la opción de hacer una obra nueva, adaptada al momento actual, y siempre se ha querido recuperar la pieza original sin sufrir modificaciones.

También hay algo de éxito en ello, porque entendemos con ello que la obra ha sido abrazada y ha pasado a formar parte de la memoria colectiva del lugar.

ENEKO AZPIROZ

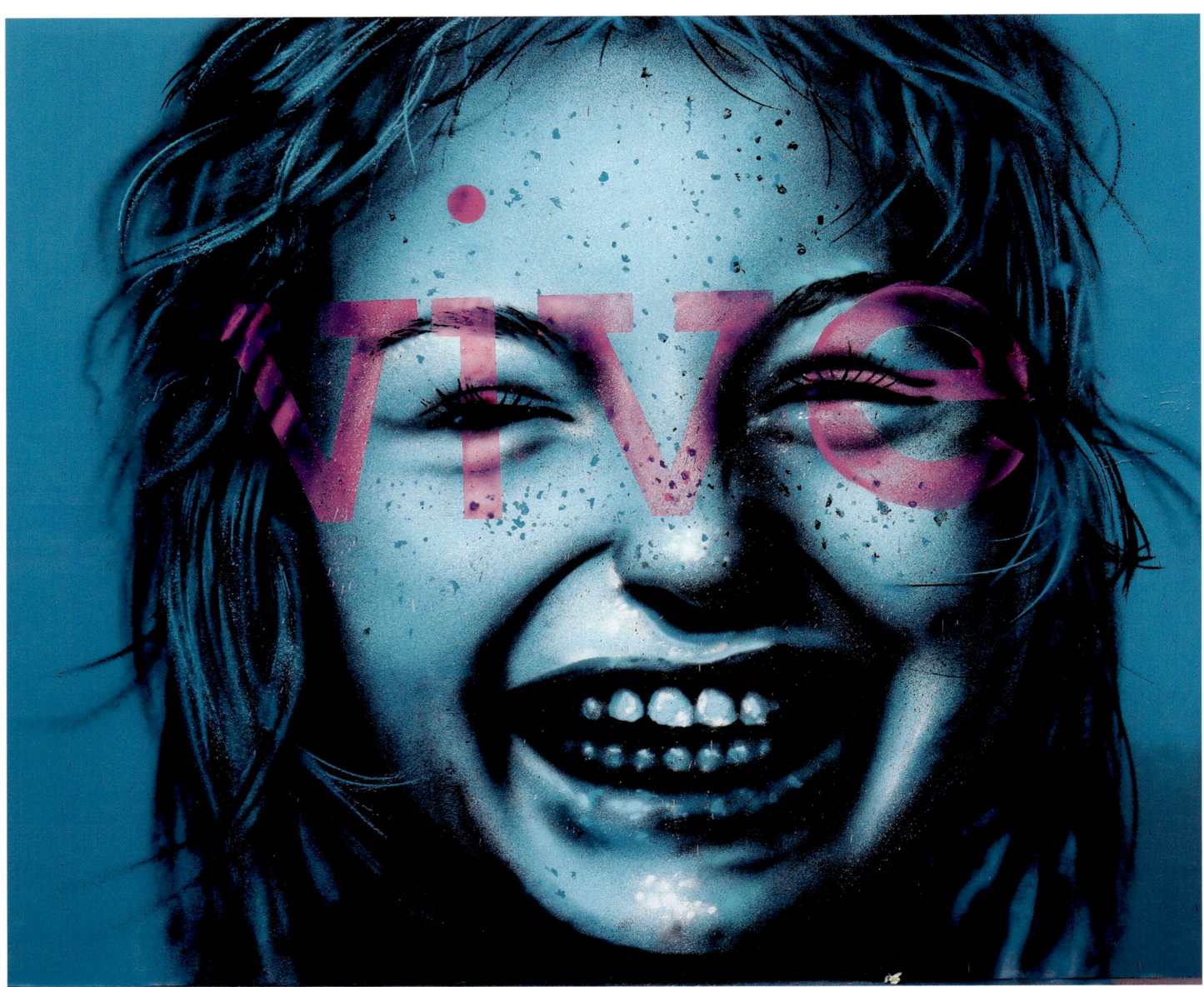

Fig. 82. Obra "Sonríe" de Eneko Azpiroz. Fuente: adiós cultural.

[1]: Me llamo Eneko y allí por el año 2000-2001 empecé a tontear con el graffiti, tenía unos 14 años. Rotuladores y tintas, sprays, y muchas, muchas horas de dibujo. Dejé de atender en clase para dibujar, pasé de notables y sobresalientes a sacar las notas raspadas para salir del paso. Llegué a bachiller y me formé en la escuela de artes de Pamplona. Fui a la de Zaragoza a hacer Ilustración y una vez sacado el título pasé al de fotografía, otra vez en Pamplona. Mientras tanto pintaba graffiti en muros tranquilamente, y a la noche en otras superficies no tan tranquilamente.

Entre mi ambiente siempre fue raro o destacado el hecho de ser versátil, pintar letras, incluso en trenes y muros, y figurativo, cuando la gente se suele decantar por una de las vertientes. En 2007, en uno de esos veranos en los que trabajaba en una fábrica en cadena para en el curso ir más holgado económicamente, probé suerte en un concurso de graffiti y me hice con el tercer premio, gané casi 1.000 € en un día y eso marcó un antes y después. Vi que había un nicho en los concursos, trabajos relámpago de un día donde era muy cómodo participar: iba a pintarme una pieza de graffiti, añadía un figurativo vistoso y sacaba un dinero y material sobrante para pintar en la calle por mi cuenta. Fui presentándome a todo lo que pillaba y gané gran cantidad de premios autonómicos (acumulo más de 30 premios entre 2007 y 2023), primero a unas pocas horas de Pamplona, y posteriormente por todo el país. Salvo una corta temporada, siempre lo he mantenido de manera complementaria a mi trabajo habitual, que es fotógrafo. No quiero quemarme laboralmente con el muralismo, me gusta trabajar de ello, pero sin dejar de disfrutarlo en lo creativo, por lo que mantengo esa exigencia y retroalimentación personal a la hora de realizar proyectos. Yo soy quien elige lo que hago y cómo lo hago, me puedo permitir ese lujo.

[2]: El panorama actual a nivel nacional es una barbaridad. Tenemos a artistas con equipos de varias personas realizando murales continuamente por todo el mundo. Pero luego tenemos una primera línea brutal, podría enumerar una decena de artistas sin hacer demasiado esfuerzo. Creo que pocos países tienen la cantidad de artistas e intervenciones top que tenemos nosotros. A nivel nacional mucha gente es casi nómada laboralmente hablando, pero luego en casi todas las provincias hay artistas que hacen grandes intervenciones con mucho nivel.

[3]: Mi obra aporta riqueza visual. No soy un artista conceptual, ni crítico a nivel social, sencillamente me gusta jugar con colores y composiciones, además de formas, por lo que habitualmente son obras compactas, con unidad y criterio compositivo.

[4]: El proceso participativo puede ser un intercambio interesante. Personalmente no lo aplico demasiado, me gusta más que el proyecto nazca y muera en mis manos, pero me planteo a menudo la posibilidad de realizar el diseño con interacción; por ejemplo, fotografías sacadas por mí a gente o elementos vitales del entorno donde se hace la intervención. Siempre va a ser más completo y personal para la gente de alrededor.

[5]: Concursos y certámenes, además de encargos de algún ayuntamiento o particular.

[6]: Los murales son muy visuales y pueden ser de estilos muy propios, pero no deja de ser un gran cuadro, la evolución de la pintura fuera de casa o museo. Otras manifestaciones quizá sean menos clásicas, pero a la vez las hay más resolutivas y clandestinas. Todo tiene lo suyo.

[7]: La identidad viene sobre todo por el estilo del artista. La manera de pintar las figuras, realizar la cromática, los fondos y transiciones con geometrías y juegos de opacidad. Personalmente para intervenciones grandes prefiero el formato grande, vertical, ya que el horizontal es más dado a daños y temporalmente más efímero. El entorno influye a la hora de elegir colores y figuras, también cómo se gestiona el "movimiento" que se da a la obra.

[8]: Para mí somos una sociedad enferma en muchos aspectos, es un tema amplio. Pero en lo que nos concierne, no me parece lo mismo un barrio gris o una fachada colorida. Salir de casa, ir con el coche viendo el paisaje urbano, nada que ver lo que emana una zona rica a nivel de color y recibe la mente cuando lo vemos, que pasar por zonas aburridas y monótonas. Hoy en día los murales son la excusa perfecta porque en lo económico es similar o incluso más barato que darle una mano de pintura a la fachada que hace 40 años no se pinta perfecto, pero pocos se hacen en nueva construcción. Hay que normalizar los murales, dan personalidad, te fijas, analizas y dan vida. Pararse en el camino a observar lo que tenemos delante da vida.

[9]: Teniendo en cuenta que no firmo muchas obras o que me gusta el anonimato, además de no ser conocido, ves que aun así te encuentran y mencionan en redes sociales con muchas fotos, de repente sales en alguna revista o reportajes en prensa, etc.

[10]: Sí y no. Por conocimiento me parece interesante, pero cuento con que las intervenciones son efímeras. De hecho, me parece parte de su encanto, quizá lo normalizo mucho porque vengo del graffiti, donde limpian en cualquier momento lo que has hecho.

Si se quiere una intervención duradera, pongamos más de 10 años, además de los materiales tanto de pintado como superficie, entra mucho en juego la orientación y el clima.

Creo que no se debe contar con que los murales duren, sino disfrutarlos mientras estén.

MICHELANGELO MARRA

[1]: Michelangelo Marra nace en 1983. Muestra un gran interés por el grafiti desde adolescente, puesto que, en Nápoles, su ciudad natal, hay mucha libertad para hacer grafitis por la cantidad de lugares para ello y la alta permisividad.

En los inicios de su trayectoria trabaja como ilustrador y en paralelo estudia Diseño e ilustración (2000-2001). Posteriormente se muda a Milán y en 2006 se matricula en la escuela de Bellas Artes de Milán hasta 2009, especializándose en la rama de pintura.

En 2013 se traslada a Madrid y desde 2017 desarrolla su metodología de arte urbano cooperativo Positive Pattern.

https://www.nsn997.it/biografia-es/

[2]: En España el arte urbano está bastante desarrollado, con muy buena calidad de artistas. La primera ola en 2014 y 2015 fue un periodo espectacular, que evolucionó hasta los festivales 2018-2019, años en los que llega una gran explosión que, sin embargo, se para con el COVID.

Ahora, desde 2020, son los ayuntamientos los que están buscando artistas, más que festivales. Son las instituciones las que encargan. Hay convocatorias, tipo concurso. Piden propuestas para elegir la solución final y encargar el mural. Es parecido a los concursos para carteles de Fiestas. Un boceto anónimo y luego, a través de la valoración de un jurado, se elige al ganador.

En España, la ciudad de Valencia es un referente por el movimiento. Ya desde principios del siglo XXI, la calidad de los artistas que han intervenido, y el respaldo de museos como el IVAM. Hay mucho movimiento de *art street*, incluso se ha expuesto en museos con un carácter muy reivindicativo.

Michelangelo Marra está especialmente interesado en el arte urbano rural, que se está desarrollando mucho. Es un movimiento en pequeños pueblos que empiezan a encargar pinturas en silos, espacios de Patrimonio Industrial. Por ejemplo, el municipio de Fanzara, en Castellón (hasta el año pasado han pintado, pero con el cambio político lo han parado e incluso quieren borrar algún mural).

Hay otros festivales muy consolidados y de gran tradición en España, como el Festival Asalto en Zaragoza, con convocatoria anual, y en el que Marra no ha participado. También muchos festivales han muerto después de la pandemia, ya que había un movimiento muy explosivo que era difícil de perdurar.

[3]: Siempre quiere hacer propuestas sociales, no solo crítica, nada de bandera política. Su mensaje es un mensaje universal transversal que se apoya en el valor de la comunidad, le interesa la contraposición INDIVIDUO -COLECTIVIDAD.

En un blog cualquiera de arte urbano ves siempre personajes singulares, retratos, sin embargo, Michelangelo Marra prefiere poner en valor la COLECTIVIDAD, tal y como sucedía en las imágenes religiosas de la Edad Media, en las que aparece todo el pueblo o todos los santos con la Virgen, como un conjunto.

Su máxima es que el valor de las cosas no es intrínseco, sino que solo se manifiesta cuando se comparte, en el encuentro. En sus obras se simboliza a través de los elementos que colorea en amarillo, como la cuerda que une todos los personajes, simbolizando la cooperación entre todos, son objetos que colorea de amarillo y que unen individuos sueltos. De una forma velada alude al color del dinero planteando otra alternativa: no es el dinero lo importante, sino el encuentro, lo colectivo.

[4]: En un arte público es necesario considerar que el espacio público es de todos. Cuando se produce cooperación entre el artista y los vecinos, se crea un enlace más fuerte, una identidad. El proceso participativo no es del todo imprescindible, pero aporta un valor añadido. El artista piensa que su obra es más completa y rica cuando se produce en colaboración con vecinos, pero depende de circunstancias porque se necesita mucho tiempo extra. Con tiempo y dinero suficiente, es preferible generar obras de carácter participativo.

[5]: Casi todos sus trabajos aparecen por convocatoria pública, con concursos. La mayoría de sus obras las ha realizado en España, sobre todo los proyectos participativos.

[6]: El muralismo no es exactamente arte urbano, las obras de arte puestas en espacio público son parte del arte público.

El panorama de arte urbano es diferente, más allá del muralismo, existen otras modalidades, formas más espontáneas que enriquecen el espacio público también.

El arte urbano es más general, y dentro de arte urbano está el muralismo.

[7]: Marra no elige los espacios sobre los que va a intervenir, ve el espacio urbano que hay en la convocatoria del concurso y si puede lo visita antes de hacer la propuesta. Observa la configuración física, si es plaza, medianera o parque. Intenta analizar el entorno para trabajar en relación con el contexto. Para llevar a cabo los trabajos, encaja el dibujo dentro del espacio, mide las proporciones y valora las escalas.

El artista dimensiona el entorno con una visita física o virtual y adapta el tamaño de las figuras de sus composiciones, que varían en función del muro y de la perspectiva para verlo.

[8]: Michelangelo Marra cree en el valor del arte en el espacio público y privado. En la necesidad de la belleza, del arte. Un entorno es completamente diferente cuando incorpora arte, se transforma. El objetivo es transformar aquellos lugares donde no hay arte, como las periferias, con arquitecturas de menor calidad y espacios públicos sin interés artístico o degradados.

Su pretensión es aportar arte en el espacio público desde una visión contemporánea. Si pensamos con cierta perspectiva, observamos que en los edificios populares de hace un siglo y medio, se incluían detalles que intentaban hacerlos bellos.

Ahora, la arquitectura es toda muy racional, sin espacio para el arte. La integración del arte en la arquitectura y el espacio público se ha perdido y habría que recuperarla.

[9]: El artista tiene noticias sobre todo en las obras que ha realizado en Madrid, a través de interacciones por Instagram que lo nombran en positivo. Además de contar con una fuerte aprobación, sus obras tienen un buen mantenimiento, ya que los tonos que utiliza principalmente, el negro y el amarillo, aguantan muy bien el tiempo y el sol.

Fig. 83. Knowledge belongs to everyone. Fuente: https://ezzl.art/works/15233-KNOWLEDGE-BELONGS-TO-EVERYONE

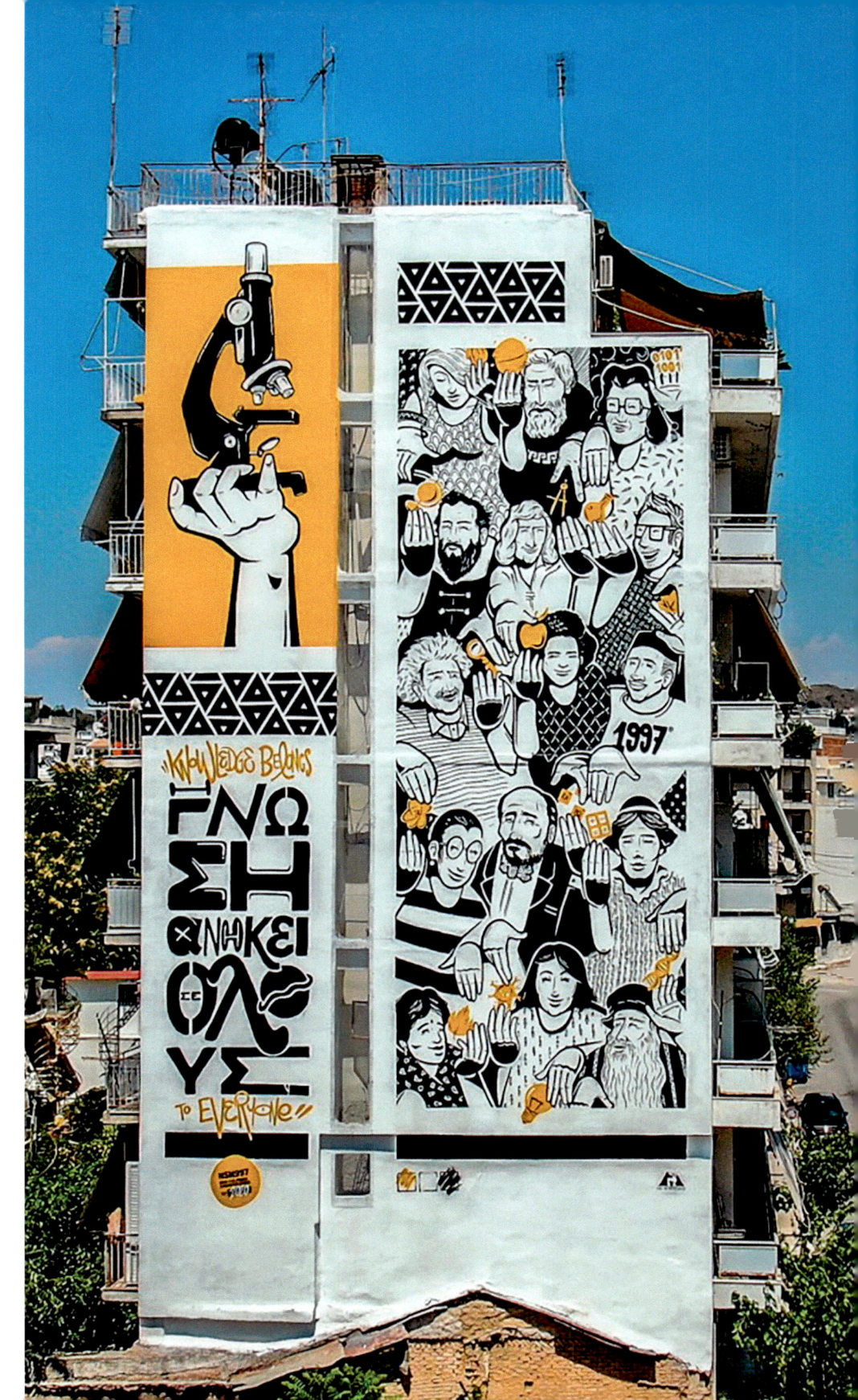

MISTERPIRO

[1]: Andrés Sanchez conocido por Piro (Plasencia, España 1994) es un artista visual-expresionista. Su obra indaga a través del impulso vital y hacia el trazo, en una búsqueda continua por generar una obra de carácter sensorial.

El expresionismo se manifiesta a través de impulsos progresivos traducidos al trazo y caracterizados por la frescura plástica, donde el color y la vibración impregnan todo el lienzo. Un trabajo autobiográfico lleno de identidad y energía que generan obras plenamente sensoriales.

Licenciado en Diseño por la Universidad Complutense de Madrid, empezó explorando la creación artística en la calle desde su seudónimo "Misterpiro", un bagaje que se llevó íntegro a su trabajo en el estudio en donde pasa la mayoría del tiempo y en donde la libertad, la experimentación y el expresionismo juegan con todo tipo de superficies y objetos.

¿Cómo comenzar las notas en la partitura? ¿Cómo abordar el infinito desasosiego de la hoja en blanco? ¿Cómo parar el temblor de nuestra mano en el primer trazo sobre el lienzo?

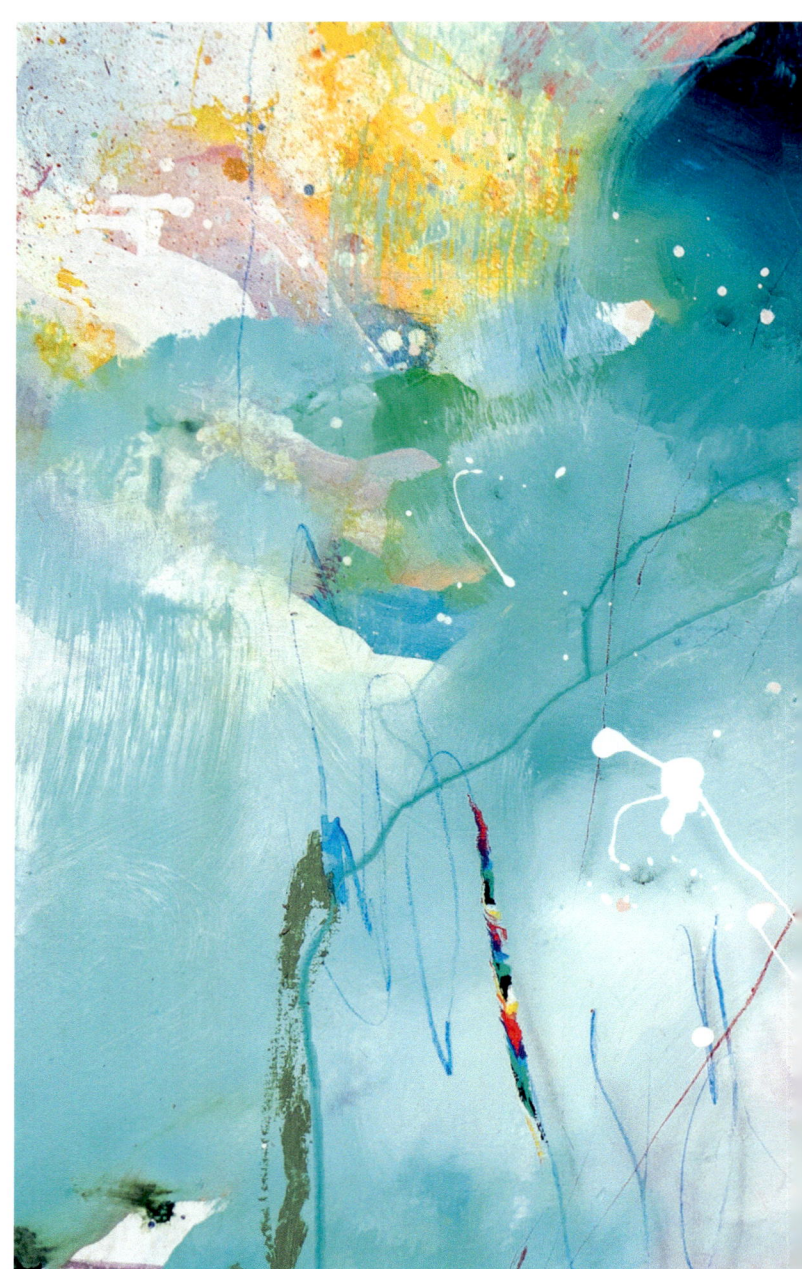

Fig. 84. Fuente: Piro Sánchez.

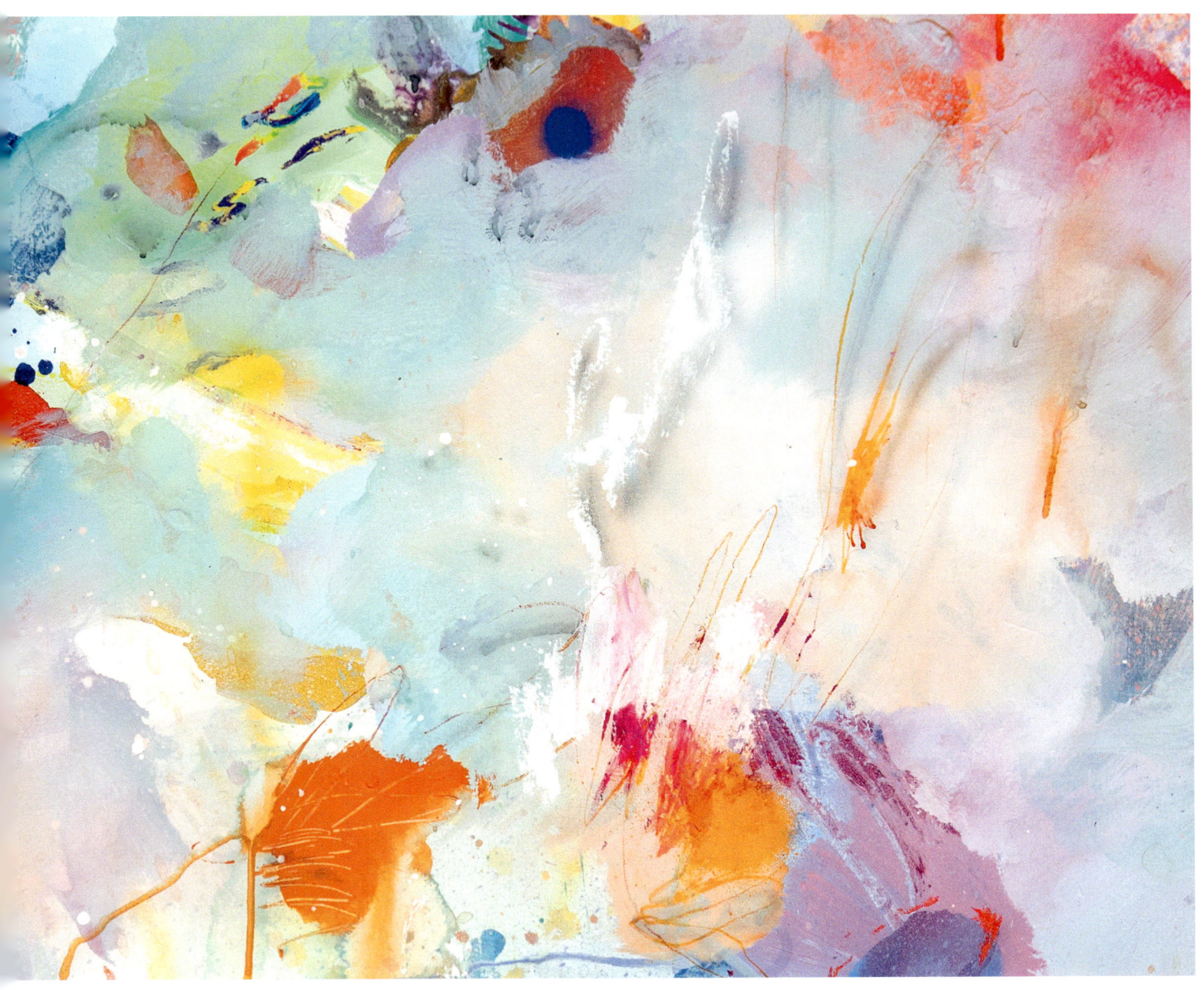

Confianza, experiencia, aprendizaje e impulso, esa chispa que nace de forma natural en nosotros y que hacemos se expanda en todos nuestros actos.

Desde la inquietud y la práctica hacia la continua búsqueda, las formas se deshacen y expanden a lo largo de la partitura, su lienzo. La expresividad de las formas va apareciendo progresivamente guiadas por el impulso y por el bagaje, todo lo que nutre al artista, sus emociones y anhelos que impregnan toda su obra.

La obra de Piro se desarrolla desde la más profunda subjetividad, experiencias vitales en donde los kilómetros, personas y momentos generan todo un abanico de sensaciones y recuerdos intangibles.

Una inspiración inmaterial que sale al exterior a través del característico expresionismo abstracto de su obra y que progresivamente va desarrollándose a través del material, el color y las formas a lo largo de todo su trabajo.

Si bien el expresionismo se caracteriza por una huida de todo lo establecido, en la obra de Piro, la huida se convierte en la plena libertad de creación. Una libertad cargada de emociones vitales en su máximo esplendor y en donde la música, el humor y el juego se convierten en ingredientes indispensables del proceso.

"En mi trabajo siempre busco explorar las conexiones creativas con todo aquello con lo que convivo a diario, me encanta experimentar, combinar e ir más allá de los límites marcados, creo que el arte debe estar presente en todo, creo que es esencial para vivir la vida al máximo."

El resultado queda como testigo del impulso creador y nos encontramos ante un "expresionismo progresivo" de sensaciones y sentimientos que van apareciendo paulatinamente en la obra,

pero esta vez transformadas en plástica y trazos, un acto de creación simbólica que nos hace trasladarnos a todo un abanico de emociones.

"La música ha sido un gran condicionante de mi trabajo, sin ella no podría crear, es algo con lo que convivo cada día, un impulso en mi vida y en mi obra."

Dividido entre lo emocional y lo físico, el proceso nace de la más pura improvisación conductiva. Los materiales y las técnicas van uniéndose en la superficie por un aparente azar, pero siempre en perfecta sinergia con la intuición y el ritmo que guía cada trazo del artista.

[2]: En mi opinión, tras los últimos años de rápida transformación en el Arte Público Urbano en España, cabría destacar la integración y evolución que esta vertiente del arte ha tomado en nuestro entorno y en todos los aspectos que nos rodea. El arte urbano ha pasado de "simples" murales exteriores en edificios a propuestas creativas más integradas en el espacio urbano acompañadas con otras ramas del arte o del diseño como arquitectura o diseño de interior, propuestas instalativas o inmersivas, así como la vinculación con la tecnología como la realidad aumentada o el *mapping*.

También destacaría la institucionalización que algunos proyectos nacionales vinculados al arte público han tomado y cómo los museos de nuestro país han adaptado sus salas para llevar a cabo instalaciones con artistas que normalmente trabajan en el espacio público. Otra cosa interesante es ver lo contrario, cómo artistas cuyos medios han sido siempre el de estudio-galería han adaptado su obra al gran formato y al espacio en la calle.

[3]: Creo que mi obra también ha sufrido importantes cambios y avances en los últimos años. Desde que empecé a pintar en 2006 hasta ahora, he ido eliminando los elementos figurativos de mi obra hasta acabar en la completa abstracción, con esto también he podido observar un *feedback* directo del espectador y cómo también esto cambiaba.

Llevar una completa abstracción al entorno público ha sido muy interesante, ya que quizás este tipo de lenguaje solo podía ser visto en museos o galerías y no con una exposición tan directa y gratuita al público de a pie.

Con esto he podido apreciar, lógicamente, a parte de la transformación del entorno urbano como con cualquier intervención pública, la aportación de valores como la expresión personal directa, la estimulación emocional y sensorial y la interpretación abierta de mi obra.

[4]: Al ser totalmente abstracta y de interpretación muy subjetiva, creo que es muy importante el proceso participativo y colaborativo para enriquecer la experiencia estética y emocional tanto del entorno que lo va a disfrutar como del promotor del proyecto o la entidad que te lo encarga y desarrolla.

Desde mi experiencia es interesante involucrar a las partes en el proceso creativo y ver cómo pueden conectar con la obra y contribuyan a darle significado. Creo que este tipo de colaboración puede inspirar nuevas formas de ver y experimentar un mural o instalación abstracta. Al final es una herramienta para fomentar las conexiones humanas y la apreciación de la estética en el medio urbano.

[5]: Con el paso de los años ha ido cambiando, como también mis gustos y preferencias a la hora de elegir los

trabajos. En cuanto a los murales o piezas de gran formato o instalaciones, han girado más hacia una vertiente de acciones *indoor* o formatos más íntimos, relacionados con otras ramas artísticas como el diseño de interior, mobiliario o arquitectura, supongo que por la imagen final o las técnicas que utilizo en mi proceso creativo.

Siempre pienso que una ventaja de los artistas que empezamos en el entorno urbano, haciendo nuestras obras en formatos grandes y con medios escasos, es la facilidad que tenemos de adaptarnos a cualquier tipo de colaboración sea cual sea el tamaño, el soporte, la ubicación o el cliente y publico final.

A lo largo de mi carrera, además del formato bidimensional del cuadro y el muro, he podido adaptar mi obra a soportes tridimensionales, escenografías, vestimenta, mobiliario, vehículos, etc.

[6]: Desde mi experiencia veo el muralismo como una de las manifestaciones urbanas más directas y fuertes en relación artista-espectador, tanto como para bien como para mal. Siento que, cuando los hago, sufro una exposición y una conexión tan inmediata que a veces es difícil de gestionar. Esto es debido al tamaño y ubicación, pero también algo muy importante es la visibilidad del proceso creativo, que siempre para un artista es algo íntimo y muy personal.

Brindar la oportunidad de disfrutar de todo un proceso artístico desde el principio hasta el final es super enriquecedor para el público, pero a veces nada fácil por ese *feedback* tan directo que a veces disfrutamos pero que otras veces también sufrimos.

[7]: Creo que esto es un proceso que se asemeja mucho a mi proceso creativo: Reflexivo pero intuitivo a la vez. Con esto busco hacer obras que no solo complementen al entorno o al espacio, sino que también interactúen con él. Me gusta salirme de la bidimensionalidad del muro y jugar con las formas que la arquitectura o la naturaleza del espacio me ofrezca, modificando y contrastando obra-entorno pero respetando siempre puntos como la ubicación, la historia del lugar o el público que lo habita.

[8]: Aunque originalmente el arte urbano no tuviera esto como objetivo principal, hemos podido observar cómo esta transformación, en principio visual, ha generado otro tipo de cambios más profundos en la sociedad. Como son por ejemplo la creación de puntos de encuentro en torno al arte, que con el tiempo pueden llegar a convertirse en zonas de interés turístico que a su vez pueden llegar a ser un motor de desarrollo económico. Acompañado también por un sentimiento de comunidad para las personas que lo habitan.

[9]: Casi siempre por redes sociales, o medios de comunicación. A veces es extraño, porque acabamos pintando en sitios recónditos, muy lejos de nuestra casa, donde pensamos que la gran mayoría del público no va a poder verlo, y esto a veces es paradójico (y triste en cierto modo) porque te preocupas más de que la intervención quede mejor en la foto que en la realidad, ya que es por donde va a llegar, por la pantalla del móvil. Entonces cuando te ves etiquetado por alguien en una publicación y ahí está tu proyecto, tal y como lo dejaste, te hace mucha ilusión. Ya muchas veces cuando lo acabas y te vas, no lo vuelves a ver en la vida.

[10]: En general, sí, pero depende del proyecto o el entorno donde esté ubicado y para qué o quién haya sido hecho. Siempre hay que entender que una intervención en la calle es una obra de carácter efímero donde la pieza va a convivir con agentes externos como la climatología o el vandalismo en el peor de los casos.

Esto es una cuestión que por ejemplo a la hora de elaborar un presupuesto, rara vez se plantea. El mantenimiento..., ya que logísticamente es difícil y en ocasiones implicaría que alguien, idealmente el artista, vuelva a repararlo, con los gastos que eso conlleva. A mí personalmente me gusta que los murales envejezcan con el paso del tiempo. Sin embargo, si hablamos de otro tipo de proyecto como esculturas o proyectos más complejos que estén más integrados en el espacio, convendría pensar en el plan de mantenimiento y en el gasto que supondría.

SOJO

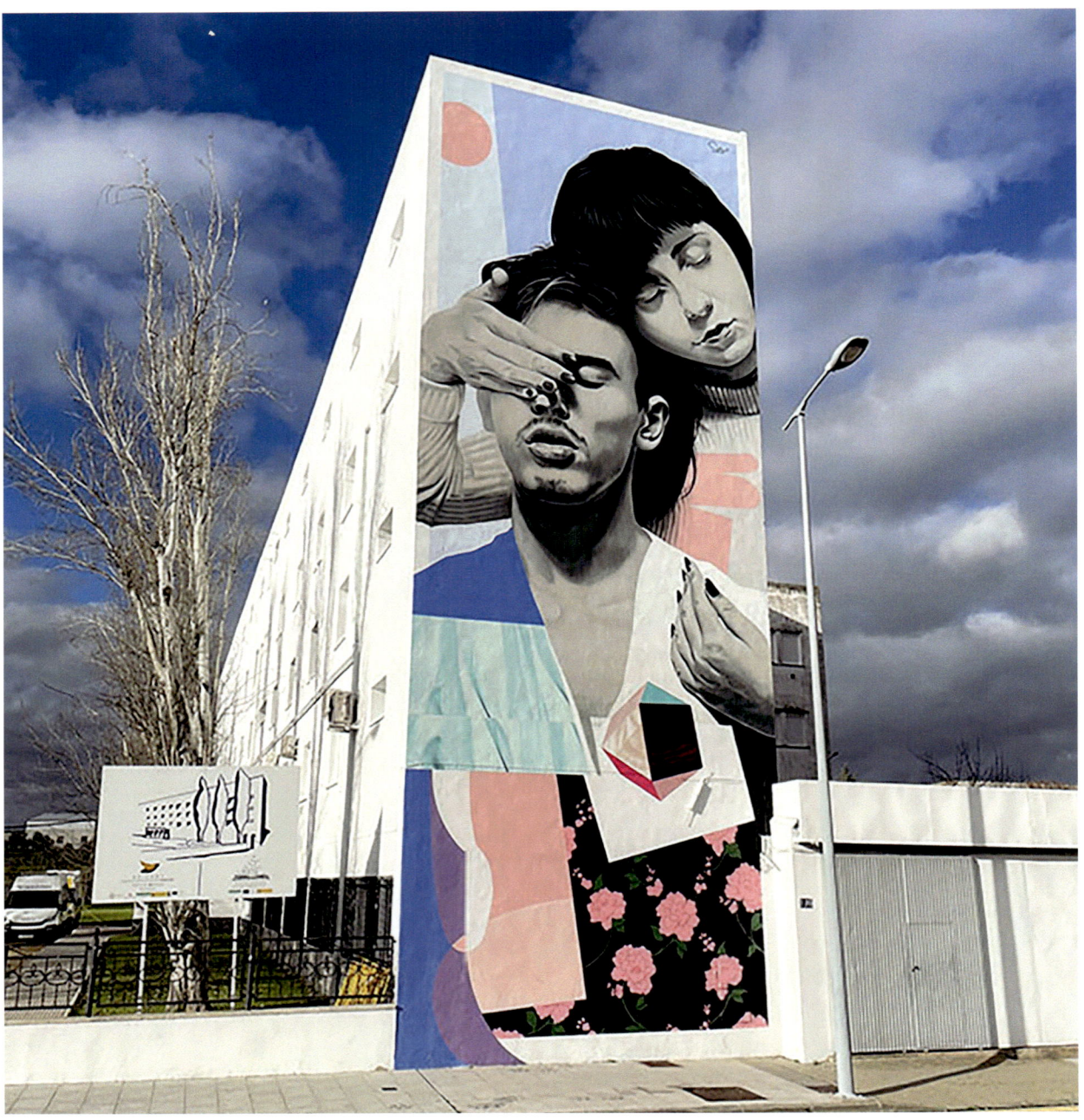

Fig. 85. Miajadas, mural de Sojo. Fuente: Provincia de Cáceres.

[1]: Jonatan Carranza Sojo (SOJO), Madrigalejo (Extremadura), 1980.

Las intervenciones de Sojo en el espacio público tienen su origen en el graffiti, técnica que desarrolla desde el año 93 y cuyo fenómeno marca conceptualmente su forma de entender el arte como medio transformador.

Diplomado en Arquitectura Técnica, decide dedicarse íntegramente al arte. Su trabajo artístico se desarrolla, fundamentalmente, en las disciplinas de grabado, dibujo (técnicas que perfecciona en la escuela Eulogio Blasco de Cáceres) y arte urbano.

Del lado figurativo, Sojo concibe sus obras ahondando en los códigos y detalles de lo cotidiano e íntimo, tratando de conectar a nivel emocional para lanzar sus reflexiones. Busca enfrentar la realidad con sus paradojas y contradicciones, así como evidenciar la presencia del componente "azar" y lo invisible de lo que pasa a nuestro alrededor.

En sus muros, Sojo realiza intervenciones coloristas con una fuerte presencia del dibujo, uniendo la técnica del aerosol y el muralismo, desdibujando continuamente sus límites formales.

Sojo ha participado en Festivales de arte urbano como Muro Crítico (Aliseda, 2024); Pitoresco (Vila Real, Portugal, 2023); 31330 (Villafranca, 2023); Proyecto Caminarte, AEXCID (Quito, Ecuador, 2022); Invasion (Plasencia, 2022); Das Artlon (Rheinberg, Alemania, 2022); Tons de Primavera (Viseu, Portugal, 2021); Barrioh (Huesca, 2019), Asalto Alfamén (Zaragoza, 2018), y eventos como la Cumbre del Clima (Madrid, 2019).

Como comisario de arte urbano, organiza proyectos y festivales como Muro Crítico (Cáceres, desde 2016); Murales por el 40 aniversario del estatuto de Autonomía de la Junta de Extremadura (Extremadura, 2023); Festival Dinamo (Piornal, 2018); 300M300 (Barriada de las 300, Cáceres, 2018 and 2019).

[2]: Sin duda destacaría el potencial de artistas y propuestas que se están haciendo en nuestro país. Es muy significativo que, dentro del panorama mundial, España sea uno de los países con más cantidad de artistas urbanos, y que, además, se trata de artistas de calidad y cuyas propuestas son ricas en variedad.

[3]: Procedo del mundo rural y creo que mi trabajo, inevitablemente, tiene sabor a raíces y a ritmos más sosegados. Me cautiva la delicadeza y las relaciones humanas. Es difícil definirse a uno mismo, pero quizás, dentro del panorama actual creo que aporto una mirada antropológica contada mediante composiciones muy cuidadas, en las que la armonía se hace presente.

[4]: Entiendo que el arte urbano, por su condición de "público", tenga que incluir de algún modo al habitante, al lugar donde se ubica, pero hay una delgada línea que separa la obra de arte de autor del mural social de encargo. Muchas veces se confunden los procesos participativos con la pretensión de convertir al artista en simple ejecutor de las ideas de los que no tienen ningún tipo de sentido artístico. En mi opinión, estos procesos participativos, cuando son necesarios, han de ser más bien dinámicas creativas diseñadas por los artistas para canalizar el sentir popular y que ayuden al artista en su proceso creativo.

En mi obra, prefiero ser yo el que estudia el contexto y creo que es importante para que la obra conecte con el lugar en el que va a realizarse, pero necesito que sea bajo mi prisma, de lo contrario no siento que la obra sea mía.

[5]: A nivel laboral, para la realización de murales de gran formato, mi cliente habitual ha sido la administración pública, ya sea en forma de proyectos artísticos, festivales o encargos directos.

[6]: Creo que el muralismo siempre ha tenido una responsabilidad con el entorno y con la sociedad, lanza un mensaje y abre un diálogo directo. Son obras creadas *in-situ* y *site-specific*, se sitúan en el espacio, se crean para y en un contexto concreto y pertenecen a él.

[7]: Todo influye, desde la geometría del muro, su material, cómo se relaciona con el entorno, su visibilidad, la percepción subjetiva que los habitantes tienen de ese espacio y, por supuesto, cómo encaja el concepto en el que quieres trabajar con la realidad de ese lugar.

[8]: Creo en la máxima de que cualquier tipo de arte nos conecta directamente con la vida. Como decía W. Vostell, "son las cosas que no conocemos las que nos cambiarán la vida", y es el arte el que tiene la capacidad de transitar por los límites de lo desconocido.

Definitivamente sí, el arte público tiene la capacidad de mejorar la calidad de vida de la población.

[9]: Hablando directamente con las personas que habitan los espacios en los que he intervenido, escuchando sus anécdotas y cómo se relacionan con mi obra.

[10]: Me gusta pensar que la caducidad del arte urbano es un reflejo de nuestra propia temporalidad y encuentro cierta poesía en este hecho.

Cuando realizo mis obras trato de elegir materiales de calidad y estudiar las condiciones del muro a fin de darle el tratamiento previo correcto. El objetivo es que el mural dure lo máximo posible. En realidad, veo el mantenimiento desde el lado de la prevención.

El mantenimiento o las reparaciones de un mural son complejas. El tiempo cambia los colores y cualquier intervención puntual hace que necesariamente se tenga que extender a todo el lienzo. Pero, además, el tiempo también nos cambia a nosotros, yo no soy el mismo artista que pintó un mural hace siete años y si me llaman para repararlo preferiría pintar uno nuevo, acorde a mi momento actual.

En cualquier caso, creo que es positivo que los edificios y entornos puedan cambiar de piel y renovarse tras desaparecer un mural que los ha condicionado durante, seguramente, una década.

A.3
PARQUES MULTISENSORIALES DE ARTE URBANO (PMAU)

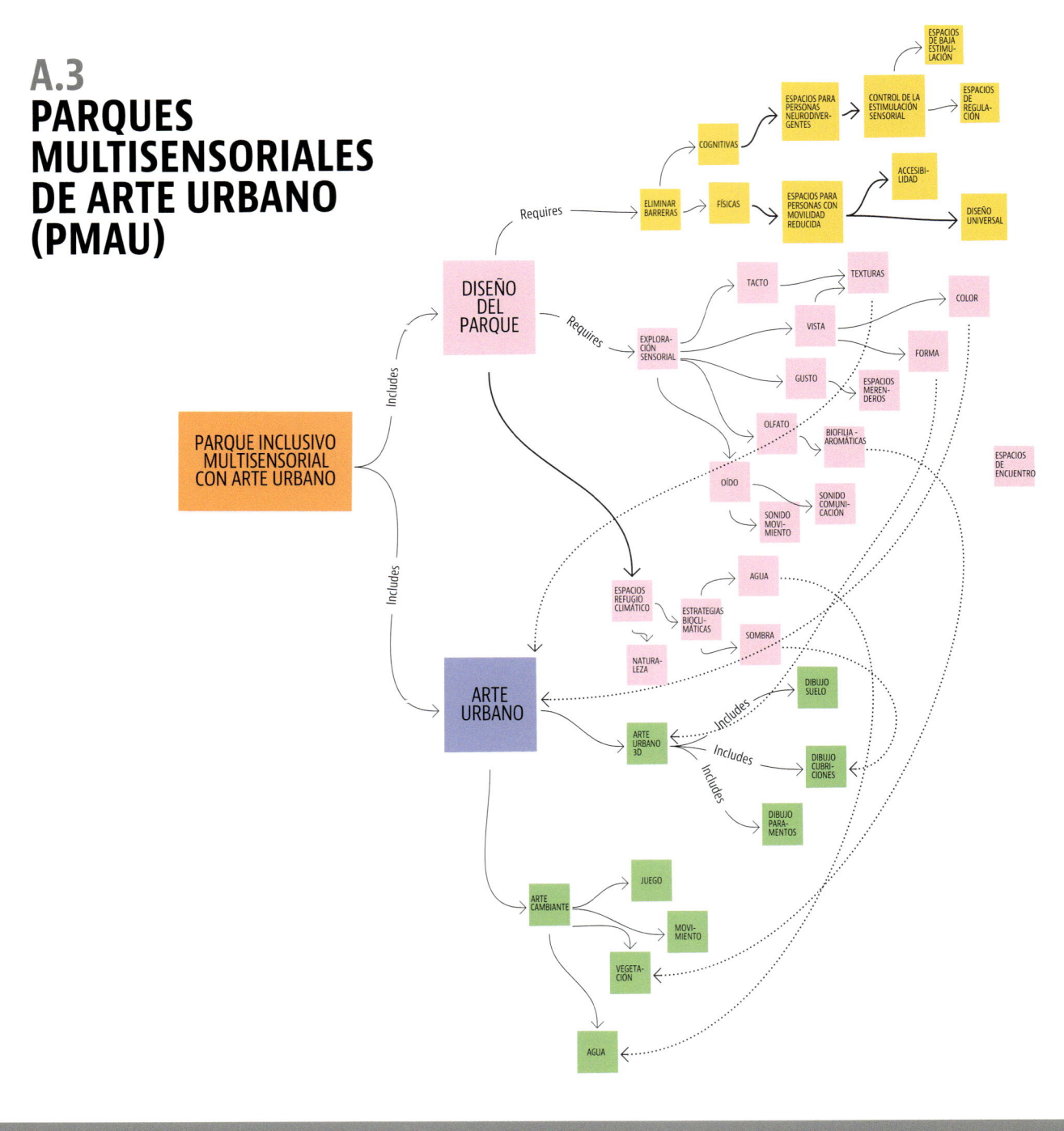

Desde los recientes acontecimientos acaecidos de índole ambiental tras la situación global de emergencia social y sanitaria por COVID-19, el estado actual de las investigaciones sobre el incremento de la calidad de vida de los ciudadanos se presenta prioritario para responder al conjunto de condiciones estratégicas sostenibles que han de cumplirse en general a favor de la necesaria regeneración urbana asociada a la mejora del entorno habitable. Dentro de este contexto, se acepta que la presencia del arte urbano en el espacio público de la ciudad resulta beneficiosa para el progreso integral de la comunidad de acuerdo con las variables de lo que se conoce estadísticamente como calidad de vida. Se sabe que el arte urbano tiene un impacto significativo en el espacio público y desempeña un papel crucial en la transformación y regeneración de las ciudades como expresión de la diversidad cultural, cambio social y como catalizador de las interacciones sociales en un lugar determinado. En este sentido, se admite que la presencia del arte urbano en el espacio público de la ciudad influye positivamente en la mejora de la calidad de vida de la población. Sin embargo, es necesario abordar el arte urbano bajo modalidades innovadoras que aseguren el cumplimiento con éxito de los efectos favorables para la comunidad más allá del extendido muralismo, exhibiciones escultóricas al aire libre o piezas performativas. De esta forma se presenta el diseño de un nuevo producto de arte urbano concebido desde el *microurbanismo* denominado Parques Multisensoriales de Arte Urbano (PMAU). Por ello, el presente proyecto elabora en forma de soporte físico un diálogo interdisciplinario entre la arquitectura, la sociología, la psicología ambiental y el arte urbano presente en la ciudad, en torno a escenarios singulares, a espacios públicos de la ciudad en relación con los correspondientes procesos de encuentro colaborativo, co-creación y cohesión social.

Desde un punto de vista práctico, el éxito o efecto positivo del arte urbano en la ciudad lo tendrá en la medida que ejerza una mejora demostrable en el valor de calidad de vida tal y como se conoce.

Los Parques Multisensoriales de Arte Urbano (PMAU) surgen con la idea de activar conscientemente de forma positiva y visual el espacio público de la ciudad, y ofrecer un entorno urbano que cumpla con todas las condiciones exigibles de valor social, especialmente a través de hacer presente la intervención del arte urbano, como elemento protagonista entre toda la diversidad de sus características funcionales, que lo personalizan para cada localización urbana. Los Parques Multisensoriales de Arte Urbano (PMAU) ponen de manifiesto un sistema modular tipo *plug-in* de diferentes áreas y prestaciones, con carácter industrializable y prefabricado constructivamente que integra lo natural, capaz de estimular la percepción de los sentidos y las habilidades cognitivas.

El concepto engloba un conjunto agregado de elementos, de propiedades y funcionalidades, que tienen que ver con el confort medioambiental sostenible, la accesibilidad, el carácter inclusivo y el espacio seguro. Se espera entonces que con la implantación de estos modelos de Parques Multisensoriales de Arte Urbano (PMAU), se asegure la mejora de la calidad de vida de la población, actuando intencionadamente en los factores determinantes que están presentes en las distintas dimensiones e índices de referencia estadística.

La colocación de un prototipo arquitectónico integrador del arte urbano, accesible y con estímulos multisensoriales, en un lugar concreto, a través de un proceso colaborativo de co-creación con las comunidades del barrio de implantación, contribuye a la integración de distintos grupos sociales y personas con alguna discapacidad, a una mayor participación de vecinos locales en el espacio público, a un aumento del uso del espacio público y revalorización de la zona en la que se implante. Además, la introducción de dicho prototipo arquitectónico integrador del arte urbano, accesible, con estímulos multisensoriales, cuya arquitectura sirva de refugio climático contribuirá a dar respuesta a las necesidades sociales y físicas de la población local, materializadas con los objetivos de desarrollo sostenible.

Fig. 86. Esquema conceptual generador del proyecto PMAU.

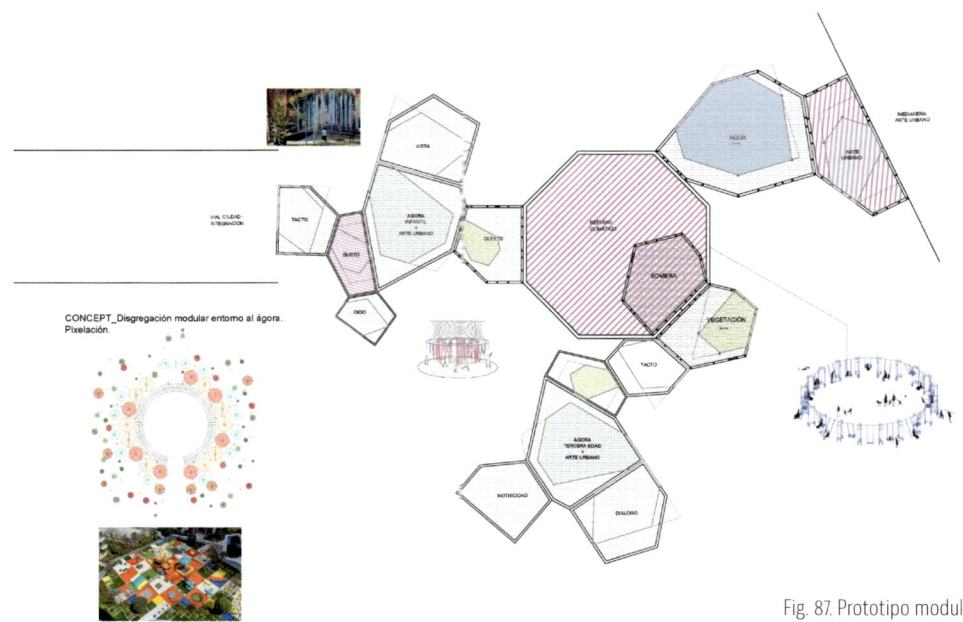

CONCEPT_Disgregación modular entorno al ágora.
Pixelación.

Fig. 87. Prototipo modular industrializable y prefabricado del PMAU.

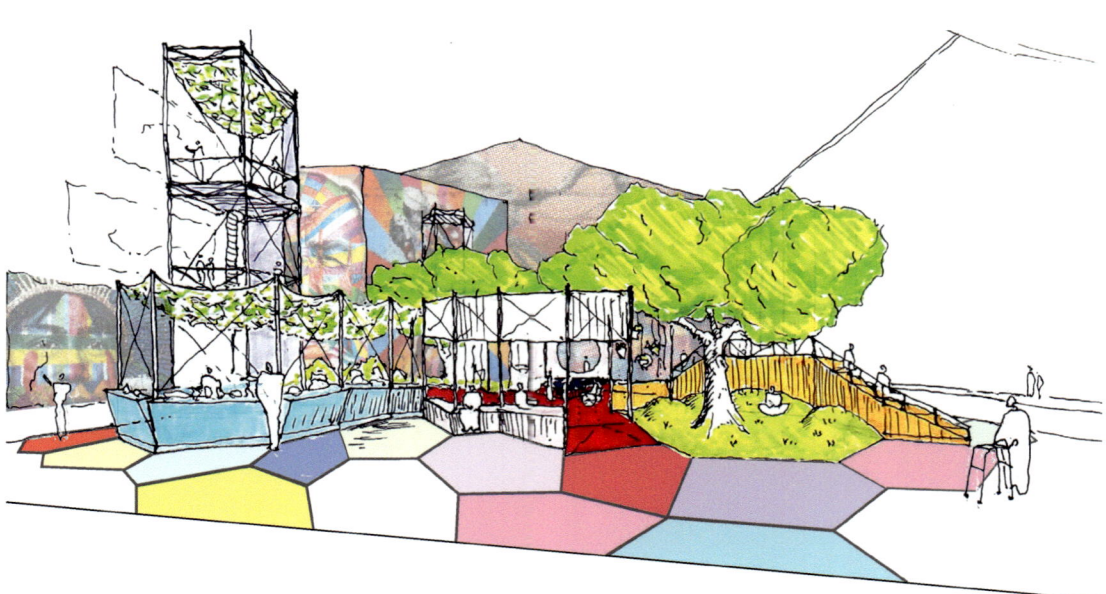

Fig. 88. Croquis del prototipo PMAU.

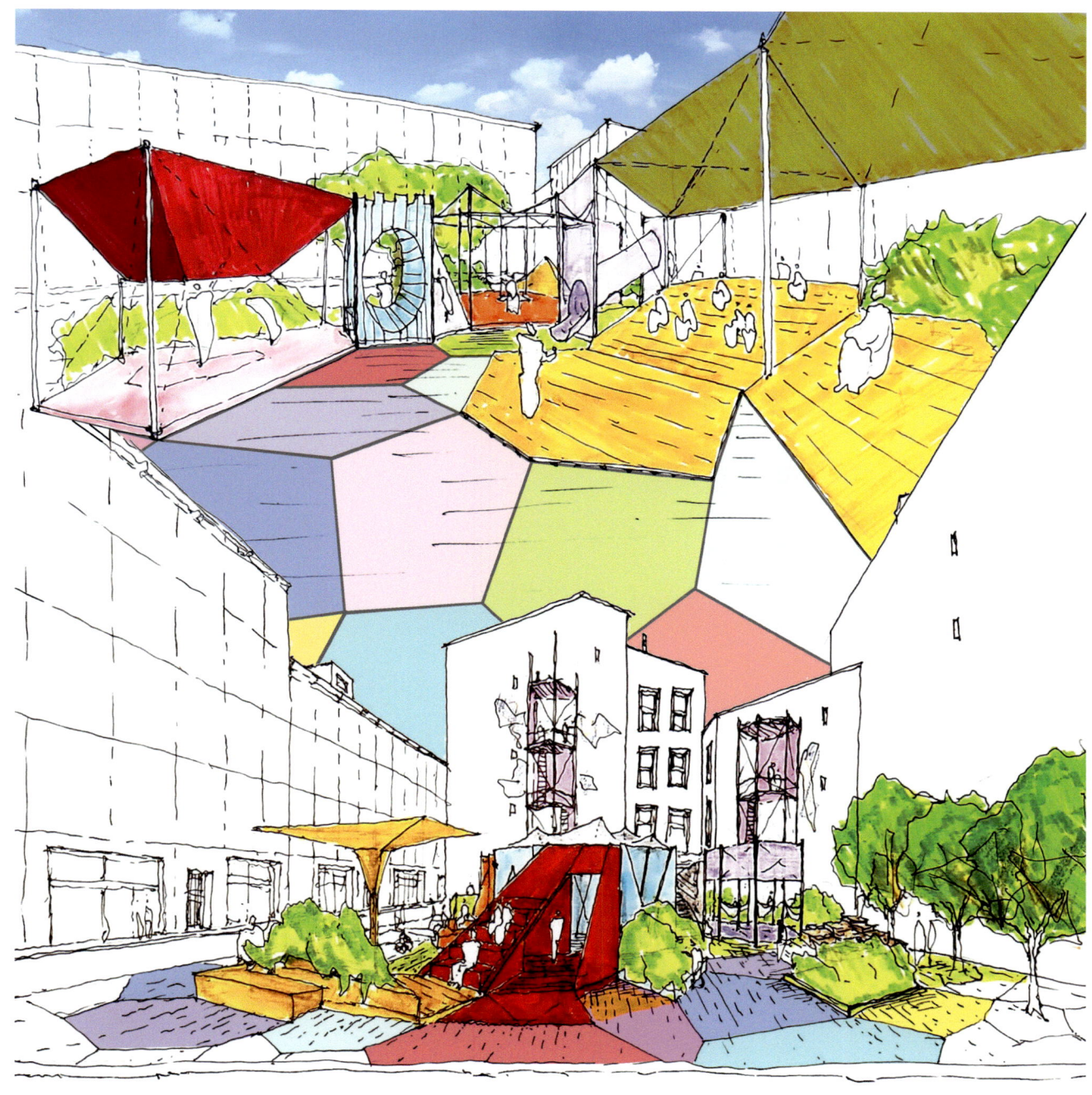

Fig. 89. Croquis del prototipo PMAU.

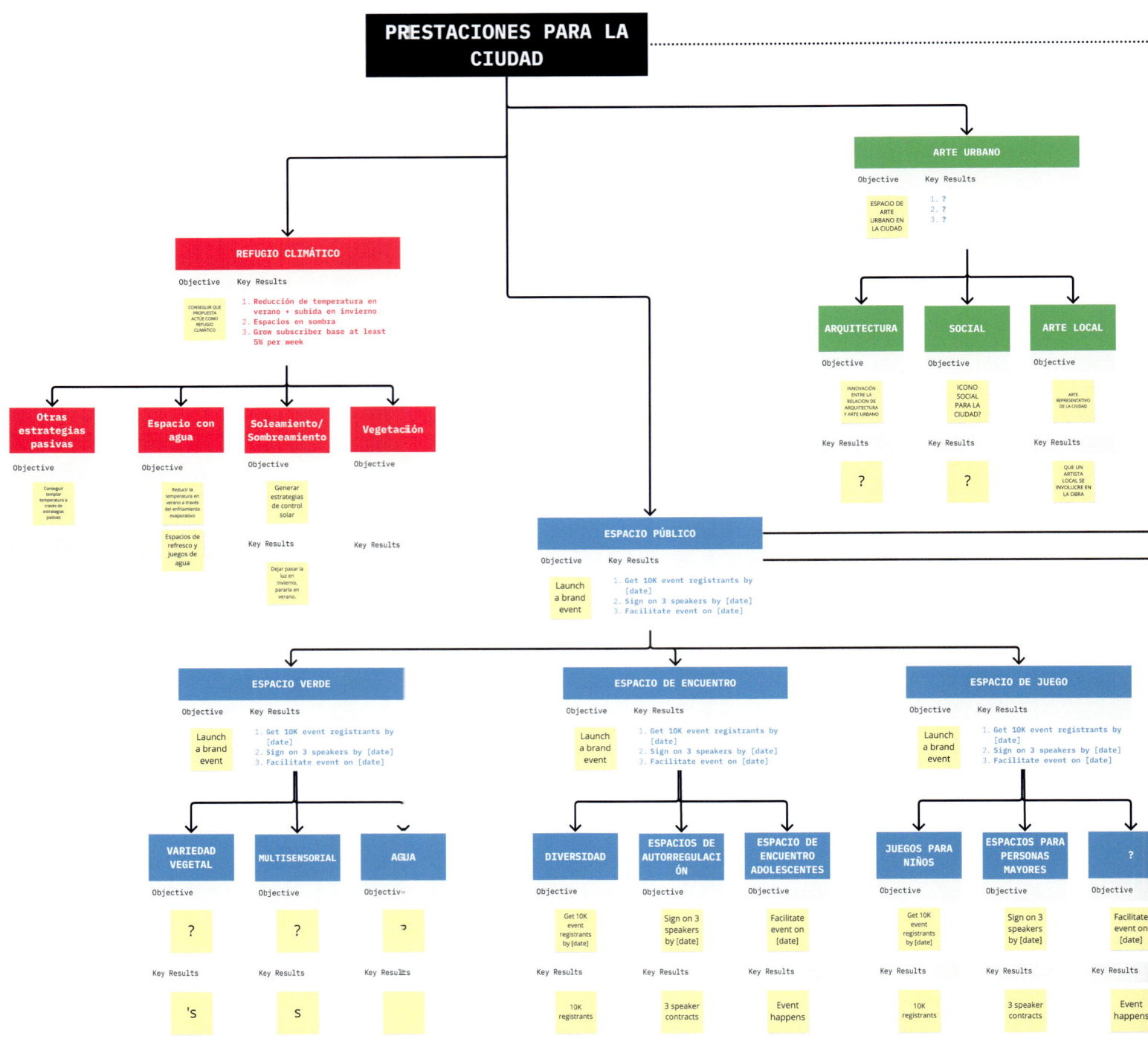

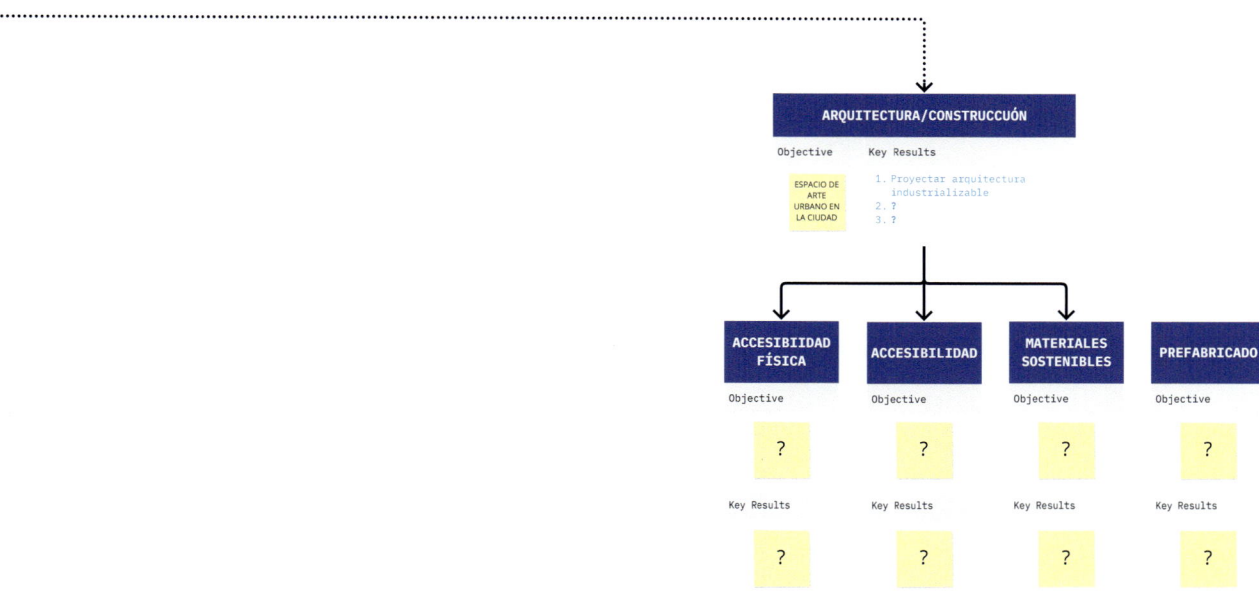

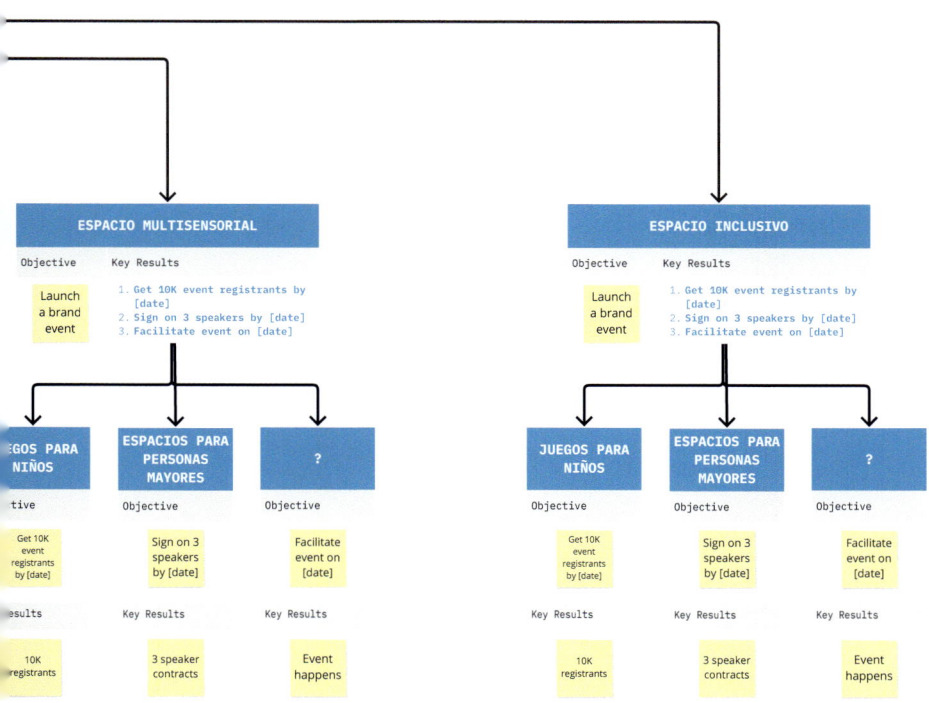

Fig. 90. Fase de análisis y generación del prototipo PMAU.

OBJETIVOS GENERALES

Contribuir a una mayor investigación empírica sobre los efectos del arte urbano colaborativo con la integración social, la inclusión, y su relación con el espacio urbano y la arquitectura, a través de la realización de un prototipo de módulo urbano.

Contribuir a una mejora del espacio público en la zona de actuación, a través de las prestaciones del módulo arquitectónico y los efectos de un proyecto artístico identitario.

Contribuir al desarrollo de un producto universal para la ciudad que se considera de interés público, por incluir características favorables para el entorno (refugio climático, espacios de regulación, espacio verde, arte urbano) y para los ciudadanos (integración social, espacio de encuentro, accesibilidad física y cognitiva, espacios multisensoriales diversos, arte urbano).

SUBOBJETIVOS ESPECÍFICOS

Realización de un prototipo integrador de arte urbano que se pueda implantar en múltiples ubicaciones y que tenga un carácter personalizable por el artista urbano y la comunidad local.

Mayor integración en el espacio público de distintos grupos sociales y personas con alguna discapacidad física o sensorial.

Establecimiento de un método de personalización del prototipo a través de herramientas de diseño colaborativo con la población local y el equipo de artistas urbanos.

Espacios estanciales como refugio climático en la ciudad: mejora del confort térmico a través de estrategias bioclimáticas aplicadas al prototipo

METODOLOGÍA Y FASES DE TRABAJO

FASE 1

Realización de una investigación sobre el Estado del Arte, los proyectos de referencia y extracción de estrategias de diseño de aplicación para el prototipo.

Proceso de creación del prototipo arquitectónico, partiendo de las estrategias de diseño. Se parte de patentes elaboradas por parte del equipo de investigación como referencia previa.

Selección de barrio de implantación. Conversación con comunidades y artistas locales para estudiar la viabilidad de procesos colaborativos. Elaboración de entrevistas a la población local sobre el uso del espacio público.

Durante esta fase se realizará de manera continuada la presentación del prototipo a diferentes agentes locales (ayuntamientos) para la concreción de una zona de implantación de la propuesta.

Proyecto ejecutivo y obtención de patente del prototipo diseñado. Adaptación para su industrialización.

FASE 2

Primera propuesta de implantación de los módulos arquitectónicos en la zona seleccionada.

Elaboración del proyecto artístico de forma colaborativa con agentes locales: procesos de design thinking, entrevistas, etc

FASE 3

Colocación del prototipo arquitectónico y ejecución de proyecto artístico, con la colaboración de artistas urbanos locales y los vecinos en el momento de montaje y pintura.

FASE 4

Toma de datos posterior a la colocación del prototipo. Elaboración de entrevistas a la población local, con indicadores cualitativos y cuantitativos sobre el uso del espacio público y los procesos colaborativos.

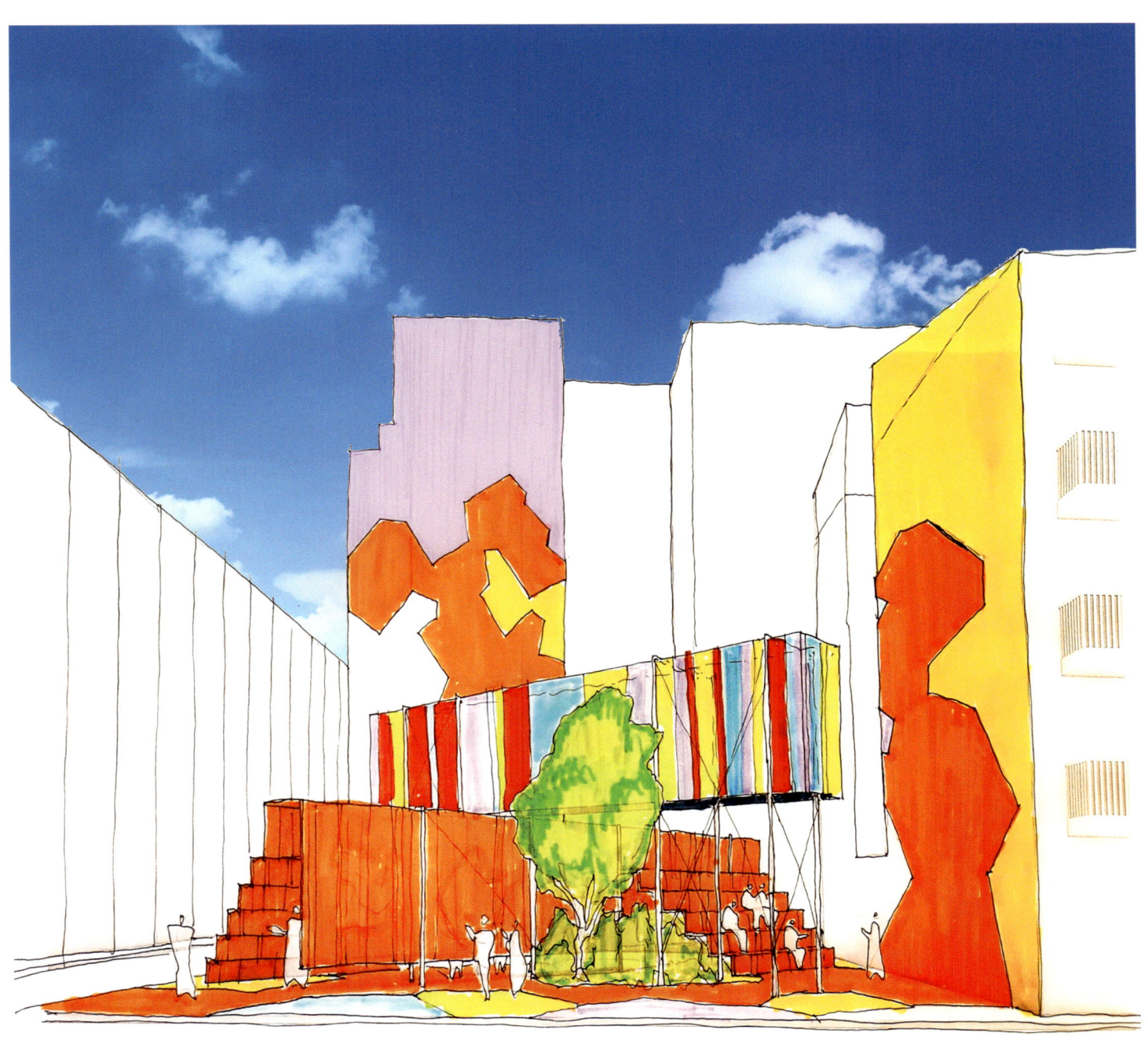

BIBLIOGRAFÍA

Bonilla, P., Zapata, O., & Fidalgo, I. (2015). San José (Di) sentido – I Encuentro de Arte Público: Disidencia en el espacio público. Senses of San Jose – First meeting of public art: Dissidence in public space. *Arte y ciudad, 8*, 141-162.

Carrascal Pérez, M. F. (2021). Art and urban regeneration in New York City: Doris C. Freedman's public project. Arte y Regeneración Urbana en Nueva York: El Proyecto Público de Doris C. Freedman. *VLC arquitectura, 8*(1), 97-118.

Crespo, B. (2016). Arte participativo en el espacio público: Proposiciones metodológicas acerca de algunos de sus preceptos. Participatory Art at the public space: Methodological propositions about some of its precepts. *On the W@terfront, 45/2*, 7-36.

de Lacour, R. (2015). Acción urbana y arte conceptual. La transformación del espacio público contemporáneo. Urban action and conceptual art: The transformation of contemporary public space. ação urbana e arte conceitual. A transformação do espaço público contemporâneo. *DEARQ: Journal of Architecture (Colombia), 16*, 60-75.

Delgado-Jiménez, A., Moral Andrés, F., & Merino Gómez, E. (2018). La construcción de un proceso para la transformación del espacio público: La intervención mural de Boa Mistura en Tetuán, Madrid. The construction of a process for the transformation of public space: The mural intervention of Boa Mistura in Tetuán, Madrid. *Arte y ciudad, 13*, 57-82.

El Mousfy, M., & Syed, S. (2015). Cultural exchange and urban appropriation: Spaces for art in Sharjah's historical centre. *Architectural design, 85*(1), 28-37.

García-Doménech, S. (2015). Estética e interacción social en la identidad del espacio público. Aesthetics and social interaction in the identity of public space. *Arte y ciudad, 7*, 195-212.

García-Mayor, C. (2017). Urban tattoos for new landscape narratives: Explorando el papel del arte urbano en el contexto de la ciudad contemporánea. Urban tattoos for new landscape narratives: Exploring urban art role into contemporary city context. *[i2]: Investigación e innovación en arquitectura y territorio, 5*(1). https://search.ebscohost.com/login.aspx?direct=true&AuthType=sso&db=bvh&AN=779970&lang=es&site=ehost-live&scope=site&custid=s4432943

Gil Orive, M. (2013). ¿Habitar la ciudad?: Una aproximación a la experiencia de lo urbano desde la práctica artística contemporánea. Inhabiting the city: An approach to the urban art experience from contemporary art practice. *Arte y ciudad, 3*, 385-402.

Hamnett, S. (2014). Transcultural cities: Border-crossing and placemaking, ed. By Jeffrey Hou. *Australian planner, 51*(4), 367-368.

Juan García, N. (2012). La transición democrática en Huesca: Su espacio y su arte urbano. *On the W@terfront, 22*, 89-103.

Kim, S. H., & Woofter, H. (2016). Art walk / bridging urban spaces. *PLAN Journal: research in architecture and urbanism, 1*, 59-72.

Lee, K.-S., & Woo, H. (2017). Art in solidarity with society. *Space, 592*, 52-69.

Méndez Baiges, M. (2013). Arte y activismo urbano en los ochenta: El proyecto Sin Larios de Agustín Parejo School. Art and urban activism in the eighties: The project Sin Larios of Agustín Parejo School. *Arte y ciudad, 3*, 309-326.

Padilla Llano, S. E., Tapias Martínez, J., González Forero, D., Martínez Palacios, E., Cabrera Sánchez, I., Larios Giraldo, P., Reyes Schade, E., & Machado Penso, M. V. (2020). Barrio el Prado: Un museo vivo para la Ciudad de Barranquilla. Barrio el Prado: A living museum for the City of Barranquilla. *On the W@terfront, 62 n.°3*(3), 3-46.

Paz, N. (2016). Memoria histórica y arte público. *On the W@terfront, 47*, 7-46.

Pereira Cubilla, C., & Henrich, J. (2019). Jordi Hernich: Una visión de Barcelona y su espacio público. Jordi Henrich: A vision of Barcelona and its public space. *On the W@terfront, 61 n.°2*(2), 3-50.

Rancier, O. (2017). Espacio público y calidad de vida en la ciudad de Santo Domingo: Un viaje desde la utopía. *Archivos de arquitectura antillana: AAA, 62*, 76-83.

Remesar, A. (2020b). Public art in urban regeneration: Piotrkowska street, pride of a city: Łódź . Arte público en regeneración urbana: Calle Piotrkowska, orgullo de una ciudad: Łódź. *On the W@terfront, 62 n.°5*(5), 29-78.

Ródenas García, J., Gonzalvo Salas, C., & Zuaznabar Uzkudun, G. (2021). La identidad del paisaje urbano: Arquitectura, arte, espacio público y sociedad, tres casos consolidados. The identity of the urban landscape: Architecture, art, public space and society, three consolidated cases. *Bitácora arquitectura*, 106-113.

Rosas Heimpel, C. (2013). La reivindicación de la ciudad por el arte urbano: Ciudad Juárez, Chihuahua, México. The urban art claiming for the city: Ciudad Juárez, Chihuahua, México. *Arte y ciudad, 3*, 59-70.

Sève, B., Muxi Martínez, Z., Sega, R., & Redondo Domínguez, E. (2021). La ciudad, esa obra de arte colectiva: Herramientas de expresión gráfica y de creación participativa en espacios urbanos. The city, that collective work of art: Tools for graphic expression and participatory creation in urban spaces. *EGA: revista de expresión gráfica arquitectónica, 26*(41), 230-241.

Urda, L. (2016). Las experiencias artísticas efímeras contemporáneas en el espacio urbano: El arte efímero como dinamizador de la vida urbana. Contemporary ephemeral artistic experiences in the urban space: The ephemeral art as a catalyst of urban life. *On the W@terfront, 45/1*, 7-31.

Urda Peña, L. (2016). La necesidad de arte y su papel como instrumento para la construcción de la memoria colectiva. The necessity of art and its role as an instrument for the construction of collective memory. *Arte y ciudad, 9*, 91-104.

Urdaneta, B. L. R. (2012). Caracas: Un museo de arte urbano. Caracas: A urban art museum. Caracas: Uma cidade museu de arte. *Cuadernos de vivienda y urbanismo, 5*(9), 88-103.

Urtubey, F. E. (2017). Territorio, prácticas culturales y producción social del espacio: Análisis de un estudio de caso. Territory, social production of space and cultural practices: A case study analysis. Território, práticas culturais e produção social do espaço: Análise de um estudo de caso. *Bitácora urbano/Territorial, 28*(3), 55-62.

Valesi, M. (2014). Topsy—Turvy—Tricksy ... Banksy! *On the W@terfront, 30*, 4-22.

Woo, H., Kim, J. H., & Colson, M. (2016). Art and its permeation into urban space. *Space, 581*, 82-103.